Rüdiger Standhardt

Die Kunst, den Tod ins Leben einzuladen

Denkanstöße für einen achtsamen Umgang mit Sterben, Tod und Abschied

Mit einem Vorwort von David Roth
und Beiträgen von Sabine Mehne,
Sabine M. Kistner und
Stephanie Gotthardt

Klett-Cotta

Klett-Cotta
www.klett-cotta.de
© 2023 by J. G. Cotta'sche Buchhandlung Nachfolger GmbH, gegr. 1659, Stuttgart
Alle Rechte vorbehalten
Cover: Bettina Herrmann, Stuttgart
unter Verwendung einer Abbildung von chrupka/iStock by Getty Images
Gesetzt von Eberl & Koesel Studio GmbH, Kempten
Gedruckt und gebunden von Friedrich Pustet GmbH & Co. KG, Regensburg
ISBN 978-3-608-98707-2
E-Book ISBN 978-3-608-11992-3
PDF-E-Book ISBN 978-3-608-20605-0

Bibliografische Information der Deutschen Nationalbibliothek
Die Deutsche Nationalbibliothek verzeichnet diese Publikation in der
Deutschen Nationalbibliografie; detaillierte bibliografische Daten
sind im Internet über http://dnb.d-nb.de abrufbar.

*Meinen beiden Söhnen Thilo und Henning
in Liebe, Freude und Verbundenheit*

*Bereite Dich jetzt auf den Tod vor,
damit Dein Leben intensiver und erfüllender wird.*

Stephen Levine

Inhalt

Vorwort 11

Einleitung 19
  Praxis: Achtsame Körperentspannung 49

1 | Leben 51
  Denkanstoß 1: Liebe Dich selbst 52
  Denkanstoß 2: Liebe in der Partnerschaft 56
  Denkanstoß 3: Die Arbeit lieben 62
  Denkanstoß 4: Den blauen Planeten lieben 67
  Denkanstoß 5: Vorsorge – ein Akt der Liebe 71
  Denkanstoß 6: Glücklich sein im Leben 74
  Praxis: Achtsame Körperbewegungen 100

2 | Sterben 101
  Denkanstoß 7: Von Wünschen und Löffeln 102
  Denkanstoß 8: Den Abschied zu Lebzeiten planen 107
  Denkanstoß 9: Hospizarbeit und Palliativversorgung 111
  Denkanstoß 10: Sterbefasten und Sterbehilfe 116
  Denkanstoß 11: Kommunikation am Lebensende 122

Denkanstoß 12: Körperliche, seelische und spirituelle Prozesse
in den letzten Tagen und Wochen 126
Praxis: Achtsames Sitzen 155

3 | Tod 157
Denkanstoß 13: Die Urne selber gestalten 159
Denkanstoß 14: Gestaltungsspielräume im Todesfall 163
Denkanstoß 15: Was nach dem Tod kommt 168
Denkanstoß 16: An der Schwelle des Todes 172
Denkanstoß 17: Interview mit dem Tod 176
Denkanstoß 18: Aktives Abschiednehmen zwischen Tod und
Bestattung 179
Praxis: Achtsames Gehen 193

4 | Trauer 195
Denkanstoß 19: Die Unfähigkeit zu trauern 197
Denkanstoß 20: Trauerphasen 202
Denkanstoß 21: Trauergruppen 208
Denkanstoß 22: Trauer am Arbeitsplatz 212
Denkanstoß 23: Die Trauer als achtsamer Lebensbegleiter 216
Denkanstoß 24: Das Leben neu entdecken 241
Praxis: Achtsames Mitgefühl................................... 246

Schlusswort 247
   Praxis: Achtsames Teetrinken 262

ANHANG 263

Anmerkungen 263
Literatur 271
Achtsamkeitsübungen 280
Internetadressen 281
Zu den Personen 282
Online-Achtsamkeitstraining 286

Vorwort

Herzlichen Glückwunsch!

Diese beiden Worte am Anfang eines Buches zu finden, in dem es um Sterben, Abschied, Trauer und Tod geht, wird Sie vielleicht überraschen. Aber mit der Entscheidung, sich diesen unausweichlichen Themen zu stellen, könnte sich ihr Leben verändern. Zum Besseren!

Es ist noch gar nicht so lange her, da gehörte der Tod zum Alltagsleben. Die Menschen sind da gestorben, wo sie zu Hause waren. Aufgebahrt wurden Tote in den eigenen vier Wänden. Das Leben im Haus ging weiter! Trauer war eine Sache der Gemeinschaft. Und heute? Die Dienstleistungs- bzw. Entsorgungsmentalität, die an der Schnittstelle zwischen Leben und Tod herrscht, aber auch der Kult, den wir um Höchstleistung und ewige Jugend zelebrieren, haben dazu geführt, dass viele den Tod häufig nur noch vom Hörensagen kennen. Ein weiterer Grund liegt in unserem Konsumverhalten, unserem Glauben alles ersetzen, neu kaufen zu können. Wir leben, als gebe es keine Grenzen. Der Tod ist eine natürliche Grenze. Weil man ihn nicht abzuschaffen kann, wird er tabuisiert und totgeschwiegen.

In diesem Buch von Rüdiger Standhardt teilen er und seine Gastautoren Erfahrungen und Ideen mit Ihnen, die helfen werden, Trauer und Tod anzunehmen. Es geht nicht darum, etwas zu überwinden, zu verdrängen oder zu bewältigen. Es geht darum, den Tod als Teil des Lebens zu begreifen und über die Annahme der Tatsache, dass jeder von uns sterben muss, ein Gefühl für die eigene Endlichkeit zu bekommen. Der Tod begrenzt das Leben. Durch den Tod wird unsere Lebenszeit zu etwas Kostbarem. Den Tod zurück ins Alltagsleben zu holen, dazu will dieses Buch ermuntern.

In unserem Bestattungshaus in Bergisch Gladbach betten wir die Toten in ihrer Lieblings- bzw. Alltagskleidung zur letzten Ruhe. Eltern und Kindern bieten wir an, bei der Totenwäsche und dem Einkleiden dabei zu sein. Der Verstorbene wird in einem hellen, freundlichen Raum aufgebahrt. Familie und Freunde können Stunden, wenn sie es wollen auch Tage, mit dem Toten verbringen. Sie können den Toten anfassen, ihm Geschenke und Gegenstände, die ihm wichtig waren und ausgemacht haben, als Grabbeigaben in den Sarg legen. Die Trauernden können Musik hören, Lesen, Schweigen, Reden, Schreien, Lachen. Erlaubt ist alles, was nicht gegen die guten Sitten verstößt. Bei uns trauern die Menschen ohne Vorschriften. Wenn man jemanden liebt, lässt man sich ja auch nicht diktieren, wie man dieses Gefühl ausleben soll. Trauer ist für mich eine besondere Form der Liebe. Trauerliebe, wie ich sie nenne, verlangt deshalb eine besondere Form des Ausdrucks. Jeder Trauernde sollte die Chance haben, sein ganz individuelles Abschiedsritual zu entdecken.

Es ist an der Zeit, die starren Wege, die uns die konventionelle Bestattungskultur vorschreibt, zu verlassen und endlich wieder die Trauernden in den Mittelpunkt zu stellen. Je früher wir anfangen hinzuschauen, desto besser sind wir darauf vorbereitet, im Trauerfall die richtigen Entscheidungen zu treffen und mit unserer Trauer vernünftig umzugehen. Wer seinen Ehepartner, seinen Vater, seine Mutter, sein Kind oder einen guten Freund verliert, muss sein Leben neu ordnen. Der Verlust eines geliebten Menschen hinterlässt eine Lücke. Was hätte man noch alles zusammen erleben können, was wollte man dem Verstorbenen nicht alles noch sagen. Es sind die verpassten Chancen, vielleicht sogar die Trauer über das eigene, manchmal ungelebte Leben, die wehtun. Der Tod zeigt uns, wie schnell die Zeit vergeht, wie unwiederbringlich vieles im Leben ist.

In Rüdiger Standhardt und den Autoren dieses Buches habe ich Verbündete im Kampf gegen Ignoranz, Unachtsamkeit und Herzlosigkeit gefunden. Als Bestatter versuche ich, Menschen Mut zu machen, sich die Toten und die damit verbundenen Gefühle nicht stehlen zu lassen. Experten aus den Bereichen Vorsorge, Sterbebegleitung, Bestattung, Trauerbegleitung teilen in diesem Buch ihr Wissen. Die Autorin Sabine Mehne hatte während ihrer Krebstherapie eine Nahtoderfahrung und klärt heute auf über körperliche, seelische und spirituelle Prozesse in den letzten Tagen und Stunden.

Der Tod kann ein guter Lehrmeister sein, weiß Sabine Kistner, eine innovative Bestatterin aus Hessen. Sie schreibt über aktives Abschiednehmen in der Zeit zwischen Tod und Beerdigung und beschreibt Rituale für diese Übergangszeit. Stephanie Gotthardt, eine der führenden Trauerexpertinnen des Landes, erklärt, warum Trauer zum achtsamen Lebensbegleiter werden kann. Diese Menschen aus unterschiedlichen Professionen zusammengebracht hat Rüdiger Standhardt, bekannter Achtsamkeitstrainer und Trainer für Persönlichkeits- und Führungskräfteentwicklung. Inmitten der Auseinandersetzung mit dem Tod fragt er: Was ist Lebenskunst?

Trauern ist ein langer, manchmal lebenslanger Prozess. Ein solcher Prozess endet nicht nach sechs Wochen. An der Seele bleibt immer eine Narbe zurück. Diese Narbe tut auch nach langer Zeit weh, mal weniger, mal mehr. Es ist wichtig, dass über diese Narben geredet wird. Trauern bedeutet Gefühle zeigen. Wenn ich in einer solchen Situation des Verlustes nicht Gefühle zeigen, ja, weinen kann und darf, in welcher Situation sollte ich es denn sonst tun können? Gleichzeitig bedeutet trauern aber auch, danke zu sagen. Wenn dieser Mensch nicht gelebt hätte, wäre die Welt anders – unabhängig davon, ob er nur einen Wimpernschlag im Mutterleib gelebt hat oder ob er hundert Jahre alt geworden ist. Wenn in einer solchen Stunde dann das, was diesen Menschen beseelt hat und was von ihm ausgegangen ist, als Erinnerung in den Herzen der Anwesenden verankert wird, dann besteht die Chance, aus einer Trauerfeier eine Geburtstagsfeier werden zu lassen.

Jedes Jahr sterben in Deutschland über 900 000 Menschen. Sicher haben die Angehörigen und Freunde ganz ähnliche Wünsche für die Trauerfeier. Und ganz sicher wird der Weg zur ewigen Ruhe ihrer Lieben steinig, denn sie werden über Vorschriften und Dogmen stolpern. Grabsteine aus grauem, braunem oder schwarzem Marmor, poliert und mit geschwungener Oberkante verziert. Dann Stein für Stein aufgestellt in Reih und Glied. Der Volksmund spricht: »Ordnung ist das halbe Leben« und Friedhofsgärtner und Verwaltungsbeamte finden, dass das auch im Tode so sein sollte. Wie starr und unbeweglich das System mittlerweile ist, fällt immer dann auf, wenn tatsächlich mal etwas anderes als ein genormtes Grab verlangt wird.

Wir sollten uns von diesen Steinwüsten verabschieden. Konformismus erstickt jede Kreativität. Jeder Mensch ist einzigartig. Leider ist davon bei einem Spaziergang über die meisten Friedhöfe nicht mehr viel zu spüren. Im krassen Gegensatz zu einer lebendigen Trauerkultur steht die anonyme Bestattung. In meinen Augen eine Bankrotterklärung unserer Kultur des Erinnerns. Bedauerlicherweise erleben wir Anonymität und Konformismus heute überall. Im Alltag werden wir reduziert auf Kundennummern, Personalnummern und PIN-Codes. Namen sind nicht mehr gefragt. Für mich ist einer der schönsten Gedanken aus der Bibel: »Ich habe dir einen Namen gegeben und bei diesem Namen werde ich dich rufen.« Beim Namen – nicht bei der PIN.

Ich schaue im Rahmen einer Trauerfeier zurück und frage: Was ist von diesem Menschen ausgegangen? Was hat er bewegt? Wo hat er Spuren und Gedanken in dieser Welt zurückgelassen? Wodurch kann ich glauben, dass Tod niemals Tod ist? Solche Betrachtungen treffen für den Obdachlosen wie für den Vorstandsvorsitzenden zu, für den Erwachsenen oder Greis wie auch für das Baby, das im Mutterleib verstorben ist.

Begreifen ist etwas sehr Sinnliches und nichts Mentales. Wir haben es verlernt, zu b e g r e i f e n. Mental verarbeiten wir auch mittlerweile den Tod. All das, was einen bewegt, was man ausdrücken möchte, lässt man sich im Trauerfall häufig aus der Hand nehmen und von anderen ausdrücken. Denken Sie nur an die ewig gleichen Traueranzeigen oder die oft mit wenig Gefühl runter geleierten Trauerreden. Trauer ist Liebe und wenn sie verliebt sind, dann schreiben Sie ihre Liebesbriefe ja auch selbst oder schicken Sie etwa einen Stellvertreter, wenn sie eine Liebeserklärung machen wollen? Wer den Unterschied zwischen tot und lebendig begreifen will, muss hinschauen. Das, was uns Menschen ausmacht, was uns beseelt, lebendig sein lässt, liegt nicht im Sarg und steckt in keiner Urne.

Ich würde mir wünschen, dass unsere Toten in Zukunft wieder durch liebevolle Hände beerdigt werden, Hände von Familienangehörigen, Freunden und Nachbarn und nicht durch Fremde oder seelenlose Versenkungsapparate. Ich träume davon, dass auch die Beerdigungen in aller Stille der Vergangenheit angehören und das nachfolgende Zusammensitzen und gemeinsame Essen, die sogenannte Trauerfeier, wieder zu einer Feier des Lebens wird.

Ich träume davon, dass Trauernde wieder in die Gemeinde integriert werden und dass Sterben, Tod und Trauer nicht mehr totgeschwiegen werden. Ich träume davon, dass der Tod wieder zu einem Begleiter wird, der uns spüren lässt, welch' kostbares Geschenk das Leben ist. Für die Generation unserer Großväter waren Tod und Trauer noch ein selbstverständlicher Teil des Lebens, die Erfahrungen aus der fast alltäglichen Trauerarbeit in Familien, Nachbarschaft und Gesellschaft waren für jeden nutzbar. Das ist heute anders.

Auch Trauer ist ein Gefühl, das wir leben sollten. Tun wir es nicht, wiegen die Folgen schwer. Unterdrückte, nicht gelebte Trauer kann Menschen krank machen. Die Folgen können Depression und eine Reihe psychosomatischer Erkrankungen sein. Trauer im Verwandten- und Freundeskreis, aber auch am Arbeitsplatz zulassen, offen mit dem Verlust umgehen, auch wenn man vermeintlich Schwäche zeigt, wäre eine Alternative zur stummen Ignoranz, mit der Trauerfällen häufig begegnet wird.

Dieses Buch wird eine lebendige Lektüre sein, es schenkt Ihnen gute Gedanken, Inspiration und die Sicherheit, im Fall der Fälle vorbereitet und handlungsfähig zu sein. Ich bin überzeugt davon, dass dieses Buch ihr Leben verändern wird. Zum Besseren.

Herzlichst
David Roth

Einleitung

> *Das klare Todesbewusstsein von früh an*
> *trägt zur Lebensfreude, zur Lebensintensität bei.*
> *Nur durch das Todesbewusstsein erfahren*
> *wir das Leben als Wunder.*
> Max Frisch

Mutig, lebendig und humorvoll leben und zugleich stets »abflugbereit« sein! – so lautet mein Leitspruch. Meine Leidenschaft besteht darin, Menschen im Rahmen des von mir entwickelten Online-Achtsamkeitstraining *Den Tod ins Leben einladen, um wirklich zu leben* bei der Einübung in die Praxis der Achtsamkeit zu begleiten, die unterschiedlichen Aspekte rund um die Themen Leben, Sterben, Tod und Trauer zu besprechen und die Teilnehmenden zu ermutigen, ein Vorsorgehandbuch zu erstellen. Eine solche umfassende Entdeckungsreise ist in unserer Kultur alles andere als selbstverständlich! Während viele Menschen eine Hochzeit bereits ein Jahr im Voraus planen, sind Überlegungen zum eigenen Sterben sowie eine Planung der eigenen Abschlussfeier meistens nicht üblich. Obwohl es nur zwei Gewissheiten im Leben gibt – wir werden alle sterben, und wir wissen nicht wann – vermeiden viele Menschen zeitlebens das immer noch tabuisierte Thema Sterben und Tod und empfinden eine Scheu, sich mit der eigenen Endlichkeit zu beschäftigen. Und so ist es nicht verwunderlich, dass nur wenige Menschen in umfassender Weise geklärt haben, was nach ihrem Tod geschehen soll. Nur 30 Prozent der Deutschen haben eine Verfügung für den Todesfall getroffen, und noch weniger Menschen haben ihre letzten Wünsche verschriftlicht. Diejenigen jedoch, die sich mit Mut und Entschlossenheit dieser Aufgabe zugewandt haben, berichten davon, dass sie intensiver, freudiger und entspannter leben, weil die letzten Dinge geregelt sind. Albert Schweitzer hat das so formuliert: *Wenn wir in Gedanken mit dem Tode vertraut sind, nehmen wir jede Woche, jeden Tag als ein Geschenk an, und erst wenn man sich das Leben so stückweise schenken lässt, wird es kostbar.*

Auf meinen Spuren

Wer Interesse hat, sich auf eine innere Forschungsreise zu begeben, der ist eingeladen, sich zu erinnern und aufzuschreiben, wo sie oder er bisher im eigenen Leben mit dem Sterben und Tod in Berührung gekommen ist, welche emotionale Qualität diese Erlebnisse hatten und wie die Erfahrungen bis heute nachwirken. Meine erste Erinnerung ist meine Uroma Amalie, die mit über 80 Jahren im Lehnstuhl saß und sagte: »Der Herrgott kann mich holen kommen, ich bin bereit.« Diese klaren Worte beeindruckten mich als Jugendlicher, denn meine Uroma war eine vitale und lebensfrohe Frau, und in ihren Worten lag kein Bedauern. Als ich 15 Jahre alt war, brachte sich meine Oma Elisabeth um, und ich erfuhr, dass sie dies zuvor auch schon zweimal versucht hatte. Ich erlebte meine erste Beerdigung und konnte lange nicht nachempfinden, welche innere Not sie erlebt haben muss, um am Ende diesen Weg zu wählen. Mehr als ein Jahrzehnt später starb mein Opa Johannes. Er hinterließ einen genauen Ablaufplan, was nach seinem Tod alles zu geschehen hätte – geschrieben auf seiner Reiseschreibmaschine, ohne die Informationen eines Internets und all die Möglichkeiten, die uns heute zur Verfügung stehen. Die Hinterbliebenen waren froh, so eine gute Planung vorzufinden, und so konnten die letzten Dinge entspannt abgewickelt werden. Meine Oma Margarete war 93 Jahre alt, als sie nach einem Sturz ins Krankenhaus kam. Weil es ihr zunehmend schlechter ging, wurde sie auf die Intensivstation verlegt. Ihre Tochter machte dies rückgängig, und wir erlebten, wie sie immer weniger wurde und rechneten in Kürze mit ihrem Tod. Zu sechst saßen wir um ihr Bett, ihr Atem war für uns nicht mehr vernehmbar, und uns allen war klar: Der Tod tritt in Kürze ein. Doch wir irrten uns, und nach einer langen Zeit des Abwartens war uns klar, dass heute nicht der Zeitpunkt ihres Sterbens sein würde. Nach einigen Tagen kam meine Oma zurück in das Altenheim und verbrachte dort zwei Jahre ausschließlich in ihrem Bett, bis sie mit 95 Jahren starb. Es hat sich mir bis heute nicht ganz erschlossen, warum meine geliebte Oma im Krankenhaus nicht gestorben ist, obwohl sie innerlich bereit war, zu sterben.

Zweimal durfte ich dabei sein, als ein Mensch starb. Ich erinnere mich an meine Freundin Annette, eine Frau Mitte vierzig, verheiratet und Mutter zweier minderjähriger Kinder. Sie hatte Krebs und wusste irgendwann, dass sie sterben wird, und diese von ihr ausgesprochene innere Klarheit erschreckte mich. Gut eine Woche später, als es dann auf ihr Ende zu ging, wünschte sie sich meinen Besuch im Krankenhaus. Als ich die Türe öffnete, spürte ich, wie sie innerlich alle Kraft aufbrachte, um noch zu leben, und als ich zusammen mit ihrem Mann und meiner damaligen Partnerin an ihrem Bett saß, ließ sie immer mehr los und starb nach fünfzehn Minuten ganz ruhig und friedlich. Mich beeindruckte einerseits die Klarheit von Annette über den nahenden Tod einige Tage vor ihrem Ende und anderseits der Umstand, dass sie ihren Tod zum Schluss noch um wenige Stunden hinauszögern konnte, bis die gewünschten Menschen an ihrem Sterbebett waren. Am eindrücklichsten waren für mich die Geschehnisse rund um den Tod von Tante Helga und Onkel Otto aus dem Bergischen Land. Über fünfzig Jahre waren sie verheiratet. Sie hatten keine Kinder und wünschten sich, zusammen zu sterben. Tante Helga starb an Lungenkrebs und wurde wenige Tage später beerdigt. Als der ganze Trauerzug in Richtung Grab ging, wollte Onkel Otto eine kleine Pause machen und wünschte, sich ins Auto zu setzen. Während er im Auto Platz nahm – es war genau die Zeit, als der Sarg seiner Frau abgesenkt wurde –, starb er. Sein Wunsch war erfüllt, und die Rettungssanitäterin verzichtete glücklicherweise auf eine Reanimation. Als die Trauergäste den Friedhof verlassen wollte, erfuhren sie, dass die nächste Beerdigung in einer Woche stattfinden würde.

> **Tagebuch der Selbsterforschung**
> - An was erinnerst Du Dich spontan, wenn Du an das Sterben und den Tod denkst?
> - Welche Erfahrungen haben Dich besonders berührt?
> - Bei welchen Menschen warst Du beim Sterbeprozess dabei?

Meine Forschungsreise

In den Tagen rund um den Jahreswechsel 2020/2021 spürte ich, dass die Zeit gekommen war, mich intensiver als je zuvor mit dem Thema Sterben und Tod zu beschäftigen. Zwar hatte ich mich schon viele Jahre zuvor, insbesondere in der Begleitung von Zivildienstleistenden und im Zusammenhang mit meinen Seminaren *Die 50 überschritten*, immer wieder neu mit dem Tabuthema Tod beschäftigt, doch jetzt wollte ich tiefer einsteigen. Zunächst entstand die Idee, ein neunmonatiges Online-Achtsamkeitstraining zu konzipieren, um Menschen die Möglichkeit zu eröffnen, in Gemeinschaft mit anderen Menschen und mit achtsamer Wegbegleitung diese Themen anzugehen. Meine Intention war, dass jede und jeder ein persönliches Vorsorgehandbuch entwickelt und zugleich viele berührende Impulse zu den sechs Themen Stille, Leben, Sterben, Tod, Trauer und Transzendenz erhält.

Das Jahr 2021 stand dann ganz unter diesem Thema. Ich habe die unterschiedlichsten Bücher gelesen (siehe Anhang), ein vierwöchiges Praktikum bei einem Bestatter absolviert[1], mir verschiedene Krematorien angeschaut, meine eigene Urne getöpfert[2], mit vielen Bestatter:innen, Trauerrednern, Trauerbegleitern und Autor:innen[3] gesprochen, verschiedene Seminare besucht, inspirierende Filme angeschaut, Ausstellungen und Messen besucht, mir Stadt- und Waldfriedhöfe angeschaut, mein eigenes Vorsorgehandbuch aktualisiert und erweitert, an einer Weiterbildung zum Hospizbegleiter teilgenommen[4] und meine ehrenamtliche Tätigkeit aufgenommen. Und weil die Menschen in meiner Umgebung mitbekamen, was ich tat, gab es viele, zum Teil sehr berührende Gespräche über Endlichkeit, Sterben und Tod, und nicht selten nahm ich für mein neues Projekt wichtige Impulse mit. Für mich waren zwei Erfahrungen besonders herausfordernd: Zum einen die Situationen in meinem Praktikum, wo ich beim Waschen und Ankleiden der Leichen mitwirkte, zum anderen meine erste Erfahrung in der Sterbebegleitung mit einem 65-jährigen Mann, der ALS hatte, sich fast nicht mehr bewegen konnte und bald starb.

Tagebuch der Selbsterforschung

- Auf welche Weise hast Du Dich mit der Thematik von Leben und Tod beschäftigt?
- Welche Orte würdest Du gerne aufsuchen, um Deinen Horizont zu erweitern?
- Hast Du schon eine oder mehrere Leichen gesehen und vielleicht auch berührt?

Gesellschaftliche Wirklichkeit

Die Aufgabe der Bestattung lag jahrhundertelang in den Händen der Familie und Nachbarn, und meist übernahmen die Frauen die Aufgabe, den Toten zu waschen und anzukleiden. Anschließend kam der Schreiner mit dem Sarg, und der Verstorbene wurde in den eigenen vier Wänden auf dem Totenbett oder im offenen Sarg aufgebahrt. So hatten die Verwandten, Freunde, Bekannten und Nachbarn die Gelegenheit, sich persönlich vom Verstorbenen zu verabschieden. Diese Totenwachen, die meist rund um die Uhr stattfanden, hatten den Charakter eines gelassenen Zusammenseins, bei dem nicht nur gebetet wurde, sondern es wurde auch gemeinsam gegessen und getrunken und Geschichten aus dem Leben des Toten wurden erzählt. Es war ein Abschiednehmen über mehrere Tage, am Ende wurde der Sarg gemeinsam zum Friedhof gebracht, und der Höhepunkt des Abschiednehmens war die Beerdigung.

Vor über 150 Jahren veränderte sich langsam diese Tradition. Der Beruf der Bestatter entstand, und die bisher von verschiedenen Menschen wahrgenommen Aufgaben wurden zu einem Beruf gebündelt. Auf diese Weise fand einerseits Entlastung statt, anderseits wurden den Angehörigen immer mehr Aufgaben und Möglichkeiten des aktiven Abschiednehmens aus der Hand genommen. Nach der Tragödie des Zweiten Weltkrieges »wollte die Nachkriegsbevölkerung nicht mehr zurückschauen«, schreibt die Journalistin und Buchautorin Sabine Bode. »*Aufräumen und aufbauen* hieß die Devise im geteilten Land auf beiden Seiten. Trauer, Reflexion, Bilanz ziehen, die Auseinandersetzung mit persönlicher Schuld wurden sorgfältig gemieden. So kam es zu den großen Veränderungen: zum einsamen Sterben in Krankenhäusern, zur kühlen Verabschiedung von den Toten und zur verborgenen Trauer. Dieser unsichtbar gemachte Tod ist womöglich die einschneidendste kulturelle Veränderung der Neuzeit.«[5]

In den letzten dreißig Jahren hat sich die Bestattungskultur erkennbar verändert. Bis zu diesem Zeitpunkt war eine Erdbestattung selbstverständlich, und es gab eine große Akzeptanz der christlichen Abschiedsrituale. Die Gründe für den Wandel der Bestattungskultur liegen in der Liberalisierung der Bestattungsgesetze, in der Abwendung von der christlichen Bestattungskultur und der daraus entstehenden immer individueller werdenden Bestattungs- und Erinnerungskultur. Ganz konkret: Das Sterbegeld und die Sargpflicht wurden abgeschafft, und die Verbrennung des Leichnams im Krematorium ermöglichte alternative Bestattungsformen. Es gibt heute neben der Erdbestattung auch Baum- und Seebestattungen, die nachhaltige Bestattungsmethode »Reerdigung«[6] sowie die Möglichkeit, sich einen Erinnerungsdiamanten anfertigen zu lassen.

Fakten zur Bestattung[7]

Sterbefälle in Deutschland pro Jahr: rund 930 000
Feuerbestattungen: 68 Prozent
Erdbestattungen: 32 Prozent
Zahl der Bestattungsunternehmen: 4300
Zahl der Beschäftigten insgesamt: 27 000

Und auch unter den Bestatter:innen ist einiges in Bewegung geraten: Während sich viele Familienunternehmen mit den Veränderungen immer noch schwertun, gibt es eine wachsende Zahl von Quereinsteigern[8], die mit viel Lebenserfahrung und ohne den Ballast einer Familientradition unkonventionelle Wege gehen. Der Bestatter, Trauerbegleiter und Autor Fritz Roth (1949–2012) ist der bedeutendste Pionier in Deutschland für einen lebendigen Umgang mit dem Sterben und dem Tod, und seine innovative Arbeit wird jetzt von seinen beiden Kindern David und Hannah Roth fortgeführt. Sein »Haus der menschlichen Begleitung«[9], auch »Landhotel der Seele«[10] genannt, sowie sein erster privater Friedhof in Bergisch Gladbach bei Köln lassen spürbar werden, wie ein natürlicher, entspannter und wertschätzender Umgang mit Tod und Trauer heute aussehen kann. An diesem Ort werden nicht nur die normalen Bestattungsaufgaben wahrgenommen, sondern es gibt auch Bildungsveranstaltungen, Gesprächsgruppen für trauernde Menschen sowie kulturelle Veranstaltungen und Projekte wie »Im letzten Hemd« oder »Ein Koffer für die letzte Reise«.

Weiterbildungsmöglichkeiten

Während das Thema »Sterben, Tod und Trauer« noch vor einigen Jahren stark tabuisiert war, hat sich in den letzten Jahren einiges verändert, und immer mehr Menschen werden neugierig und sind bereit, sich auf dieses spannende Themenfeld tiefer einzulassen. Nachfolgend ein paar Ideen, wie der eigene Horizont erweitert werden kann. Eine gute Möglichkeit, das kleine Einmaleins der Sterbebegleitung zu erfahren, sind *Letzte-Hilfe-Kurse*[11]. Die Teilnehmer:innen lernen an einem Nachmittag oder Abend, was es für eine Begleitung Schwerkranker und Sterbender am Lebensende braucht. Die Themen der vier Module lauten: Sterben ist ein Teil des Lebens, Vorsorgen und Entscheiden, Leiden lindern und Abschied nehmen.

Stephanie Gotthardt bietet zusammen mit David Roth eine dreitägige Weiterbildung zum/zur *Ersthelfer/in in menschlicher Trauerbegleitung*[12] an. Genau wie bei körperlichen Notfällen kann auch Trauer eine »Notsituation« sein, die sich wie eine »offene Wunde« anfühlt und eine gezielte Ersthilfe braucht. In diesem Seminar werden Basiswissen, innere Haltungen und Methoden vermittelt, die in einer Trauersituation zeitnah anwendbar sind und nachhaltig helfen. Wer eine tiefere Auseinandersetzung mit Leben, Sterben und Tod wünscht, dem empfehle ich eine *Weiterbildung zur ehrenamtlichen Hospizbegleitung* zu absolvieren. Ehrenamtliche Hospizhelfer:innen begleiten Schwerstkranke, Sterbende und deren Angehörige. Sie hören zu, führen Gespräche, nehmen am Leben der Betroffenen teil und unterstützen sie auch bei praktischen Tätigkeiten. Die Weiterbildungen umfassen in der Regel verschiedene Wochenenden und Abendveranstaltungen und bei einigen Anbietern zusätzlich auch noch ein Praktikum.

Das *Bohana-Netzwerk*[13] ist ein Online-Portal, das über selbstbestimmte Trauer, alternative Bestattungen und individuelle Vorsorgemöglichkeiten informiert. Das Netzwerk engagiert sich für eine lebendige Abschiedskultur und besteht aus innovativen Bestatter:innen, Trauerbegleiter:innen und Menschen, die dazu beitragen, den Umgang mit dem tabuisierten Thema

Tod leichter zu machen. Auch Vereine, Verbände und Bildungsinstitute mit ihren Unterstützungsangeboten werden im Bohana-Netzwerk sichtbar gemacht. Die Gründerin Anne Kriesel hat einen Online-Kurs[14] zum Thema *Vorbereitet sein – was soll bleiben, wenn du gehst* konzipiert. Der Kurs umfasst drei Module (Papierkram ordnen, Bestattung und Abschied gestalten, Erinnerungen schaffen) und folgt dem Leitsatz »einfachmachen«.

Die Messe *Leben und Tod*[15] findet in Bremen statt und steht für Themen aus den Bereichen Hospiz, Palliative Care, Trauer und Trauerbegleitung, Seelsorge sowie Bestattungskultur. Diese Messe findet seit 2010 jährlich statt und ist eine Mischung aus Fachkongress, offenen Vorträgen und Ausstellung rund um die Themen Sterben, Tod und Trauer. Das Angebot richtet sich an Betroffene, Angehörige und interessierte Bürger:innen ebenso wie an haupt- und ehrenamtlich tätige Menschen.

Das *Museum für Sepulkralkultur*[16] in Kassel widmet sich den Themen Sterben, Tod und Gedenken. Ziel des Museums ist es, Kontinuität und Wandel im Umgang mit den letzten Dingen zu veranschaulichen. Das Museum unterhält eine Dauerausstellung sowie wechselnde Ausstellungen zu ausgewählten Themen der Sepulkralkultur.

Tage der offenen Tür bieten mittlerweile viele Krematorien an, und auch die Teilnahme an Führungen über einen Friedhof oder in einem Bestattungswald sind eine gute Gelegenheit genauer herauszufinden, was am Ende gewünscht wird. Und zuletzt gibt es mittlerweile eine Vielzahl von informativen Büchern und Filmen über das Leben, das Sterben, den Tod und die Trauer, die für das eigene Nachdenken wichtige Impulse geben können.[17]

*Vielmehr sollten wir das,
was uns im Zusammenhang mit Sterben und Trauer beunruhigen könnte,
endlich einmal zu Ende denken. Es ist hilfreich, sich auch emotional mit dem Tod
vertraut zu machen, und zwar rechtzeitig, bevor der Ernstfall eintritt – ein Ernstfall,
von dem wir mit absoluter Sicherheit wissen, dass er eines Tages eintreten wird.
Eine solche innere Vorbereitung ist Fürsorge und Vorsorge im besten Sinne.
Sie sagt uns, mit welchen Entscheidungen uns der Ernstfall
konfrontieren wird. Eine Vorbereitung nimmt nicht schon
vorweg, wie wir uns entscheiden werden, aber sie
verhindert kopfloses Zustimmen und erlaubt
stattdessen ein Innehalten.*
Fritz Roth

Ein umfassender Ansatz

In dem vorliegenden Buch beschäftigen wir uns mit sechs grundlegenden Themen. Wir beginnen mit der *Stille*. Bevor wir uns mit dem *Sterben*, dem *Tod* und der *Trauer* beschäftigen, geht es um das *Leben*, um das, was wirklich wesentlich im Leben ist. Und am Ende des Buches geht es um die *Transzendenz*, um das, was für viele Menschen wahrnehmbar und doch so schwer mit Worten auszudrücken ist. Das nachfolgende Schaubild macht die sechs Themen sichtbar – der äußere Kreis ist bewusst nicht »benannt«, denn er steht für die Transzendenz, die unsichtbare, alles umfassende Dimension unseres menschlichen Daseins.

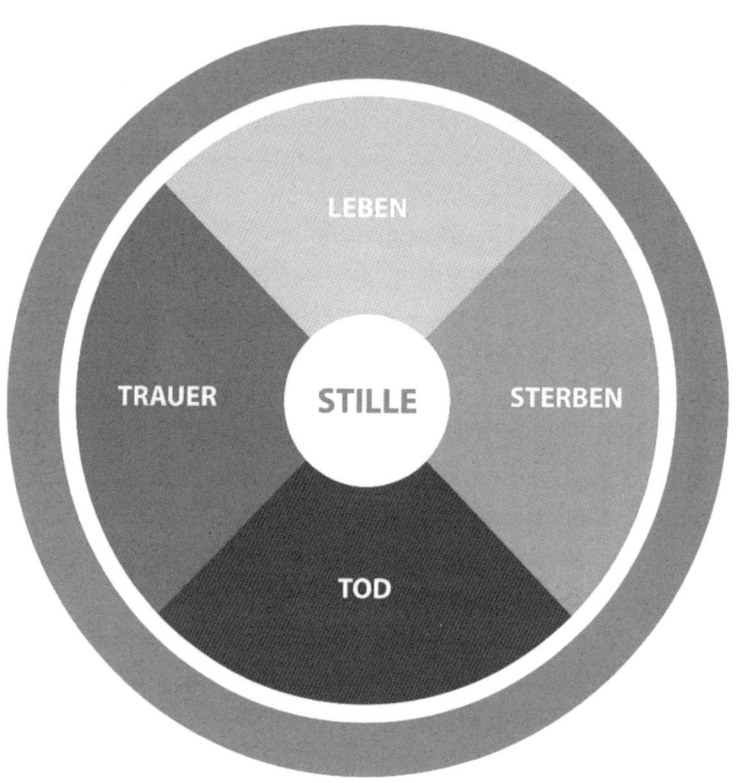

Stille

Man muss aus der Stille kommen, um etwas Gedeihliches zu schaffen. Nur in der Stille wächst dergleichen, sagte schon vor über hundert Jahren der Schriftsteller Kurt Tucholsky. Das Bedürfnis nach Stille ist heute größer denn je, denn der alltägliche Geräuschpegel, die permanente Reizüberflutung, die vielfältigen Ablenkungen sowie die ständige Erreichbarkeit durch unsere modernen Medien bewirken eine innere Alarmbereitschaft und Stress. Es braucht einen Gegenpol zum unbewussten Machen und Tun, und das sind Stille und Schweigen, damit uns das Wesentliche des Lebens nicht zwischen den Fingern zerrinnt. *Und so ist Stille der neue Luxus!* Während viele die Stille nicht ertragen, spüren immer mehr Menschen eine tiefe Sehnsucht nach Stille, und so boomen Achtsamkeitskurse und Schweige-Retreats in Klöstern und Meditationszentren.

> **Tagebuch der Selbsterforschung**
> - Wann hast Du das letzte Mal einige Stunden in vollkommener Stille verbracht?
> - Was brauchst Du, um zur Ruhe und zur Besinnung zu kommen?
> - Welche Erfahrungen hast Du mit der Stille und dem Schweigen gemacht?

Was sind die Ursachen, warum die Stille so gerne vermieden wird? *Die Stille ist gefährlich*, weil wir zur Besinnung kommen und wahrscheinlich feststellen, dass die Probleme unseres Lebens *nicht* im Außen liegen, sondern in uns selbst. Ich habe über viele Jahre immer wieder Menschen erlebt, die zu Beginn eines Schweigekurses ihre Freude über diese besondere Auszeit zum Ausdruck brachten und mir bereits nach zwei Tagen mitteilten, dass die Stille sie »fertig macht« und sie am liebsten abreisen würden. Sie spürten ihre innere Unruhe und all das Ungeklärte in ihrem Herzen und wollten fliehen. *Doch dieser Moment des Unwohlseins ist ein magischer Moment.* Wir können flüchten oder standhalten, und daher braucht es in diesen Momenten eine Ermutigung, um im inneren Feuer zu verweilen. Und nicht selten sagten die gleichen Menschen am Ende der Schweigezeit, dass sie sich so gut erholt fühlten wie zuletzt nach einem dreiwöchigen Urlaub. Andere Teilnehmende bemerkten in der Zeit des Schweigens, dass ihr Leben doch nicht so glücklich ist, wie sie immer dachten, und dass ihre Wünsche und Träume schon seit längerer Zeit auf der Strecke geblieben waren. Und wir alle, die wir uns auf die Stille einlassen, erleben immer wieder auch unangenehme Emotionen, beispielsweise Schmerz, Wut und Trauer. In der Stille sind wir eingeladen, unser *ganzes* Leben willkommen zu heißen und offen zu sein für das, was sich aus dem Nicht-Tun heraus entwickelt.

Die Wirkungen von Stille, Schweigen, Meditation und Achtsamkeit sind vielfach beschrieben.[18] Stille reduziert die Stresshormone, fördert die Selbstreflexion, Auffassungsgabe und Konzentration und macht ruhiger und kreativer. Und die Stille führt uns in eine tiefe Selbsterkenntnis, lässt uns verstehen, was Absichtslosigkeit und Nicht-Wissen für unser Leben bedeuten, warum Selbstliebe, Mitgefühl, Humor und Ungehorsam so wichtig sind und dass die wirklich wesentlichen Dinge des Lebens nicht »erarbeitet«, sondern uns geschenkt werden. Auf dem Weg, die Stille zu einem festen Bestandteil des Lebens werden zu lassen, ist für viele Menschen der Besuch eines Achtsamkeitstrainings (z. B. eines achtwöchigen MBSR-Kurses) eine gute Unterstützung, denn Voraussetzung für ein solches Training ist die Bereitschaft, sich einmal am Tag Zeit für die Stille zu nehmen.

> **Bewährte Achtsamkeitsübungen**
>
> **Die Stille kultivieren**
> Gehe regelmäßig in die Stille, mindestens einmal am Tag. Beginne mit 15 Minuten. Für viele Menschen ist zu Anfang eine geführte Meditation als mp3-Audiodatei oder CD[19] eine gute Unterstützung.
>
> **Unterbreche Deine Routine durch achtsames Innehalten**
> Gewöhne Dir an, mitten im geschäftigen Alltag immer wieder einmal bewusst innezuhalten und Deinen Atem zu spüren.
>
> **Bringe Präsenz in Dein Tun**
> Schenke allem, was Du tust, Deine Aufmerksamkeit. Wenn Du telefonierst, dann telefoniere und schaue nicht gleichzeitig Deine E-Mails durch. Wenn Du isst, dann esse und vermeide den Blick in die Zeitung oder auf das Smartphone. Lebe jeden Augenblick Deines Lebens so bewusst wie möglich.

> **Gönne Dir regelmäßig Auszeiten**
> Reserviere Dir regelmäßig medienfreie Zeit im Jahr, in der Du ein paar Tage bewusst aus Deinem Alltag aussteigst und auf Smartphone, Laptop, Internet und Musikhören verzichtest. Am einfachsten gelingt dies unter Gleichgesinnten in einem Schweigeseminar.

Wer sich ein glückliches und erfülltes Leben wünscht, der wählt nicht den Weg der Verdrängung, Vermeidung und Arbeitssucht, sondern der kultiviert Stille und Achtsamkeit. Aus diesem Grunde erfahren alle Menschen, die an meinem Online-Achtsamkeitstraining *Den Tod ins Leben einladen, um wirklich zu leben* teilnehmen, eine erste Einführung in die Stille und Praxis der Achtsamkeit. In dem vorliegenden Buch empfehle ich, nach jedem Kapitel das Buch zur Seite zu legen und sich Zeit zu nehmen für eine Achtsamkeitsübung.

Zum Abschluss die Worte des Journalisten Tiziano Terzani über die Stille:

»Wundervoll diese Stille! Und doch versuchen wir modernen Menschen sie, wo es geht, zu vermeiden, haben fast Angst vor ihr, vielleicht weil wir sie mit dem Tod gleichsetzen. Wir haben es uns abgewöhnt, still, allein zu sein. Drückt uns ein Problem oder spüren wir, dass uns Verzweiflung überkommt, betäuben wir uns lieber rasch mit irgendeinem Lärm oder mischen uns unter Leute, anstatt uns einen stillen, abgeschiedenen Ort zu suchen, innezuhalten und über die Sache nachzudenken. Ein Fehler, denn die Stille ist eine Urerfahrung des Menschen. Nur in der Stille ist es möglich, wieder in Einklang zu kommen mit sich selbst.«[20]

Leben
Als ich im Sommer 2021 einige Tage in dem schon erwähnten »Haus der menschlichen Begegnung« war, las ich in einer Dauerausstellung die Worte von Nelly Sachs: *Alles beginnt mit der Sehnsucht.* Wir Menschen sehnen uns nach Liebe und Lebendigkeit. Wir wünschen uns menschliche Begegnungen, die uns nahe gehen. Wir suchen eine Arbeit, die wir lieben, wollen vielleicht einen Neuanfang wagen sowie Zeiten der Ruhe und Stille erleben. Kurz und gut: Es geht uns um ein erfülltes, glückliches Leben. Wir leben in einem der reichsten Länder dieser Erde, und eigentlich müssten die Menschen im deutschsprachigen Raum mit einem Lächeln auf ihrem Gesicht unterwegs sein. Doch leider ist das nicht so. Viele Menschen jammern und klagen, sind chronisch unzufrieden und erkennen die sie umgebende Fülle nicht. Der Wohlstand hat uns eine äußerliche Fülle geschenkt, doch letztlich geht es im Leben um viel mehr. Aber nicht um mehr Konsum, sondern um die Entdeckung und Pflege der nicht-materiellen Fülle – oder anders ausgedrückt: weniger um das Haben, sondern mehr um das Sein[21]. Und wenn wir in eine tiefe Verbindung mit uns gekommen sind und zugleich auch mehr die Verbundenheit mit allen und allem erleben, dann wird uns unser Wohlstand immer fragwürdiger, und wir erkennen den unverhältnismäßig hohen Preis für unsere Lebensweise. Der blaue Planet wird von uns

Menschen hemmungslos zerstört, so dass unsere Kinder und Enkel keine Zukunftsperspektive haben, und die sogenannten Entwicklungsländer leiden schon heute massiv unter unserer ungesunden Lebensweise.

> **Tagebuch der Selbsterforschung**
> - Wonach sehnt sich Dein Herz wirklich?
> - Was sind die Ursachen Deiner Zufriedenheit oder Unzufriedenheit?
> - Was ist für Dich echter Wohlstand?

In dem ersten Kapitel *Leben* gehen wir den verschiedenen Dimensionen von echtem Wohlstand nach und beleuchten weitere Aspekte, die für ein erfülltes Leben wesentlich sind. Sie bekommen fünf Denkanstöße sowie einen Beitrag von mir mit dem Titel *Glücklichsein im Leben*. Geheimnisse, die unser Leben grundlegend verändern können.

Sterben

Über 80 Prozent der Menschen wollen zu Hause sterben, doch nur 20 bis 25 Prozent tun es auch. Die große Diskrepanz zwischen Wunsch und Wirklichkeit liegt zum großen Teil daran, dass sich die meisten Menschen keine Gedanken machen, wie sie *nicht* sterben wollen. Während ich mich länger mit der Frage beschäftigte, wie ich sterben will, machte mich Sabine Mehne in einem Gespräch darauf aufmerksam, dass es viel wichtiger ist, mir darüber klar zu werden, was ich *nicht* will. Wenn ich beispielsweise nicht in einem Krankenhaus sterben will, dann muss ich dies frühzeitig meinen lieben Menschen gegenüber kommunizieren, damit sie in einer kritischen Situation wissen, was zu tun bzw. zu unterlassen ist. Wenn ein Mensch das Bewusstsein verliert, dann wird meist die Telefonnummer 112 gewählt, der Rettungswagen kommt, der Mensch wird reanimiert und kommt in das Krankenhaus, wahrscheinlich sogar auf die Intensivstation. Zu fragen ist, ob ich diese Vorgehensweise wünsche oder nicht. Wenn ich mit diesem Ablauf nicht einverstanden bin, dann sollte ich mich weiter fragen, ob jemand anderes, zum Beispiel ein Team der spezialisierten ambulanten Palliativversorgung (SAPV) oder eine Hausärztin, einen Besuch zu Hause macht. Diese von mir nur kurz skizzierte Situation macht bereits deutlich, wie viele Fragen zu bedenken und zu besprechen sind – sowohl mit denjenigen, die mich behandeln, als auch mit meinen nächsten Angehörigen.

Das Thema der Sterbehilfe wird in Deutschland seit vielen Jahren sehr kontrovers diskutiert. Durch die Hochleistungsmedizin leben die Menschen viel länger als noch vor wenigen Jahrzehnten, und das bedeutet immer wieder, dass Menschen sehr lange leiden müssen. Daher macht es Sinn, sich noch »in guten Zeiten« umfassend zu informieren, über die Möglichkeiten und Grenzen der Palliativmedizin, über den Weg des Sterbefastens sowie die Möglichkeit der Sterbehilfe. Und wenn man wie ich intensiv mit den Menschen im Gespräch ist, dann fällt auf, wie das Gespräch über diese Fragestellungen immer wieder vermieden oder sogar offen abgelehnt wird. Es wird daher in Zukunft sehr darauf ankommen, sich mit Neugierde und

Forschergeist allen Fragen rund um das Sterben zuzuwenden, um unnötiges Leid zu verhindern.

> **Tagebuch der Selbsterforschung**
> - Wie willst Du *nicht* sterben?
> - Was musst Du tun, damit die Chance besteht, selbstbestimmt zu sterben?
> - Bei welchen Themen rund um das Sterben spürst Du Unbehagen oder Ablehnung?

In dem zweiten Kapitel *Sterben* geht es um all das, was vor dem eigenen Sterben zu beachten und zu bedenken ist. Sie bekommen verschiedene Denkanstöße rund um das Thema Vorsorge, und Sabine Mehne schreibt in sehr berührender Weise wenige Wochen vor ihrem eigenen Tod durch Sterbefasten über *die körperlichen, seelischen und spirituellen Prozesse in den letzten Tagen und Stunden.*

Tod

Der Tod gehört zum Leben. Als Menschen erleben wir im Fernsehen unendlich viele Tote. Wir sehen Krimis und schauen uns die Berichte von Kriegen, Unglücken, Umweltzerstörungen und Naturkatastrophen an. Und zugleich wird der Tod verdrängt. Viele Menschen haben noch nie einen Toten zu Gesicht bekommen, weil Aufbahrungen und Totenwachen keine selbstverständliche Praxis im Umgang mit dem Tod sind. In den letzten Jahrzehnten wurde der Tod immer unsichtbarer, was sich darin zeigt, dass in den Alten- und Pflegeheimen die Särge meist über die Hinterausgänge in einen Leichenwagen gebracht werden, der als solcher oft nicht mehr erkennbar ist. Der Tod ist eine Tatsache und das große letzte Geheimnis. Wir befinden uns als Menschen im Nicht-Wissen, denn kein Mensch hat den Tod »überlebt«. Gewiss, es gibt Menschen, die eine ergreifende und lebensverändernde Nahtoderfahrung gemacht habe. Diese Menschen haben sich zwischen dem Leben und dem Tod befunden, und ihre Einblicke geben keinen Grund, dass wir Angst haben müssten. Und doch haben viele Menschen ein Unbehagen, weil der Tod uns die Vergänglichkeit des menschlichen Seins vor Augen führt. Wenn das Leben auf Erden nicht ewig währt und jederzeit zu Ende sein kann, dann gilt es, im Leben nichts mehr auf die »lange Bank zu schieben«, sondern *heute* zu leben und *heute* zu lieben. *Heute* – nicht erst am Wochenende, nicht erst im Urlaub, nicht erst mit Beginn der Rente. Es geht um das Hier und Jetzt, um das Leben *vor* dem Tod. Und damit das gelingt, braucht es Stille und Besinnung, denn nur so erkennen wir, was wirklich wesentlich im Leben ist. Und so sagt »der Tod« im *Interview mit dem Tod* zu Jürgen Domian: »*Schweigen ist der Schlüssel zu allen Geheimnissen. Übe dich darin, wann immer du kannst. Aber du musst auch im Geiste schweigen lernen – bis eine große Stille in dir herrscht.*«[22]

Ein gelassener Umgang mit der Endlichkeit des Lebens ist möglich, wenn wir wirklich lieben, das Loslassen bereits heute immer wieder einüben und uns nicht nur kognitiv, sondern auch emotional mit dem Tod vertraut machen. Mit dieser inneren Haltung können wir dann auch sterbenden Menschen ohne Angst und mit offenem Herzen begegnen. Der Tod hat immer noch einen schlechten Ruf, weil sich viele Menschen vor dem unbekannten Nicht-Leben fürchten. Doch nicht der Tod macht uns Angst, sondern unsere Gedanken über den Tod! Gedanken sind keine Tatsachen, und wir müssen auch nicht alles glauben, was wir denken. Wenn unser Denken uns eng macht und wir uns mit dem Selbstverständlichen nicht beschäftigen wollen, dann ist es ratsam, das eigene Denken zu überprüfen und sich mit den eigenen Gedanken, Bildern und Vorstellungen über den Tod zu beschäftigen. Der Schriftsteller Mark Twain brachte seine innere Haltung wie folgt zum Ausdruck: »*Ich fürchte den Tod nicht. Ich bin Abermillionen Jahre tot gewesen, bevor ich geboren wurde, und ich habe kein bisschen darunter gelitten.*«[23]

Tagebuch der Selbsterforschung
- Wie denkst Du über den Tod?
- Wo erlebst Du die Vergänglichkeit in Deinem Leben?
- Hat der Mensch eine Seele?
- Gibt es für Dich ein Leben nach dem Tod?

In dem dritten Kapitel *Tod* erforschen wir verschiedene Aspekte rund um die Themen Endlichkeit und Tod. Sie bekommen fünf Denkanstöße, und die ehemalige Klinikseelsorgerin und selbstständige Bestatterin Sabine M. Kistner schreibt über *Aktives Abschiednehmen zwischen Tod und Bestattung*.

Trauer

Die Trauer ist der Ausdruck unserer Liebe für einen verstorbenen Menschen, mit dem wir auch nach seinem Ableben innerlich in Verbindung sind: *Ein Mensch stirbt, nicht aber die Beziehung zu ihm. Im Trauerprozess geht es darum, sie neu zu gestalten: Aus der Beziehung zu dem Lebenden wird eine Beziehung zu dem Toten«*[24], schreibt Fritz Roth in dem Buch *Trauer ist Liebe*. Und damit dieser innere Prozess gelingt, braucht es vor allem Zeit zum Fühlen und Begreifen und auch die Gemeinschaft mit anderen Menschen. Die Zeit zwischen Tod und Beerdigung ist dabei von besonderer Bedeutung, denn jetzt ist es möglich, Stunden oder Tage am offenen Sarg zu verbringen. In solchen Tagen scheint die Zeit still zu stehen, und es ist eine weise Entscheidung, nicht einfach weiterzuarbeiten, sondern sich »stören zu lassen«, innezuhalten und durch das tiefe Tal der Trauer zu gehen. Sabine Bode formuliert sehr treffend: »*Der Tod kommt eigentlich immer ungelegen. Doch wenn nicht einmal der Tod uns für einen Moment zum Innehalten bringt, zum Anhalten, zum Stillwerden – was dann? Der Umgang mit dem Tod zeigt, wie wenig wir den Gedanken, dass wir sterblich sind, nach wie vor in unser Leben integriert haben.*«[25]

Zwischen Tod und Beerdigung geht es nicht allein um die Erledigung der organisatorischen Dinge, sondern vor allem darum, sich Zeit zu nehmen für das eigene Erleben und Fühlen. In früheren Zeiten war das aktive Abschiednehmen viel selbstverständlicher als in unserer Zeit, wo die Begegnung mit dem Toten entweder vermieden oder auf eine sehr kurze Zeitspanne begrenzt wird. Menschen jedoch, die mit allen Sinnesorganen den

Toten wahrgenommen und sich ausgiebig verabschiedet haben, erzählen, dass diese Zeit mit dem Toten sehr bewegend und kostbar war. Sie sind nach dieser Trauer- und Abschiedszeit viel lebendiger, gelassener und reifer als Menschen, die sich dieses Erleben ersparen und schnell zur Tagesordnung übergehen. Daher ist es wichtig zu wissen: Wer es sich direkt nach dem Tod leichter macht, hat es mit der Trauerbewältigung später umso schwerer. Und wer die Trauer unterdrückt, kann körperlich und seelisch krank werden.

Bei einer Beerdigung wird sichtbar, dass bei vielen Menschen wenig Interesse besteht, das Leben des Toten ausführlich zu feiern. Während wir uns für eine Hochzeit, eine Konfirmation oder einen runden Geburtstag ausführlich Zeit nehmen, werden Trauerfeiern in vielen Städten in fünfzehn oder zwanzig Minuten kühl und unlebendig abgewickelt. Das Motto scheint zu lauten: *Alles möglichst schnell und ohne große Gefühle hinter sich bringen!* Diese Praxis empfand ich schon immer als befremdlich. Eine Abschieds- und Trauerfeier ist in meinem Verständnis eine besondere Gelegenheit, den Toten mit einem stimmigen Abschiedsritual zu würdigen, bei dieser Feier die eigene Trauer zu fühlen und sich der eigenen Endlichkeit bewusst zu werden.

> **Tagebuch der Selbsterforschung**
> - Was empfindest Du bei der Vorstellung, ausgiebig von einem Toten Abschied zu nehmen?
> - Was würde Dir beim aktiven Abschiednehmen helfen?
> - Wie müsste eine Beerdigungsfeier aussehen, die Dein Herz berührt?

Im vierten Kapitel über die *Trauer* geht es um das Abschiednehmen und die Trauerbewältigung. Sie bekommen fünf Denkanstöße für eine neue Trauerkultur, und die erfahrene Trauerbegleiterin Stephanie Gotthardt schreibt über *Die Trauer als achtsamer Lebensbegleiter*.

Transzendenz

Im Schlusswort geht es vor allem um die Transzendenz. Sie gehört zum Wesen des Menschen und bedeutet eine Überschreitung der endlichen Erfahrungswelt. Menschen machen die Erfahrung, an die Grenzen des Erklärbaren und Ausdrückbaren zu gelangen, was dann oft dazu führt, von einer Realität jenseits der alltäglichen Wirklichkeit zu sprechen. Dieser »andere« Bereich wird dann als transzendent beschrieben. Zwei Wirklichkeitsbereiche können wir unterscheiden: Da ist die meist *enge und oberflächliche Perspektive der Wirklichkeit*. Sie ist gekennzeichnet von unserem Ego-Denken und Haben-Wollen und wird auch als die horizontale Dimension des Lebens bezeichnet. Es ist die Welt der Form und des Gegenständlichen, mit der wir uns in der Regel identifizieren; Wir glauben, dass wir das Äußerliche sind, obwohl es so vergänglich und vorübergehend ist. Wir sprechen ganz selbstverständlich von *meiner* Geschichte, *meinen* Problemen, *meinen* Wünschen, *meinem* Partner, *meinen* Kindern und *meinem* Erfolg oder *meinem* Misserfolg. Der Achtsamkeitspionier Jon Kabat-Zinn macht uns darauf aufmerksam, »*man soll nichts als ›ich‹, ›mich‹ oder ›mein‹ verstehen und daran festhalten.*«[26] Und dann gibt es immer auch noch eine andere Dimension, *die weite und tiefe Perspektive der Wirklichkeit.* Dies ist die vertikale Dimension der Tiefe, die nur durch das Tor des gegenwärtigen Augenblicks zugänglich ist. Eine Erfahrung, die mit Worten nicht erklärt werden kann. Und zugleich wollen Menschen das Erlebte ausdrücken. Dann sprechen sie von *Sein, Liebe, Stille, Raum, Weite, Gott, Freiheit von Gedanken und reinem Gewahrsein.*

Mit dem Thema der Transzendenz beschäftigen sich Theologen, Religionswissenschaftler und Philosophen, aber auch Psychoanalytiker und Physiker. In Goethes *Faust* heißt es, »*dass ich erkenne, was die Welt im Innersten zusammenhält.*« Und was hält die Welt im Innersten zusammen? Im Christentum ist die Antwort klar: Es ist Gott oder die Liebe Gottes. Und da das Wort »Gott« meistens zu mehr Missverständnissen führt, als dass es etwas klärt, und alle Bilder von Gott meist sehr menschliche Züge aufweisen, ist es wahrscheinlich besser, nur noch von der Liebe zu sprechen, und dann würde die Antwort lauten: *Die Liebe ist das, was die Welt im Innersten zusammenhält.* Dieser Gedanke ist hilfreich, denn die Liebe erleben wir im Hier und Jetzt, und sie weist zugleich über das Hier und Jetzt hinaus. Im Leben geht es an erster Stelle um die Selbstliebe, um den freundlichen, wohlwollenden und warmherzigen Umgang mit mir selbst. Dann geht es um die Liebe zu anderen Menschen, vielleicht zu einem Partner und den Kindern, zu den Familienmitgliedern, Freunden und Kollegen und zuletzt um die Liebe zu diesem blauen Planeten, der gegenwärtig so sehr gefährdet ist. Und die Liebe beschränkt sich nicht auf unser alltägliches Leben, sondern der eine oder andere hat eine Ahnung, vielleicht sogar eine Gewissheit, dass es eine unendliche und bedingungslose Liebe gibt, aus der wir alle kommen, vor der wir umfangen sind und die die Welt im Innersten zusammenhält. Und am Ende unseres weltlichen Lebens tauchen wir ein in diese grenzenlose Liebe, eine Liebe, die wir sind und die immer schon da war, denn alles ist eins.

> **Tagebuch der Selbsterforschung**
> - Welche Bedeutung haben die Transzendenz, das Göttliche und das Mysterium in Deinem Leben?
> - Was ist es für Dich, was die Welt im Innersten zusammenhält?
> - Glaubst Du an etwas und wenn ja, wie würdest Du Deinen Glauben beschreiben?
> - Welche Erfahrungen hast Du gemacht, bei der Dir letztlich die Worte fehlen, um sie angemessen zu beschreiben?

Einladung

Das vorliegende Buch ist eine *Einladung*, sich frühzeitig und umfassend mit einem Thema zu beschäftigen, das immer noch viel zu oft vermieden oder vor sich hergeschoben wird. Es gibt verschiedene Weisen, mit diesem Buch zu arbeiten, und drei Möglichkeiten seien hier vorgestellt. Sie können *erstens* das Buch lesen und die Fragen des Selbsterforschungs-Tagebuches beantworten – am meisten werden Sie davon haben, wenn Sie sich immer wieder Zeit für Stille nehmen, denn viele Einsichten erwachsen aus der stillen Selbstbegegnung. *Zweitens* können Sie sich beispielsweise alle acht Wochen mit Freunden im Rahmen eines Literaturkreises treffen und sich jeweils über eines der sechs Themen des Buches austauschen – Stille, Leben, Sterben, Tod, Trauer und Transzendenz. Solange es nicht darum geht, wer von Ihnen Recht hat, sondern um die Erweiterung der eigenen Perspektive, kann ein solcher Austausch sehr fruchtbar sein und ein Ausweg aus der verbreiteten Sprachlosigkeit. Und *drittens* können Sie sich für mein Online-Achtsamkeitstraining *Den Tod ins Leben einladen, um wirklich zu leben*[27] entscheiden und in einer angeleiteten und verbindlichen Gruppe die Praxis der Achtsamkeit erlernen oder vertiefen, einen umfassenden Bewusstwerdungsprozess über die Kunst des Lebens und Sterbens durchlaufen und ihr persönliches Vorsorgehandbuch entwickeln. Das vorliegende Buch ist für Sie dann eine hilfreiche Begleitlektüre.

Dank

Dankbarkeit macht das Leben erst reich, sagt der von mir geschätzte evangelische Theologe und Widerstandskämpfer Dietrich Bonhoeffer. Ich danke meinen Lektorinnen Ulrike Albrecht und Katharina Colagrossi für die erfreuliche, heitere und selbstverständliche Zusammenarbeit, Sabine Mehne, Sabine M. Kistner und Stephanie Gotthardt für die fundierten und inspirierenden Beiträge, David Roth für die kraftvollen Worte vorweg sowie Gisela von Stosch, Renate Moog, Anne Kriesel, Ulrich Ott und Bernhard Hötzel für alle Anregungen und Korrekturen. Und ich danke allen Menschen, mit denen ich in den letzten Monaten so intensive und bereichernde Gespräche geführt habe – es war für mich eine Zeit des Lernens und Wachsens. Möge dieses Buch mit dazu beitragen, wesentlicher zu werden, intensiver zu lieben und berührende Begegnungen zu wagen.

Königswinter, im Dezember 2022
Rüdiger Standhardt

Einladung zur Praxis der Achtsamkeit

Achtsame Körperentspannung

Nehmen Sie sich jetzt Zeit für die achtsame Körperentspannung. Hören Sie die Übung *Achtsame Körperentspannung*. Sie sind eingeladen, Schritt für Schritt die verschiedenen Körperregionen anzuspannen, die Spannung bewusst zu erleben und dann zu entspannen. Dabei ist es förderlich, alle Erfahrungen in der achtsamen Körperentspannung weder zu bewerten noch zu beurteilen, sondern alles willkommen zu heißen, was Sie erleben. Lassen Sie sich Zeit, die Übung in Ruhe zu beenden.

https://forumachtsamkeit.de/achtsamkeit-organisationen/tao-audio-dateien

1 | Leben

> *Das Leben ist kurz.*
> *Brich die Regeln, verzeihe schnell,*
> *küsse langsam, liebe wahrhaftig,*
> *lache hemmungslos und bedauere niemals*
> *etwas, das dich zum Lächeln gebracht hat.*
> Mark Twain

Das Leben ist bunter als geahnt. Es geht rauf und runter, und alle Bewegungen zusammen machen erst ein lebendiges Leben aus. Da gibt es angenehme, neutrale und unangenehme Erfahrungen, zauberhaftes und lustvolles Erleben und immer auch begeisternde und schmerzliche Erlebnisse. Manchmal spüren wir tiefe Dankbarkeit darüber, diese menschlichen Erfahrungen machen zu dürfen, ein anderes Mal fühlen wir uns überfordert, und die ganze Katastrophe des Lebens bricht über uns herein. Dann erleben wir wieder die ganze Fülle des menschlichen Daseins, feiern das Leben und sind mit Liebe, Achtsamkeit und Humor unterwegs. Eine, wenn nicht die wichtigste Aufgabe unseres Lebens besteht darin, glücklich zu sein, einverstanden zu sein mit dem, was gerade ist, auch wenn es vielleicht herausfordernd und anders ist als erwartet. Der Dalai Lama bringt es auf den Punkt, wenn er schreibt: *Ich glaube, der Sinn des Lebens besteht darin, glücklich zu sein.* Wenn wir dieser Einsicht zustimmen, dann bleibt die Frage offen, was uns glücklich macht? Die Antworten fallen sicher unterschiedlich aus, und doch geht es immer wieder um die Liebe, das Liebenlernen und die Kunst der Liebe[28]. In der Liebe zu sein, ist gar nicht selbstverständlich, denn viel zu oft stecken wir in unseren eigenen Routinen und Ängsten fest, sind im Gefängnis des Haben-Wollens gefangen und verhindern auf diese Weise das Erleben der Liebe. In den nachfolgenden fünf Denkanstößen werden wir uns daher ein paar Aspekte der Liebe näher anschauen, bevor wir uns dann dem *Glücklichsein im Leben* widmen.

Denkanstoß 1: **Liebe Dich selbst**

Sich selbst zu lieben
ist der Beginn einer lebenslangen Romanze.
Oscar Wilde

Der wichtigste Führerschein, der für ein glückliches Leben notwendig ist, ist der »Führerschein« in der Selbstliebe, und obwohl die Selbstliebe für ein erfülltes Leben von so zentraler Bedeutung ist, gibt es dazu fast keine Anleitung. Viele Menschen würden eine solche angeleitete Forschungsreise in Sachen Selbstliebe aufgrund ihrer Erziehung vielleicht nicht verstehen oder sogar verdächtigen, weil sie glauben, es ginge um Egoismus, Selbstsucht oder Narzissmus.

Was verstehen wir also unter Selbstliebe? Selbstliebe ist die freundliche Annahme meiner selbst, so wie ich *jetzt* bin, mit allen meinen Stärken und

Schwächen, mit allen meinen Ecken und Kanten, mit meiner Genialität und meiner Widersprüchlichkeit, mit allen meinen Licht- und Schattenseiten. Selbstliebe ist eine Grundhaltung und ein lebenslanger Prozess der Einübung. *Liebe Deinen Nächsten wie Dich selbst*, so heißt es in der Bibel, und das bedeutet, dass beide Aspekte gleich wichtig sind. Jedoch fängt das Liebenlernen nicht mit der Nächstenliebe an, sondern mit der Selbstliebe! Die Liebe zu sich selbst ist die Grundlage dafür, andere Menschen lieben zu können. Ich kann nicht das Herz vor mir selber verschließen und es zugleich für einen anderen Menschen öffnen. Wenn ich jedoch mit mir in einer wohlwollenden und großzügigen Weise bin, mich nicht vernachlässige und meine Wünsche nicht immer hintenanstelle, dann kann die Liebe überfließen, und die Nächstenliebe wird möglich.

Doch warum gelingt die Selbstliebe so oft nicht? Was sind die Ursachen für den Mangel an Selbstliebe? Eltern, Erzieher:innen und Lehrende haben uns das weitergegeben, was sie selber gelernt haben. Und da viele Menschen die bedingungslose Liebe nicht erfahren haben, waren sie auch nicht in der Lage, uns diese uneingeschränkte Liebe zu schenken. Stattdessen vermittelten sie uns ein falsches bzw. reduziertes Bild von Liebe, eine Liebe, die an Bedingungen und bestimmte Verhaltensweise geknüpft ist. Als Kind glaubten wir, nur dann liebenswert zu sein, wenn wir beispielsweise brav, artig und angepasst sind und von der Schule gute Noten mit nach Hause brachten. Wir wollten mit unserem Verhalten unsere Eltern zufriedenstellen, um von ihnen geliebt zu werden. Der Preis für dieses außenorientierte Verhalten war, dass viele unserer Bedürfnisse und Wünsche auf der Strecke blieben und wir nicht so sein konnten, wie wir wirklich sind. Dieses angepasste Verhalten hörte mit der Volljährigkeit leider nicht auf, sondern wir wünschten uns auch nach dem achtzehnten Lebensjahr von anderen Menschen – besonders von Partner:innen oder Vorgesetzten – Wertschätzung und Akzeptanz, anstatt uns die Liebe selber zu schenken. Die Folgen sind Bedürftigkeit, weil andere Menschen unsere Leere nicht füllen können, und Enttäuschung, weil die Anerkennung viel zu oft ausbleibt. Wir fühlen uns nicht liebenswert und haben ein schwaches Selbstwertgefühl, das sich unter anderem darin zeigt, dass wir mit Kritik an unserem Verhalten nicht souverän umgehen können.

Wie sieht nun der Ausweg aus den falschen Vorstellungen von der Liebe aus? Mich selber kennenlernen, mit allen Facetten meines menschlichen Daseins in der gleichen Intensität, als würde ich einen fremden Menschen lieben und verstehen lernen wollen. Das braucht Zeit und Hingabe und manchmal sogar die Unterstützung von einem erfahrenen Menschen, der uns auf dieser Reise der Selbstentdeckung begleitet und unterstützt. Doch eine solche intensive Selbstentdeckung überlassen wir in unserer Kultur dem Zufall. Persönlichkeitsentwicklung und konstantes Lernen und Wachsen braucht es, wenn wir den Weg der Selbstliebe gehen wollen. Es geht um ein inneres Ja zu meiner menschlichen Wirklichkeit, zu meinen Begabungen, meinen Verwundungen, meinen Ecken und Kanten und meiner Unwissenheit. »Die tägliche Meditation für jemanden, der es ganz genau nimmt, könnte daher lauten: Ich bin ein Mensch, und das ist gut so. Ich bin ein Mensch und unvollkommen, und das ist gut so. Ich bin ein Mensch und unvollkommen, und deswegen mache ich Fehler, und das ist gut so. Ich bin ein Mensch und unvollkommen, und deswegen kann ich nicht alles wissen, und das ist gut so. Ich bin ein Mensch und unvollkommen, und deswegen tue ich manchmal Dinge, die ich besser nicht hätte tun sollen, und das ist gut so.«[29] Wenn wir die Selbstliebe erlernen wollen, dann kommt es entscheidend darauf an, dass wir die volle Verantwortung für unser Leben und Wohlbefinden übernehmen, und das bedeutet, dass wir uns selber Wertschätzung und Anerkennung schenken, anstatt immer voller Sehnsucht darauf zu warten, dass ein anderer Mensch uns lobt. Die Sucht nach Aufmerksamkeit können wir überwinden, indem wir unseren Blick von außen nach innen wenden und uns bewusst werden, was wir über uns denken. Sind es Gedanken der Liebe und des Wohlwollens? Oder der Kritik und der Abwertung? Wünschen wir also Anerkennung, so gilt es, uns jeden Tag neu für das wertzuschätzen, was wir tun und lassen, die Dankbarkeit zu kultivieren und die Herausforderungen des Lebens als Chancen zur Reifung und Persönlichkeitsentwicklung zu verstehen. Und vielleicht entdecken wir, dass es gut ist, sich möglichst täglich mit sich selbst zu verabreden, um zur Ruhe zu kommen, die Stille einzuüben, auf das eigene Herz zu hören, zu lesen und sich auch Zeit für inspirierende und berührende Gespräche mit Menschen zu nehmen, die Lust am inneren Wachsen haben. Und immer wieder neu braucht es auch den Mut, nein zu sagen, zu all dem, was mich nicht nährt, was zu viel Raum in meinem Leben einnimmt und mich wegführt von dem, was für mein Leben wesentlich ist.

Wenn wir auf diese Weise Freundschaft mit uns selber schließen, dann brauchen wir dafür auch die Kraft, mit all den Reaktionen unserer Mitmenschen umzugehen. Für manche Menschen werden wir nicht mehr so »pflegeleicht« sein wie früher, andere werden sich vielleicht sogar von uns abwenden, und wieder andere sind fasziniert von unserem Weg der Selbstliebe.[30]

> **Tagebuch der Selbsterforschung**
> - Was findest Du an Dir liebenswert?
> - Was tust Du alles, um von anderen Menschen geliebt zu werden?
> - Wie liebst Du Dich selbst?

Denkanstoß 2: Liebe in der Partnerschaft

Nicht der, der hat, ist reich,
sondern der, der viel gibt.
Erich Fromm

Ganz viele Menschen erzählen, dass die partnerschaftliche Liebe im Leben das Wichtigste ist. Beginnen sie jedoch genauer zu berichten, dann fällt auf, dass die Arbeit fast die ganze Lebenszeit einnimmt, auch bei Menschen, die es sich durchaus leisten könnten, kürzer zu treten, um mehr Zeit für die Liebe zu haben. Außerdem nimmt das »Liebemachen« nach einer anfänglichen Begeisterung oft nur noch einen geringen Raum ein und findet zu Zeitpunkten statt, wo die meiste Tagesenergie bereits verbraucht ist. Darüber hinaus fällt auf, dass in einer Paarbeziehung eine Leidenschaft für regelmäßige, in die Tiefe gehende Gespräche meist nicht vorhanden ist, sondern hoch im Kurs stehen alle möglichen Ablenkungen und Aktivitäten. Erich Fromm schreibt in seinem Klassiker *Die Kunst des Liebens:* »Trotz der tiefverwurzelten Sehnsucht nach Liebe hält man fast alle übrigen Dinge für wichtiger als sie: Erfolg, Prestige, Geld, Macht. Beinahe unsere ganze Energie brauchen wir dazu, um zu lernen, wie man diese Ziele erreicht, und fast nichts verwenden wir, um die Kunst des Lieben zu erlernen.«[31]

Lieben ist eine Kunst! Und wie jede Kunst fällt auch die Liebeskunst nicht vom Himmel, sondern will erlernt werden. Es geht vor allem um die eigene Fähigkeit zu lieben und nicht darum, selbst geliebt zu werden.[32] Für den Weg der Liebe braucht es Entschlossenheit, Herz, Hingabe und Humor sowie die Bereitschaft, mit Differenzen offen und konstruktiv umzugehen. Um drei Aspekte soll es an dieser Stelle gehen.

Wesentlich miteinander reden
Am Anfang einer Paarbeziehung gibt es ganz viel Interesse und Lust, sich kennenzulernen und tiefer zu verstehen. Das Nicht-Wissen über den anderen führt dazu, Fragen zu stellen und Offenheit zu wagen. Doch je länger die Partnerschaft andauert, umso mehr geht diese Neugierde für den anderen verloren, und die meiste Zeit geht es dann in den Gesprächen um organisatorische Themen rund um die gemeinsame Alltagsgestaltung. Die Folge ist, dass das Paar sich durch den fehlenden Tiefgang in den Gesprächen immer

mehr auseinanderlebt, und am Ende steht vielleicht sogar die Trennung. Das muss aber nicht so sein, wenn das Paar um dieses Phänomen weiß und bereit ist, *aktiv* etwas für das wesentliche Miteinander-Reden zu tun. Der Psychoanalytiker Michael L. Moeller hat einen Weg gefunden, wie sich Paare Zeit füreinander nehmen können, damit sich die Beziehung auch nach Jahren immer wieder neu entfalten kann: *das Zwiegespräch.*

Die Spielregeln sind einfach: Das Paar verabredet sich einmal in der Woche für 90 Minuten, um ungestört – auch das Smartphone bitte ausstellen! – miteinander zu reden. Das Gespräch wird weder verlängert noch abgekürzt, weil auch die Momente des Schweigens im Zwiegespräch wichtig sind. Das Paar braucht eine Uhr, erst spricht die eine Person 15 Minuten, dann die andere Person 15 Minuten, und dann gibt es noch zweimal einen solchen Wechsel. Die Person, die spricht, erzählt, was sie am meisten bewegt, und die Person, die gerade nicht spricht, hört aufmerksam zu und stellt *keine* Fragen. Und auch nach den 90 Minuten gibt es *keine* Diskussion, denn solche Streitgespräche führen schnell in das Rechthaben-Wollen. Im Zwiegespräch geht es nicht darum, den Partner zu überzeugen, sondern um die *Gleichberechtigung der beiden Wirklichkeiten*. Die Einübung in diese neue Gesprächsform braucht bei den meisten Menschen etwas Zeit, und manchmal müssen Widerstände überwunden werden, so dass es sinnvoll ist, mindestens zehn Gespräche zu vereinbaren und durchzuführen.

Achtsame Sexualität

Die Sehnsucht nach Intimität im sexuellen Zusammensein ist bei vielen Menschen groß. Zu Anfang gelingt das vielen Paaren fast von alleine, doch dann setzt ein Prozess der Gewöhnung ein, die Zeiten des körperlichen Beieinanderseins werden weniger, und nicht selten machen sich im Bett Langeweile und Frust breit, weil die unterschiedlichen Bedürfnisse nicht gestillt werden. Diana Richardson hat den Begriff *Slow Sex* geprägt und meint damit einen entspannten und achtsamen Sex. Dazu hat sie verschiedene Bücher[33] veröffentlicht, den preisgekrönten Film *Slow Sex – Wie Sex glücklich macht* drehen lassen und leitet zusammen mit ihrem Mann Workshops im *Liebemachen*.[34]

Slow Sex ist ein Sex ohne Stress, Zeitdruck und Zielorientierung. Bei dieser neuen Art zu lieben geht es sowohl um Präsenz als auch um achtsame Kommunikation. Das Motto lautet: *Mit Zeitwohlstand genießen, anstatt zum Orgasmus hetzen!* Wer die Bereitschaft verspürt, die eigene sexuelle Konditionierung zu hinterfragen und Lust auf eine sinnlich-erotische Entdeckungsreise wünscht, für den gibt Diana Richardson eine ganze Fülle von Inspirationen und Anleitungen. Ein anregender Einstieg[35] kann sein, den oben genannten Film als Paar gemeinsam anzuschauen und ins Gespräch zu kommen über die eigenen Bedürfnisse, Wünsche und Sehnsüchte. Und auch beim Slow Sex gilt: Das himmlische Vergnügen, beseelten Sex zu erleben, überlassen wir nicht dem Zufall, sondern wir verabreden uns zum Liebemachen. »Aus irgendeinem Grund endet das Liebemachen, das im Denken der meisten Leute den ersten Platz einnimmt, meist ganz hinten auf unserer Liste. Die meisten von uns müssen erst einmal mit dem Arbeiten, Essen und Trinken fertig sein, bevor wir überhaupt in Erwägung ziehen, Liebe zu machen. Und wenn wir bereits erschöpft oder alkoholisiert oder damit beschäftigt sind, ein üppiges Mahl zu verdauen, oder alle drei zusammen, entschließen wir uns, Liebe zu machen.« Ein solches unbewusstes Verhalten ist kein Ausdruck von Lebensfreude. Daher macht es Sinn, sich für die schönste Sache auf der ganzen Welt immer wieder neu zu verabreden und bereits die Vorfreude zu genießen.

Konstantes Lernen und Wachsen
Eine Partnerschaft ist zum eigenen und gemeinsamen Wachsen da. Vorrangig geht es nicht um Sicherheit und Bequemlichkeit, sondern um lebendiges Lernen, vor allem um die Selbstliebe, denn die ist ein wesentliches Geheimnis des Beziehungsglücks. Doch das Glück wird durch unser romantisches Verständnis von Liebe und unsere Altlasten massiv behindert. Wenn wir vor einer neuen Partnerschaft einen inneren Entwicklungsprozess verweigern, dann wird es meist schwierig werden in der neuen Beziehung. Es stellt sich die Frage, ob die vorangegangenen Beziehungen verarbeitet sind und erkannt wurde, was der eigene aktive oder passive Beitrag für die Trennungen gewesen sind. Nicht selten ist jedoch ein kindliches Verhalten erlebbar, das darin besteht, den Finger auf den anderen zu richten und zu übersehen, dass ich selber zu 50 Prozent zu dem Gelingen oder Nicht-Gelingen einer Partnerschaft beigetragen habe, auch dann, wenn es vielleicht zu einem sogenannten Fehlverhalten des Ex-Partners gekommen ist.

Aber nicht nur diese Altlast kann das Glück einer neuen Partnerschaft behindern. Viel zu oft ist das Erleben der eigenen Kindheit nicht aufgearbeitet, und alle möglichen Emotionen – Scham, Verletzlichkeit, Gewalt, Schmerz und Angst – sind »gespeichert« und dominieren das Verhalten in der Partnerschaft. Wird dieses Ungeklärte vom Partner zufällig berührt, dann heißt es schnell: »Du hast mich verletzt!« An dieser Stelle braucht es in einer Partnerschaft eine grundlegende Klarheit, *denn für alle meine Emotionen bin ich zu 100 Prozent selbst verantwortlich!* Diese Aussage mag das eigene Ego überhaupt nicht, und so kommt es dann in der Liebesbeziehung zu quälenden Gesprächen, die nicht weiterführen und den Abstand zum Partner vergrößern. Die schon erwähnte Diana Richardson hat den wichtigen Unterschied zwischen Gefühlen und Emotionen in ihrem Buch *Zeit für Gefühle*[36] sehr genau herausgearbeitet und gibt Paaren damit eine Landkarte an die Hand, wie es möglich ist, sich inmitten dieser lebendigen Gefühlslandschaften erwachsener zu verhalten. Ein wichtiges Merkmal der Unterscheidung ist der Augenkontakt: Bin ich im Gefühl, schaue ich meinem Partner in die Augen, bin ich in der Emotion, vermeide ich den Augenkontakt.

Tagebuch der Selbsterforschung

- Wie viel Zeit nimmst Du Dir mit Deinem Partner oder mit Deiner Partnerin für das wesentliche Miteinander-Reden?
- Wie erfüllend sind Dein Liebes- und Sexualleben und das Deines Partners?
- Was heißt konstantes Lernen und Wachsen in Deiner Partnerschaft?

Liebe in der Partnerschaft bedeutet vor allem, achtsam zu sein – sowohl bei mir selbst als auch bei meinem Partner. Die Achtsamkeit auf mich selbst und auf meinen Partner geschieht nicht von allein, sondern ist eine Kunst, die eingeübt und ein Leben lang verfeinert werden kann.

Denkanstoß 3: Die Arbeit lieben

Der einzige Weg,
um großartige Arbeit zu leisten,
ist zu lieben, was Du tust.
Wenn Du sie noch nicht gefunden hast,
dann halte weiter danach Ausschau.
Setze Dich nicht zur Ruhe.
Denn wie es mit allen
Angelegenheiten des Herzens ist,
wirst du wissen,
wenn Du sie gefunden hast.
Steven Jobs

Wir verbringen die meiste Lebenszeit nicht auf unserem Sofa, sondern mit unserer Arbeit. Und daher ist es für viele Menschen wichtig, eine Arbeit zu finden, die sie lieben und die ihnen Freude bereitet. Die erste Frage lautet daher: *Liebe ich meine Arbeit?* Wenn dem so ist, dann gibt es viel Grund zur Dankbarkeit und zum Feiern! Wenn dem nicht so ist, dann gilt es zu klären, ob ich an meiner unzufriedenen Lage etwas verändern will oder nicht. Wer die Situation nicht verändern will, wird weiter jammern und klagen, und nicht wenig Menschen wählen diesen Weg der Nicht-Liebe. Das unzufriedene Leben hat einen großen Vorteil: Es ist einfach, es gibt nichts zu verändern, und wir bleiben in der uns bekannten Komfortzone. *Selbstverunsicherung ist ausgeschlossen – die anderen sind das Problem!* Wenn dieser Weg der Unbewusstheit jedoch kein gangbarer Weg ist, dann braucht es Entschlossenheit, Geduld und eine Zeit der intensiven Selbsterforschung. Wir verlassen die Komfortzone und treten ein in die lebendige und auch beunruhigende Wachstumszone. Sehr schnell stellen wir meist fest, dass wir zunächst mehr Fragen als Antworten haben und es gar nicht so einfach ist, im Nicht-Wissen zu verweilen. Besonders wichtig ist, die eigenen Ängste und Unsicherheiten zuzulassen und liebevoll zu erforschen.

Ein erster Schritt in der Wachstumszone besteht im Eingeständnis, mit der gegenwärtigen Arbeit nicht glücklich zu sein, verbunden mit dem Entschluss, diese Lebenssituation grundlegend zu verändern. Der zweite Schritt besteht in einer ehrlichen Bestandsaufnahme.[37] Sie sind eingeladen, sich einige Wochen lang mit grundlegenden Fragen, Gedanken und Gefühlen rund um die Arbeit zu beschäftigen, sich immer wieder Notizen zu machen, mit anderen Menschen das Gespräch zu suchen und auf diese Weise einen inneren Gärungsprozess in Gang zu setzen.

Tagebuch der Selbsterforschung

- Was denkst Du über das Arbeiten ganz allgemein?
- Welche Glaubenssätze über die Arbeit[38] sind für Dich handlungsleitend?
- Welchen Stellenwert hat Dein Beruf für Dich?
- Wünschst Du Dir eher einen Broterwerb oder willst Du Deine Berufung finden und dieser nachgehen?
- Wie viel Energie schöpfst Du aus Deiner beruflichen Tätigkeit? Was macht Dich dabei dankbar?
- Was machst Du gerne und warum?
- Was sind die Ursachen Deiner Unzufriedenheit? Liegen die Ursachen mehr in Dir oder mehr im Außen?
- Wie kannst Du mehr Liebe in Dein berufliches Tun bringen?
- Was sind Deine fünf wichtigsten Stärken und Schwächen beim Arbeiten?
- In welcher Weise hast Du Dich in den letzten zwölf Monaten weitergebildet durch Bücher, Seminare, Coachings und inspirierende Gespräche?
- Was sind die Gründe, wenn Dein Lernen mehr oder weniger auf der Strecke geblieben ist?
- Nach welcher Arbeit sehnt sich Dein Herz?
- Welche Kompetenzen fehlen Dir noch für Deine neue Arbeit?
- Welchen Preis wärst Du bereit zu zahlen, um eine Arbeit zu finden, die Du liebst?
- Was hast Du bisher dafür getan, um Dich innerlich neu auszurichten?

Eine Arbeit zu finden, die wir lieben – das ist eine große Herausforderung. Sich für diesen inneren Prozess ausführlich Zeit zu nehmen, ist ein Akt der Selbstliebe! Unsere Lebenszeit ist kostbar, und so macht es Sinn, einen Schritt weiterzugehen und auf einer DIN-A4-Seite die eigene Vision zu formulieren. Sie beschreibt etwas, was in der Zukunft sein soll und macht die Richtung klar, in der wir uns weiterentwickeln wollen.

Zwei Aspekte seien an dieser Stelle noch angemerkt. Manche Menschen lieben ihre Arbeit so sehr, dass sie sich darin verlieren und alle anderen Aspekte des Menschseins vernachlässigen. Von Lebensbalance kann dann keine Rede mehr sein. Wem partnerschaftliche Liebe und Freundschaften am Herzen liegen, der wird sich in seiner Arbeit begrenzen, den Mut zum Unperfekten entwickeln und, wenn möglich, Arbeit delegieren. Zum anderen ist darauf hinzuweisen, dass der oben grob skizzierte Prozess nicht nur einmal im Leben abläuft, sondern immer wieder. Wer sein Leben achtsam lebt, wird regelmäßig innehalten und überprüfen, ob das eigene Tun so noch stimmt oder ob es etwas zu verändern oder zu verlassen gibt.

Zum Schluss meine Lieblingsworte über die Arbeit von dem Dichter Khalil Gibran[39]: *Arbeit ist sichtbar gewordene Liebe. Und wenn ihr nicht mit Liebe arbeiten könnt, sondern nur mit Widerwillen, dann ist es besser, wenn ihr eure Arbeit aufgebt und euch an das Tempeltor setzt und von denen Almosen annehmt, die mit Freude arbeiten.*

Aufbruch zu mehr Liebe im Alltag

Es geht um die Liebe, und nicht selten gibt es Hindernisse in uns selbst, die der Entfaltung der Liebe im Wege stehen. Vielleicht können Sie sich nicht so lieben, wie Sie gerade sind, oder Sie funktionieren nur noch in Ihrer Partnerschaft, oder Sie gehen schon länger nicht mehr mit Freude Ihrer Arbeit nach. Alles, was jetzt so ist, wie es ist, muss nicht so bleiben. Es kommt darauf an, in Bewegung zu kommen und etwas Neues zu wagen. Was könnte das sein? Tagebuch schreiben kann ein wichtiger erster Schritt sein, denn es ist etwas anderes, die Themen nur im Kopf zu bewegen oder sie zu Papier zu bringen. Bücher können inspirierend sein, beispielsweise das Buch von Eva-Maria Zurhorst *Liebe Dich selbst und es ist egal wen Du heiratest*. Schon etwas mehr Mut braucht es, das offene Gespräch mit Freunden zu suchen und neugierig für Rückmeldungen zu sein. Ein MBSR-Training oder ein Schweige-Retreat können neue Perspektiven eröffnen, denn in diesen Kursen geht es um das Zur-Besinnung-Kommen und um das absichtslose Sein. Und zuletzt ist ein regelmäßiges Einzel-Coaching oder eine Psychotherapie eine gute Unterstützung, um das Leben achtsamer zu gestalten, eingefahrene Denk-, Gefühls- und Verhaltensmuster zu hinterfragen und Herausforderungen kreativer zu begegnen.

Denkanstoß 4: **Den blauen Planeten lieben**

> *Wir alle können jeden Tag Teil der Veränderung sein,*
> *die wir uns für die Welt wünschen, auch wenn sich diese*
> *Veränderung erst einmal klein und wenig anfühlt.*
> Maja Göpel

Die Erde ist wunderschön, und wir sind umgeben von so viel Vielfalt und Fülle! Um diese Schönheit zu entdecken, brauchen wir nicht auf den Mond zu fliegen. Achtsames Gehen oder Sitzen reichen aus, um die vielen kleinen Wunder zu erkennen und über die alltäglichen Selbstverständlichkeiten zu staunen. Wir erleben Jahr für Jahr die Schönheit der Jahreszeiten, wir schätzen die Flüsse, die Seen, das Meer und die Wüste, wir erfreuen uns an Blumen, Pflanzen und Bäumen, sind begeistert von einem Regenbogen oder der faszinierenden Aussicht von einem hohen Berg, erleben Feuer, Wolken, Wind, Regen, Hagel und Schnee und sind begeistert von all den unterschiedlichen Tieren auf dieser Erde. Wir sind umgeben von vielen technischen Errungenschaften. Eine Waschmaschine, eine heiße Dusche oder weltweite Kommunikation mit einem Smartphone sind für unsere Generation eine Selbstverständlichkeit. Und dann sind da all die unterschiedlichen Menschen auf dieser Erde in den verschiedenen Ländern und Kontinenten sowie die Menschen, die uns geprägt haben: Eltern, Geschwister, Verwandte, Bekannte, Freunde und Kollegen. Und dazu kommt, dass die Menschen in unserem Kulturkreis besser und länger leben als jede Generation vor uns.

Und zugleich ist das Leben auf dieser Erde nicht nur zauberhaft, sondern auch schrecklich. Menschen sind in ihren Ängsten gefangen, machen sich wegen Nichtigkeiten das Leben schwer und leiden unter Sinnlosigkeit und Krankheit. Es gibt Überschwemmungen, Dürren, Brände, Orkane und Erdbeben. In der menschlichen Kurzsichtigkeit werden die Regenwälder zerstört, und die Menschen führen Kriege gegeneinander. Menschen müssen unter unwürdigen Bedingungen arbeiten oder leiden an Hunger und Armut. Es gibt in der Tat nicht nur viel zu tun, es braucht vor allem eine Kehrtwende, denn sonst werden unsere Kinder und Enkel wenig Freude an diesem blauen Planeten haben. Seit über fünfundzwanzig Jahren warnen Wissenschaftler:innen vor den Folgen der Klimaerwärmung. Die Klimawissenschaftler:innen sag(t)en sehr klar: Wenn wir unsere Lebensgrundlagen – wie in der Vergangenheit – überstrapazieren, gibt es irgendwann kein Zurück mehr. Und das »irgendwann« liegt nicht in ferner Zukunft, sondern in zehn bis fünfzehn Jahren. In diesem Zeitraum müssen gravierende Veränderungen in der Art und Weise, wie wir leben und arbeiten, vorgenommen werden. Wenn dies nicht geschieht, dann ruinieren wir die Lebensgrundlage für uns und alle zukünftigen Generationen auf der Erde.

»Es ist nicht zu fassen, dass die Menschheit die Folgen ihres Handelns kennt, eine überwiegende Mehrheit die Folgen der Ignoranz auch anerkennt – und dennoch fast nichts geschieht«, so der vergleichende Religionswissenschaftler Michael von Brück.[40]

Daher lautet die zentrale Frage: *Wie kommen wir vom Wissen ins Tun, von der lähmenden Hoffnungslosigkeit ins Handeln? Was braucht es für eine Be-*

freiung zur Tat? Zunächst einmal geht es um Bewusstheit, ob das eigene Handeln inmitten der globalen Krise aus der Angst vor der Zerstörung oder aus der Liebe für den blauen Planeten geschieht. »Nicht durch Drohung, sondern durch Einsicht wird der Mensch zur Transformation bewegt. Einsicht aber darf nicht nur kognitiv sein, sondern muss auch Gefühle und Gestaltungswillen umfassen.«[41] Und es braucht eine universelle Lebenshaltung. Albert Schweitzer nannte es die »Ehrfurcht vor dem Leben« und formulierte es so: *Ich bin Leben, das leben will, inmitten von Leben, das leben will.* Neben einer achtsamen Haltung geht es um mutiges Handeln. Dreifachen Mut wird es brauchen, wenn wir erkennbare Schritte gehen wollen in Richtung eines ökologischen Aufbruchs und einer Solidarität mit allen Lebewesen.

Mut zum Training meint, dass wir unseren Geist schulen und in unserem Leben Achtsamkeit kultivieren. Je mehr wir die innere Fülle erleben, um so gelassener können wir mit den vielfältigen Angeboten der Konsumgesellschaft umgehen. Wir entwickeln Impulsdistanz und können beispielsweise verhindern, aus Frust einzukaufen.

Mut zur Qualität bedeutet, dass wir nicht mehr auf Quantität, sondern auf Qualität setzen. Diese innere Ausrichtung zeigt sich in unseren täglichen Konsumentscheidungen, wem wir unser Geld für die gekauften Waren überlassen und ob wir darauf achten, dass die Produkte fair und nachhaltig produziert worden sind. Ein bewusster Konsum bedeutet auch, sich immer wieder neu zu fragen, warum ich die Dinge kaufe und ob ich die Sachen wirklich brauche. Der Leitsatz lautet: *Weniger ist mehr!*

Mut zum Wagnis braucht es angesichts der möglichen Selbstauslöschung der Menschheit. Ohne beherzten Wagemut, die Fähigkeit, unsere Welt neu zu denken[42], die Bereitschaft sich öffentlich zu positionieren und auch zivilen Ungehorsam[43] zu praktizieren, werden wir die beispiellose Menschheitsaufgabe nicht meistern.

Tagebuch der Selbsterforschung

- Was ist für ein würdiges Leben notwendig?
- Was sind Deine größten Hindernisse auf dem Weg zu einem bewussteren Konsumieren und einem gesellschaftlichen Engagement?
- Wie gehst Du mit den schmerzlichen Gefühlen der Ohnmacht, der Angst und der Verzweiflung angesichts der Zerstörung des blauen Planeten um?

Den blauen Planeten lieben – das ist die wichtigste Menschheitsaufgabe! Liebe zeigt sich in der Erkenntnis, dass es nicht immer weiter nur »mehr Wachstum« heißen darf[44], sondern in der Rückkehr zu einem menschlichen Maß und einer Solidarität mit den Menschen, auf deren Kosten wir schamlos konsumieren.

Denkanstoß 5: **Vorsorge – ein Akt der Liebe**

> *Ist es nicht schon eine Art Vermächtnis,*
> *wenn man sich rechtzeitig mit dem Gedanken befasst,*
> *dass man nach dem Tod so wenig Probleme und Unklarheiten*
> *wie möglich hinterlässt?*
> Eric Wrede

Vorsorge ist ein Akt der Liebe mir selber gegenüber, weil ich mir darüber klar werde, welche Werte für mich handlungsleitend sind und was mir am Ende meines Lebens wichtig ist. Wer frühzeitig seinen Gestaltungsfreiraum nutzt und persönliche Wünsche und Vorstellungen festlegt, der bringt damit zum Ausdruck, dass er *mit* der Endlichkeit des Lebens lebt. Er beschenkt sich selbst damit, dass jetzt nicht mehr nach den Unterlagen gesucht werden muss und der letzte Eindruck von einem selber erfreulich ist. Das Motto lautet: *Nicht verdrängen und verschieben, sondern klären und verschriftlichen!* Und es ist ein Akt der Liebe meinen nächsten Menschen gegenüber, die durch die Vorsorgearbeit wissen, dass meine letzten Dinge geklärt sind und an sie auch keine Entscheidungen delegiert werden (z. B. Organspende), die schon zu Lebzeiten hätten getroffen werden können. Diese Vorsorge-Entscheidungen bereits heute in Ruhe zu treffen, verhindert kopfloses Handeln im Ernstfall und das Vorbereitet-Sein führt zu Entspannung und Gelassenheit, so dass das Leben intensiver gelebt werden kann.

Im ersten Schritt geht es um die eigenen Wertvorstellungen. Die Verschriftlichung der Werte braucht meist Zeit und schafft innere Klarheit. Sie ist außerdem eine wichtige Hilfe für Ärztinnen, Ärzte und Angehörige, die Entscheidungen treffen müssen, wenn mir dies nicht mehr möglich ist.

> **Tagebuch der Selbsterforschung**
> - Was bedeutet für Dich ein lebenswertes Leben?
> - Was wünschst Du Dir in Hinblick auf das eigene Sterben?
> - Wie hast Du Pflegebedürftigkeit, Sterben und Tod bei anderen Menschen miterlebt?
> - Willst Du von Deinem Arzt oder Deinen Angehörigen über die Diagnose einer lebensbedrohlichen Krankheit und die wahrscheinlich noch verbleibende Zeit aufgeklärt werden oder nicht?[45]

In einem zweiten Schritt geht es darum, sich zu informieren, was hinter den Worten *Patientenverfügung, Vorsorgevollmacht, Digitaler Nachlass, Sorgerechtsverfügung, Betreuungsverfügung und Testament* steckt und die entsprechenden Formulare auszufüllen. Sowohl auf dem Buchmarkt als auch im Internet gibt es eine Fülle von Angeboten – in meiner Arbeit mit vielen Menschen hat sich *Das Vorsorge-Handbuch*[46] der Verbraucherzentrale sehr bewährt. In diesem Handbuch gibt es alle notwendigen Informationen einfach und klar aufbereitet, und die Formulare können handschriftlich ausgefüllt und herausgetrennt werden. Alle Formulare können aber auch online ausgefüllt und ausgedruckt werden. Bei dieser Arbeit gilt das, was Bodo

Schäfer so schön zum Ausdruck gebracht hat: *Es ist besser, unvollkommen zu beginnen, als perfekt zu zögern.*

Zwei weitere Themen sollten in diesem Kontext auch geklärt werden. Die *Organspende* und die *Bestattungsverfügung*. Für Angehörige kann es zu einer emotionalen Belastung werden, wenn diese Themen nicht geklärt sind. Beim Thema *Organspende* gilt es sich umfassend zu informieren, das Pro und Kontra abzuwägen und dann eine Entscheidung zu treffen, die in einem Organspende-Ausweis dokumentiert wird. Bei der *Bestattungsverfügung* legen wir fest, was nach unserem Tod mit uns geschehen soll und wie das Abschlussfest gestaltet werden soll.

All diese Themen haben zwei verschiedene Aspekte: Zum einen ist da der *sachliche Aspekt*, bei dem es vorrangig um Informationen geht und um das Ausfüllen von verschiedenen Dokumenten. Zum anderen geht es um den *emotionalen Aspekt*. Es geht um Werte, Lebenshaltungen, persönliche Vorstellungen sowie meine Bereitschaft, innezuhalten und mir Zeit für diese wichtigen Fragestellungen zu nehmen. Dieser Prozess der Klärung geschieht nicht einmalig. Ich empfehle aus eigener Erfahrung jeweils einen Tag im Jahr im Voraus festzulegen, an dem das Vorsorgehandbuch durchgelesen und aktualisiert wird. Darüber hinaus ist es sinnvoll, das Gespräch mit den Familienangehörigen und Freunden zu suchen, denn gerade durch diese Gespräche können sich neue Perspektiven ergeben, die ich so zuvor nicht gesehen habe. Wer seine Unterlagen zum ersten Mal erstellt, für den ist es meist eine Hilfe, diesen inneren Prozess nicht alleine zu durchlaufen. Das von mir entwickelte Online-Achtsamkeitstraining *Den Tod ins Leben einladen, um wirklich zu leben* trägt diesem Umstand Rechnung. Jeder Teilnehmende bekommt einen Lernpartner, der die gleiche Aufgabe angeht und so ein motivierender und unterstützender Gesprächspartner ist. Aber auch jenseits meines Trainings ist es möglich, sich mit einem Freund oder einer Freundin zu verabreden, um einen produktiv-genüsslichen Tag zu verbringen. Wie wäre es, einen solchen Tag mit eine Flasche Sekt zu beginnen, auf das Geschenk des Lebens anzustoßen und dann Schritt für Schritt die Formulare auszufüllen, sich auszutauschen, zu würdigen, was geklärt wurde, und festzuhalten, wo es noch Klärungs- und Gesprächsdarf gibt, und diesen besonderen Tag dann mit einem Festessen ausklingen zu lassen? Je früher wir mit der Erstellung unseres Vorsorgehandbuches beginnen, umso besser, denn schon Laotse sagte: *Plane das Schwierige da, wo es noch leicht ist! Tue das Große da, wo es noch klein ist! Alles Schwere auf Erden beginnt stets als Leichtes. Alles Große auf Erden beginnt stets als Kleines.*

Denkanstoß 6: Glücklich sein im Leben

> *Glück ist Liebe, nichts anderes.*
> *Wer lieben kann, ist glücklich.*
> Hermann Hesse

Wir alle wollen glücklich sein, doch was sind die Zutaten, die es braucht, um im Leben glücklich zu sein? Glück ist kein Dauerzustand, sondern eine bewusste Entscheidung, das Leben in allen Facetten willkommen zu heißen.[47]

Dankbarkeit kultivieren

Das Leben ist ein kostbares Geschenk, und dieses Geschenk können wir erleben, wenn wir unsere Augen und unser Herz für die Wunder des Alltags öffnen. Auf diese Weise erfahren wir die Schönheit und den Zauber des Lebens. Wir selber haben für unser Leben nichts getan, sondern es wurde uns durch unsere Eltern geschenkt. Wer das Geschenk des Lebens bewusst erlebt und nicht nur selbstverständlich hinnimmt, der spürt große Dankbarkeit[48]. Dankbarkeit für alle Möglichkeiten, die ein Menschenleben bietet. Dankbarkeit für alle menschlichen Erfahrungen, die wir machen dürfen und müssen, sowohl die schönen als auch die schmerzlichen Erfahrungen. Das Schöne dürfen wir feiern und genießen, das Schmerzliche gilt es zu fühlen, und am Ende ist es vielleicht möglich, mit dem Frieden zu schließen, was für uns zunächst unannehmbar schien. Die Schwierigkeiten und Katastrophen des Lebens lassen uns erkennen, dass das Leben keine romantische Veranstaltung ist, sondern ein Ort des Lernens, Wachsens und Reifens – bis zum letzten Atemzug.

Tagebuch der Selbsterforschung

- Wofür bist Du in Deinem Leben dankbar?
- Durch welche Personen bist Du zu dem Menschen geworden, der Du heute bist?
- Für welche schmerzlichen Erfahrungen spürst Du heute Dankbarkeit?

Selbstverantwortlich leben

Ein zweiter Aspekt ist in unserem Leben wesentlich: Gestalterin oder Gestalter des eigenen Lebens zu sein. Zu erkennen, dass ich – neben allen in mir wohnenden Begrenzungen – immer auch die *Wahlfreiheit* habe, wie ich mit einer Situation umgehen will: *Love it, leave it or change it* lautet die Kurzformel oder anders ausgedrückt: Wir haben immer drei Alternativen. Wir können eine Situation akzeptieren, wir können sie verändern oder verlassen. Das ist der Weg der Selbstverantwortung[49], ein Geheimnis des Glücklichseins. Doch viel zu oft sind wir nicht achtsam und wählen den Weg der Unbewusstheit. Der beliebteste Volkssport ist das Jammern und Klagen, was zur Folge hat, dass der Zeigefinger auf jemand anderes gerichtet wird. Eine solche selbstgewählte Opferrolle ist zwar einfach, macht aber leider schwach und unglücklich. Oft fehlt es Menschen auch an innerer Flexibilität, um die eigene Komfortzone zu verlassen und eine andere Perspektive einzunehmen. Sie haben oftmals keine Idee, welches andere Verhalten in einer unbefriedigenden Situation möglich ist. Oder das Sicherheitsbedürfnis ist so stark ausgeprägt, dass eine unerträgliche Situation aus lauter Angst immer weiter ertragen wird. Der Ausweg für uns alle – und zwar immer wieder neu – lautet: *Selbstreflexion üben und Feedback einholen*. Bei der Selbstreflexion ist es wichtig, die Handlungsalternativen zu erkennen und möglichst aufzuschreiben und zu gewichten. Auch kann uns das sogenannte Gelassenheitsgebet von Reinhold Niebuhr inspirieren: *Gott, gib mir die Gelassenheit, Dinge hinzunehmen, die ich nicht ändern kann, den Mut, Dinge zu ändern, die ich ändern kann, und die Weisheit, das eine vom anderen zu unter-*

scheiden. Und beim Feedback-Einholen können wir uns den Umstand zunutze machen, dass andere Menschen meist einen heilsamen Abstand zu einer herausfordernden Situation haben und viel schneller erkennen, welcher Aspekt übersehen wurde und wie ein möglicher Ausweg aussehen könnte.

> **Tagebuch der Selbsterforschung**
> - Akzeptanz ist der Beginn der Veränderung – was hindert Dich daran, das aktuelle Geschehen anzunehmen?
> - Welchen Weg gibt es für Dich, Deine unzufriedene Situation zu verändern?
> - Was müsstest Du tun, um die unerfreuliche Situation zu verlassen?

Echten Wohlstand entdecken
Wenn wir weiter über das Leben nachdenken, dann ist es gut, einmal unseren Wohlstandsbegriff zu hinterfragen, denn Wohlstand definieren wir in unserer Kultur fast ausschließlich materiell. Es lohnt sich, dieses Thema tiefer zu erforschen. Was ist echter Wohlstand? Warum sind so viele Menschen in unserem Land unzufrieden, obwohl unser Land zu einem der reichsten Länder dieser Erde gehört? Die Autorin Vivian Dittmar nimmt in ihrem Buch *Echter Wohlstand* die Leserinnen und Leser auf eine spannende und zugleich auch unbequeme Reise mit, denn sie macht uns auf fünf Dimensionen von Wohlstand aufmerksam, die in unserem Leben vielleicht

mehr Raum brauchen. Es geht um Zeitwohlstand, Beziehungswohlstand, Kreativitätswohlstand, spirituellen Wohlstand und ökologischen Wohlstand. Diese fünf Dimensionen von echtem Wohlstand werden von ihr ausführlich erläutert, und darüber hinaus stellt die Autorin wichtige Lebensfragen: *Wie viel Deiner Zeit investierst Du in Tätigkeiten, die primär dazu dienen, Deinen sozialen Status zu sichern, zu erhöhen oder zu demonstrieren? Was ist in Deinem Leben heilig? Was ist unverkäuflich? Wonach sehnst Du Dich wirklich? Was in Deinem Leben kannst Du loslassen, um mehr Zeitwohlstand zu leben?*[50]

> **Tagebuch der Selbsterforschung**
> - Wo erlebst Du in Deinem Leben Zeitwohlstand?
> - Wo erfährst Du in Deinem Alltag die Heiligkeit des Lebens?
> - Was bedeutet es für Dich, dass wir als Menschen gegenwärtig unsere Lebensgrundlagen zerstören?

Leben ist Wandel und Veränderung
Wir sind eingeladen, konstant zu lernen, zu wachsen und zu reifen, denn wir befinden uns in der Schule des Lebens, und zwar nicht nur bis zum Ende der Schule, der Ausbildung, des Studiums, sondern auch in der zweiten Lebenshälfte, im Ruhestand (genau darum geht es vielleicht gerade nicht!) und auch noch zur Todesstunde. Doch nicht wenige Menschen nehmen be-

reits in der Lebensmitte »den Gang heraus« und erstarren innerlich immer mehr. Die Folgen sind: Dienst nach Vorschrift, glanzlose Augen, keine innere Entwicklung und ein Schielen auf die Rentenzeit, die dann meist auch nicht so erfreulich ist, wie zuvor gedacht. Wer sich jedoch vom Leben begeistern lässt, wer neugierig auf Menschen ist und Freude am Lernen hat, der begibt sich auf den Weg der Selbsterkenntnis und erweitert von Monat zu Monat seinen geistigen Horizont. *Die längste Reise ist die Reise nach innen*, sagt Dag Hammarskjöld, und damit ist gemeint, dass es Entschlossenheit und Engagement braucht, um sich tiefer verstehen und lieben zu lernen und zu erkennen, warum unser menschliches Dasein so oft leidvoll ist.

Tagebuch der Selbsterforschung
- Wo erlebst Du Festhalten, Gier und Haben-Wollen in Deinem Leben?
- Wo bist Du im Ärger, in der Abneigung und im Widerstand gefangen?
- Wo täuschst Du Dich selber und erkennst nicht Deine wahre Natur?

Wo viel Licht ist, ist viel Schatten
Von den leidvollen Aspekten unseres menschlichen Daseins ist es nicht mehr weit zur Schattenarbeit[51]. Das Verdienst von C. G. Jung ist es, herausgearbeitet zu haben, dass wir als Menschen nicht nur unsere lichtvollen Seiten haben, sondern auch unsere schattigen Seiten. Anders ausgedrückt: *Wo viel Licht ist, ist viel Schatten*[52]. Und das ist nicht nur ein schlauer Satz, son-

dern die Wirklichkeit von uns allen! Deshalb die zentrale Frage von C. G. Jung: *Willst Du gut oder ganz sein?* Durch das Aufspüren unserer verdrängten Anteile bekommt unser idealisiertes Selbstbild Risse. Die darunter liegende Persönlichkeit kann Stück für Stück zum Vorschein kommen. Das Wissen um unsere eigenen Schattenseiten lässt uns in Bezug auf uns selbst und auch im Umgang mit anderen Menschen wohlwollender werden. Wir gehen weniger hart mit uns ins Gericht, und auch die Lust an der Verurteilung Anderer lässt nach. Indem wir den Weg vom Unbewussten zum Bewussten gehen, erwachen wir immer mehr zu unserer Ganzheit.

> **Tagebuch der Selbsterforschung**
> - Welche Eigenschaften und Charakterzüge musst Du wegdrängen, damit Du von anderen geschätzt wirst?
> - Auf welche Kritik reagierst Du besonders empfindlich?
> - Welche Handlungen aus der Vergangenheit würdest Du gerne ungeschehen machen?

Leben ohne Griff
Ein Zitat von John Lennon begleitet mich schon seit vielen Jahren: *Leben ist das, was passiert, während du eifrig dabei bist, andere Pläne zu machen.* Je früher wir erkennen, dass das Leben keinen Griff hat und es keine Sicherheiten im Außen gibt, umso leichter fällt es, uns der Relativität unserer Pläne

bewusst zu sein. Vielleicht werden sich die Beziehungen und Vorhaben in den nächsten Wochen und Monaten so entwickeln, wie ich mir das vorstelle. Vielleicht erlebe ich aber auch einen Tornado – eine Trennung, eine Kündigung, eine Krankheit –, und meine Lebenssituation ist von einem Tag auf den anderen völlig anders. Und dieses *Andere* muss noch lange nicht schlecht sein! Zunächst ist es ungewohnt, meist jedoch hilfreich, bewusst im *Nicht-Wissen* zu wohnen und innerlich offen zu bleiben für das, was das Leben mir mitzuteilen hat und was sich aus dieser neuen Situation entwickeln kann. Vielleicht kommt die Trennung gerade zur rechten Zeit, weil ich mich schon viel zu lange in einer unlebendigen Partnerschaft eingerichtet habe? Vielleicht ermöglicht die Kündigung, zu neuen beruflichen Ufern aufzubrechen? Vielleicht werde ich durch die Krankheit entschleunigt? Im Nicht-Wissen zu sein bedeutet, mich ohne einen Plan zu bewegen und offen zu sein, wie sich mein Leben von Moment zu Moment weiter entfalten will und mich zugleich mit dem Geschehen immer weniger zu identifizieren. Vier Aspekte sind bei diesem inneren Prozess, der RAIN genannt wird, wesentlich: erkennen (**R**ecognize), zulassen (**A**llow), erforschen (**I**nvestigate) und nicht damit identifizieren (**N**on-identify).

> **Tagebuch der Selbsterforschung**
> - Was tust Du, wenn Deine Pläne durchkreuzt werden?
> - Sind Herausforderungen und Krisen für Dich eher Chancen oder eher Probleme?
> - Wie gut kannst Du mit der Unsicherheit und der Unberechenbarkeit des Lebens sein?

Die ganze Katastrophe leben

Das Wort Katastrophe bedeutet Vernichtung und Zerstörung. Ob aus einer Katastrophe eine Wende erfolgt oder ein Steckenbleiben in der Tragödie, hängt von unserer Sichtweise ab und unserer Fähigkeit, auch in einer schwierigen Lebenssituation eine Chance zu sehen und kreativ zu handeln. In diesem Zusammenhang ist der Roman *Alexis Sorbas* von Nikos Kazantzakis[53] wichtig. Das Lebensmotto seiner Romanfigur Alexis Sorbas lautet: *Das Leben lieben und den Tod nicht fürchten.* Freiheit besteht für den vitalen Lebenskünstler Sorbas darin, das Leben mit allen Facetten zu lieben und auch aus den Katastrophen das Beste zu machen. Sorbas lebt ganz im Hier und Jetzt und ermutigt seinen Weggefährten, den Schriftsteller Basil, zur Freiheit: »Du bist so begabt. Nur eins hast Du nicht mitgekriegt. Wahnsinn. Und ein Mann braucht eine Portion Wahnsinn, weil er sonst nicht die Courage hat auszubrechen, um frei zu sein.«[54] Zwei weitere Textstellen sind für unseren Kontext wichtig. Zu Anfang fragt Basil Sorbas: »Übrigens, ich habe dich noch nicht gefragt: Bist du verheiratet?« – »Bin ich nicht ein Mann? Ich bin ein Mann! Also bin ich verheiratet, Weib, Kinder, Haus und so weiter. Die ganze Katastrophe.«[55] Und eine gemeinsame Katastrophe erleben die beiden bei der Aktivierung eines alten Bergwerkes. Bei der Einweihung einer von Sorbas gebauten Seilbahn bricht in Anwesenheit der Mönche und Dorfbewohner die ganze Konstruktion zusammen, und alle flüchten. Die beiden bleiben alleine zurück und Sorbas meint darauf zu Basil: »Hey Boss, hast Du jemals erlebt, dass etwas so bildschön zusammenkracht?«[56]. Nach dem Scheitern trinken sie Rotwein, essen das fast verbrannte Lamm, Sorbas bringt Basil den Sirtaki-Tanz bei und das ganze Zusammensein endet mit einem fröhlichen Gelächter.

Die ganze Katastrophe leben heißt das Grundlagenbuch des Achtsamkeitspioniers Jon Kabat-Zinn. Schon auf den ersten Seiten schreibt er: »Das Wort Katastrophe ist also nicht gleichbedeutend mit Unglück. Es bringt vielmehr die ganze Komplexität und Vielfalt des Lebens zum Ausdruck, zu dem existenzielle Krisen ebenso gehören wie all die kleinen Widrigkeiten, aber auch Freude und Glück. Der Ausspruch impliziert, dass Leben Fließen bedeutet. Es fließt und verändert sich ununterbrochen, nie bleibt es sich gleich. Alles, von dem wir annehmen, dass es beständig sein müsse, ist in Wirklichkeit unbeständig und in Veränderung begriffen, manchmal schneller, manchmal langsamer, manchmal deutlich sichtbar, manchmal äußerst subtil. In diesem Buch geht es darum, die großen und kleinen Katastrophen als Helfer auf dem Weg zu erkennen und den Umgang mit den Stürmen des Lebens zu lernen.«[57]

Die Arbeit von Jon Kabat-Zinn – Stressbewältigung durch Achtsamkeit (MBSR) – hat mich schon früh inspiriert, so dass ich zunächst Kurse, später dann auch viele MBSR-Ausbildungen geleitet habe. Als ich fast zwanzig Jahre, nachdem ich das Buch von Jon Kabat-Zinn erstmals gelesen hatte, das von mir geschriebene Buch *MBSR – Die Kunst, das ganze Leben zu umarmen*[58] in den Händen hielt, dachte ich darüber nach, dass ich bisher in meinem Leben zwar Herausforderungen und Krisen erlebt hatte, jedoch keine Katastrophen. Das sollte sich bald ändern! Es begann mit meiner Trennung von meiner Frau, mit der ich über 25 Jahre zusammengelebt habe und mit der ich sehr viele private und berufliche Dinge erlebt habe. Im darauffolgenden Jahr wurde ich so schwer krank, dass ich meiner selbstständigen Arbeit nicht mehr nachgehen konnte, zweimal für längere Zeit erfolglos in einer Klinik war und am Ende verschiedene Krankheitsdiagnosen hatte. Die Schwere der Erkrankung sowie die unklare Diagnose verunsicherten mich zutiefst, und so war ich froh, mit medikamentöser Unterstützung nach neun Monaten wieder meiner Arbeit nachgehen zu können. Zunächst freute ich mich über meine wiedergefundene Arbeitsfähigkeit, doch anderthalb Jahre später erfolgte ein neuer Zusammenbruch, und wiederum war ich nicht in der Lage, meiner Aus- und Weiterbildungsarbeit nachzugehen. Wie auch während der ersten langen Erkrankungszeit war ich dankbar, dass mein Dozententeam alle Aufgaben von mir übernahm und damit gewährleistete, dass die Ausbildungsgruppen weitergeführt werden konnten. Die zweite Erkrankungszeit dauerte dreizehn Monate. Zwar war jetzt bereits zu Beginn die Diagnose klar, jedoch brauchte es sehr lange, um das für mich passende Medikament zu finden. Als meine lange Wüstenzeit endlich zu Ende war, kam es zu einer neuen Katastrophe. Die führenden Personen in meinem Dozententeam hatten sich dazu entschlossen, ohne Abstimmung und Einverständnis mit mir meine komplette Ausbildungsarbeit mit Unterstützung meines langjährigen Kooperationspartners zu übernehmen, was einem wirtschaftlichen Totalschaden gleichkam.

Da alles in Bewegung ist, kann jeden von uns zu jedem Zeitpunkt eine Katastrophe ereilen, und die Frage stellt sich, wie wir mit einem solch schmerzlichen Geschehen umgehen. Ich selber habe zuerst eine Phase der Erstarrung erlebt, denn ich hatte weder die Kraft zum Kämpfen noch die Energie zum Flüchten. Als die Kräfte wieder kamen, ging es innerlich darum, alles zu fühlen, was es zu fühlen gab: Enttäuschung, Traurigkeit, Hilflosigkeit, Ohnmacht, Scham und vieles andere mehr. Im Außen ging es darum auszuloten, welche Wege der Klärung möglich sind und wie der ganze Prozess zum Abschluss gebracht werden kann. Erst allmählich fragte ich mich, was ich in der Vergangenheit übersehen hatte bzw. nicht wahrhaben wollte und mir auch schöngeredet hatte. Mir wurde bewusst, dass ich aus Bequemlichkeit an meiner erfolgreichen MBSR-Arbeit festgehalten hatte und die notwendigen Veränderungen nicht von mir aus eingeleitet hatte. Während ich andere lehrte, auf die Leichtigkeit des Seins zu achten, hatte ich mein Unwohlsein im Zusammensein mit meinem Dozententeam nicht ernstgenommen, sondern auf bessere Zeiten gehofft. Und so geschah es dann: Was ich nicht selber in die Hand genommen habe, übernahm jetzt das Leben für mich durch andere Menschen. Diese Menschen waren »Arschengel«, das heißt, ihr Verhalten war ethisch nicht korrekt, doch zugleich haben sie einen für mich heilsamen Weg eingeleitet.

> *Bedenke: Nicht zu bekommen, was man will,*
> *ist manchmal ein großer Glücksfall.*
> Dalai Lama

Was habe ich gelernt, und was sind meine Katastrophen-Einsichten? Ganz egal, wie hoch der Preis ist, es gilt in jedem Fall, auf mein Herz zu hören, und wenn die Leichtigkeit des Seins verloren geht, dann gilt es innezuhalten, und meist gibt es auch etwas zu verändern. Den ersten Schritt, die Trennung von meiner Ehefrau, bin ich vertrauensvoll gegangen, doch beim zweiten Schritt verließ mich der Mut. Ich versuchte zu retten, was zu retten war, und am Ende wurde mir alles aus meinen Händen genommen. Was meine Erkrankung betrifft, so durfte ich lernen, dass es im Leben Dinge gibt, auf die ich keinen Einfluss habe und die sich dem Machen und Gestalten entziehen. Diese Einsicht macht demütig und lässt mich bescheidener werden. Durch meine Katastrophe habe ich einen heilsamen Abstand zur Achtsamkeitsszene gewonnen und erkannt, wie wenig Raum beispielsweise die ökologische Krise in meiner eigenen Arbeit und auch in der Arbeit vieler anderer Achtsamkeitsakteure eingenommen hat. Durch die Katastrophe ist viel Freiraum für Neues[59] entstanden. In meinem Alltag bin ich viel mehr im Augenblick und habe meist aufgegeben, im Voraus zu planen. Viel wichtiger ist es mir, von Moment zu Moment lauschend herauszufinden, was *jetzt* für mich zu tun ist. Oder anders ausgedrückt: Ich befinde mich mehr im Modus des Lauschens und des Geschehen-Lassens und erlebe, dass das Leben mich immer mehr an die Hand nimmt. Die leidvollen Erschütterungen, das Gefühl der Bodenlosigkeit sowie die Ohnmacht und Hilflosigkeit führten dazu, dass mein Herz sich weitete, ich jetzt mit viel mehr Herzensenergie lebe und einen viel unmittelbareren Zugang zu mir und den Menschen habe, die am Abgrund stehen.

Claus Eurich schreibt: »Nur wer das Scheitern kennt und sich fühlend und wissend mit ihm vertraut gemacht hat, kann dem von ihm erkannten scheiternden Mitmenschen helfen. Und dieser wird seine Hilfe eher annehmen als die Worte derer, die in einer Mischung aus Mitleid und Angst davor, selbst erfasst zu werden, sich darin üben, billigen Trost zu spenden.«[60] Die größte Befreiung am Ende meiner Katastrophenerfahrung war, sowohl mir selber als auch den an der Katastrophe beteiligen Menschen zu verzeihen und mich darüber zu freuen, dass sich durch diese Erfahrungen in meinem Leben etwas Grundlegendes verändert hat und noch weiter verändern wird.

Tagebuch der Selbsterforschung

- Welche Katastrophen- und Krisenerfahrungen hast Du in Deinem Leben gemacht?
- Was hast Du aus diesen Erfahrungen gelernt?
- Wo erlaubst Du Dir heute Schwäche?

Zu unserem menschlichen Dasein gehört es dazu, dass wir in eine Situation kommen können, die uns zunächst katastrophal erscheint, uns dann aber zum Lernen und Wachsen zwingt. Vielleicht ist es der Tod eines Menschen oder eine Trennung, die Kündigung unserer Arbeit oder Wohnung oder eine schwere Krankheit – all das verunsichert uns und macht uns Angst. Doch Krisen sind auch Chancen, und auch wenn es nicht so läuft, wie wir es uns vorstellen, so ergibt es am Ende meist Sinn. Am Ende unserer Gedanken über das Leben der ganzen Katastrophe nun zum Abschluss die Kölner Band Brings: *Ejal wie deef do jefalle bes, wie ramponiert do widder küss, nimm dir e Hätz un sing Halleluja!*

Leben, lieben, lernen und ein Vermächtnis hinterlassen
Viele Menschen funktionieren im Alltag und machen brav das, was man von ihnen erwartet. Sie können selten klar formulieren, was für ihr Leben wesentlich ist und erleben daher den Schrecken des halb gelebten Lebens. Die Geschäftigkeit des Alltags wird meist nicht infrage gestellt, so dass die Beschäftigung mit den wichtigen Dingen des Lebens nicht selten auf der Strecke bleibt. Für Stephen Covey, den Autor von *Der Weg zum Wesentlichen*, geht es in unserem menschlichen Dasein um die Erfüllung von vier tiefen Bedürfnissen: *leben, lieben, lernen und ein Vermächtnis hinterlassen*.[61] Wenn diese Bedürfnisse immer mehr erfüllt werden, dann führt das zu Lebendigkeit, Leidenschaft und Abenteuergeist. Wie wäre es, sich jetzt vier DIN-A4-Blätter zu nehmen und zu jedem der vier Aspekte eine Seite aufzuschreiben: Wo stehe ich gerade in meinem kostbaren Leben? Wie sehen meine

Wünsche für die vier Aspekte des Lebens aus und was erlebe ich davon in den letzten Wochen und Monaten? Es kommt also auf die Frage an, worauf es im Leben *wirklich* ankommt, was von grundlegender Bedeutung ist und was es stets im Blick zu behalten gilt, um sich nicht in den Nebensächlichkeiten des Lebens zu verlieren.

> **Tagebuch der Selbsterforschung**
> - Welches sind die Dinge, die für Dein Leben wesentlich sind?
> - Was würde Dich so erfüllen, dass Du am Ende mit dem Gefühl sterben kannst, Dein Leben voll und ganz ausgekostet zu haben?
> - Widmest Du diesen wichtigen Dingen so viel Zeit und Hingabe, wie Du es Dir wünschst?
> - Was sind die wirklichen Gründe, warum Wesentliches immer wieder in Deinem Leben auf der Strecke bleibt?
> - Wer bist Du und warum bist Du hier?

Um in der Tretmühle des Alltags den Fokus für die wirklich wichtigen Dinge im Blick zu behalten, braucht es Zeiten der Stille, Raum für Selbstreflexion, Begegnung mit inspirierenden Menschen sowie anregende Bücher, die mich innerlich in Bewegung bringen.

> *Erst wenn wir anerkennen, dass unsere Zeit begrenzt ist,*
> *gewinnt unser Leben jene Dringlichkeit, die wir brauchen,*
> *um herauszufinden, worauf es wirklich ankommt.*
> John Izzo

Die fünf Geheimnisse
Zwei Veröffentlichungen sind für unser Thema von besonderer Bedeutung. Das erste Buch von John Izzo heißt *Die fünf Geheimnisse, die Sie entdecken sollten, bevor sie sterben*. John Izzo hatte schon früh Kontakt zu Sterbenden und fragte sich, ob wir zum Ende unseres Lebens Einsichten haben, die uns sehr nützlich gewesen wären, wenn wir sie schon in jungen Jahren erkannt und angewandt hätten. Die Botschaft seines Buches ist ganz einfach: *Wir müssen nicht alt sein, um weise zu werden.* Wir können bereits jetzt von alten und erfahrenden Menschen für unsrer Leben dazulernen. In einem aufwändigen Auswahlverfahren wurden 235 Menschen im Alter von 59 bis 105 Jahren herausgefiltert und John Izzo führte – zusammen mit zwei Kollegen – mit jedem dieser alten Menschen ein mehrstündiges Interview über die nachfolgenden 13 Fragen[62]. Sie sind eingeladen, diese wesentlichen Fragen ebenfalls mit Ruhe und Muße zu beantworten.

1. Stellen Sie sich vor, Sie wären irgendwo zum Abendessen eingeladen, und als Sie so mit den anderen in der Runde zusammensitzen, bittet der Gastgeber jeden einzelnen Gast, in ein paar Minuten sein Leben zu be-

schreiben. Irgendwann sind auch Sie an der Reihe. Wenn Sie den Leuten am Tisch in möglichst kurzer Zeit so viel wie möglich über sich erzählen sollten, was würden Sie sagen? Wie ist Ihr bisheriges Leben verlaufen?
2. Was hat Ihnen im Leben das stärkste Gefühl von Erfüllung und Sinn gegeben? Warum war es wichtig, dass Sie auf die Welt gekommen sind?
3. Was hat Ihnen im Leben am meisten Freude bereitet? Was beschert Ihnen spontan die größten Glücksgefühle?
4. Erzählen Sie mir von einigen wichtigen »Weggabelungen« – von Momenten, in denen Ihre Entscheidung, in die eine und nicht die andere Richtung zu gehen, Ihr ganzes weiteres Leben beeinflusst hat.
5. Welches ist der beste Rat, den Ihnen je ein anderer über das Leben gegeben hat? Haben Sie diesen Rat beherzigt? Wie ist er in Ihrem Leben zum Tragen gekommen?
6. Gibt es etwas, von dem Sie bedauern, es nicht früher erkannt zu haben? Wenn Sie das Rad der Zeit noch einmal zurückdrehen und mit sich als jungem Erwachsenen reden könnten und Sie wüssten, dass Sie auch zuhören würden – was würden Sie sich dann sagen?
7. Wovor fürchten Sie sich am meisten im Hinblick auf Ihr Lebensende?
8. Jetzt, da Sie älter sind, welche Gefühle löst da der Gedanke an Ihre Sterblichkeit, Ihren Tod, bei Ihnen aus – und zwar Tod nicht im Sinne von Sterben als abstraktem Konzept, sondern ganz konkret Ihr eigenes Ableben? Haben Sie Angst vor dem Sterben?

9. Welche Rolle haben Spiritualität und Religion in Ihrem Leben gespielt? Zu welchen Schlussfolgerungen sind Sie in Bezug auf »Gott« gekommen?
10. Bitte beenden Sie den Satz: »Ich wollte, ich hätte ...«
11. Was halten Sie jetzt, da Sie einen Großteil Ihres Lebens hinter sich haben, für relativ oder sogar absolut unverzichtbar, damit ein Mensch Glück und Erfüllung findet?
12. Was halten Sie jetzt, da Sie einen Großteil Ihres Lebens hinter sich haben, für relativ oder sogar absolut verzichtbar, damit ein Mensch Glück und Erfüllung findet?
13. Wenn Sie jüngeren Menschen nur einen Satz mit auf den Weg geben könnten, wie sie zu einem glücklichen, erfüllten Leben finden können, wie würde dieser Satz lauten?

Bei der Auswertung der Antworten der Interviews kristallisierten sich fünf Weisheiten heraus, Weisheiten, die sich lohnen, nicht nur einmal zu lesen, sondern *mit* diesen Weisheiten zu leben, das heißt sich regelmäßig mit diesen Weisheiten innerlich zu verbinden und zu überprüfen, was diese Geheimnisse für das eigene Unterwegssein bedeuten.

Erstes Geheimnis: Seien Sie sich treu.
Bei diesem Geheimnis geht es darum, darüber nachzudenken und zu überprüfen, wie ehrlich, authentisch und selbstbewusst ich zu mir und anderen Menschen bin. Wir alle haben Stärken und Schwächen, doch aus dem Be-

dürfnis heraus, in Harmonie mit anderen Menschen zu sein, besteht die Gefahr, sich zu verstellen und zu verbiegen und nicht die wahren Gefühle zu zeigen. Doch es ist nur eine Frage der Zeit, bis die Maske fällt und ich als der Mensch erkannt werde, der ich bin. Sich selber treu bleiben, bedeutet auch, die Stimme des eigenen Herzens zu hören und dann mutig meinen eigenen Weg zu gehen.

Zweites Geheimnis: Leben Sie so, dass Sie später nichts zu bereuen haben.
Dieses Geheimnis lädt uns ein, uns unserer Bedürfnisse, Wünsche und Träume bewusst zu werden. Dazu gehört auch, uns immer wieder neu zu fragen, ob wir aus der Liebe oder der Angst heraus handeln. Die Kernfrage lautet: Was würde ich jetzt tun, wenn mein Handeln von Liebe und Mut und nicht von Angst geleitet wäre?

Drittes Geheimnis: Lassen Sie die Liebe in sich lebendig werden.
Der wichtigste Mensch, den wir lieben dürfen, sind wir selbst, und nur, wenn wir uns selber lieben, können wir auch andere Menschen lieben.[63] Liebevoller zu sein, heißt auch, nicht nur meine eigenen Interessen im Blick zu haben, sondern mich aufrichtig für die Mitmenschen zu interessieren und mir für meine nächsten und wichtigsten Menschen viel Zeit zu nehmen und für sie da zu sein. Ganz konkret: Wie viel Zeit nehme ich mir für mich selbst, für meinen Partner, für meinen Freund, meine Freundin oder wichtige Familienmitglieder?

Viertes Geheimnis: Leben Sie im Augenblick.
So simpel es klingt, so herausfordernd ist es im Alltag: Es geht immer um das Jetzt, um die Gegenwart. Und doch verbringen wir alle innerlich viel zu viel Zeit in der Vergangenheit oder in der Zukunft. Das macht unser Leben schwer. Leben im Jetzt bedeutet, die vielen kleinen Selbstverständlichkeiten dankbar zu genießen und so präsent wie möglich mit den Menschen zu sein, die gerade um uns herum sind. Und das größte Geschenk, dass Sie sich machen können, ist die Praxis der Achtsamkeit zu erlernen.[64]

Fünftes Geheimnis: Geben Sie mehr, als sie nehmen.
Bei diesem Geheimnis geht es um das Großzügig-Sein. Es ist für einen selber und auch andere Menschen eine Wohltat, wenn wir freundlich, großzügig und freigiebig sind und mehr daran interessiert, etwas zu geben, als etwas haben zu wollen. Und zugleich ist es sinnvoll, von Zeit zu Zeit zu überprüfen, ob das eigene Engagement nur eine Einbahnstraße darstellt, oder ob auch mein Partner, meine Partnerin mich im Blick hat.

Die meisten Menschen haben von dem einen oder anderen Geheimnis schon gehört und stimmen diesen Aussagen auch zu. Doch das sagt noch nicht viel aus, denn wir sind zu oft Wissensriesen und Umsetzungszwerge, oder anders gesagt: Es geht im Leben nicht um das *Kennen*, sondern um das *Können*. Wenn wir zwei oder drei Grundaussagen verinnerlicht haben und unser Handeln im Alltag davon leiten lassen, so ist dies viel wertvoller, als wenn wir viele Bücher gelesen haben.

Tagebuch der Selbsterforschung
- Welche Geheimnisse sprechen Dich besonders an und warum?
- Wie sieht es mit dem Kennen und dem Können in Deinem Leben aus?
- Was braucht es, um mit dem Wesentlichen verbunden zu bleiben?

Sobald wir uns klargemacht haben, wie begrenzt die Zeit ist, die uns noch zur Verfügung steht, werden wir nicht mehr so stark von unserem Ego angetrieben oder von der Meinung anderer Leute über uns. Stattdessen steuern wir auf das zu, was unser Herz wirklich will.
Bronnie Ware

Im Buch *Fünf Dinge, die Sterbende am meisten bereuen* formuliert Bronnie Ware weitere Aspekte, die für ein wesentliches Leben bedeutsam sind:

1. Ich wünschte, ich hätte den Mut gehabt, mein eigenes Leben zu leben.
Das Bedauern über dieses Versäumnis hat Bronnie Ware als Palliativpflegerin sehr oft zu hören bekommen. Keinem Menschen ist zu wünschen, am Ende des Lebens zu erkennen, *nicht* das eigene Leben gelebt zu haben, sondern vorwiegend den Erwartungen anderer Menschen nachgekommen zu sein. »Was am Ende wirklich wichtig ist, ist, *wie viel Glück sie den Menschen beschert haben, die sie lieben, und wie viel Zeit sie mit Dingen verbracht haben, die ihnen am Herzen lagen.*«[65]

2. Ich wünschte, ich hätte nicht so viel gearbeitet.
Die meiste Lebenszeit verbringen wir mit unserer Arbeit, und deshalb liegt vielleicht die wichtigste Aufgabe darin, *eine Arbeit zu finden, die wir lieben.* Und der Prozess des Suchens und Findens unserer Arbeit braucht Zeit, manchmal sogar viel Zeit. Der Achtsamkeitspionier Jon Kabat-Zinn brauchte acht Jahre, bis er seine Arbeit fand. Bei vielen Menschen würde schon viel passieren, wenn sie ein Jahr lang diese Frage im Herzen bewegen würden. Und ein zweiter wichtiger Aspekt liegt darin, einen Ausgleich zu finden, damit das Leben nicht nur aus der Arbeit besteht. Doch viel zu oft dominiert die Arbeit so sehr, dass wir mit den liebsten Menschen viel zu wenig Zeit verbringen. Im Leben geht es immer wieder neu darum, eine gute Balance zu finden zwischen dem Geldverdienen und der Zeit für die wesentlichen Menschen und Dinge des Lebens.

3. Ich wünschte, ich hätte den Mut gehabt, meine Gefühle auszudrücken.
Gefühle machen den Reichtum des Lebens aus. Um diese Fülle erleben zu können, ist es wesentlich, unsere Gefühle achtsam zu erleben und – wenn es passend ist – auch zum Ausdruck zu bringen. Ich habe noch nie einen Menschen getroffen, der anderen Menschen gegenüber zu oft seine Liebe und Dankbarkeit zum Ausdruck gebracht hat. Und daher lohnt es sich zu erforschen, warum wir beim Ausdrücken unserer Liebe so verhalten sind und damit so wenig wirkliche Nähe entstehen lassen. Wenn wir das Leben in seiner ganzen Fülle und Intensität genießen wollen, dann gibt es keinen anderen Weg, als *alle* unsere Gefühle, alle angenehmen und alle unange-

nehmen Gefühle, willkommen zu heißen und zwischen Gefühlen und Emotionen unterscheiden zu lernen[66]. Der Weg zu mehr Lebendig-Werden führt nicht über die Kontrolle oder Ablehnung der Gefühle, sondern über den Weg der freundlichen und humorvollen Akzeptanz.

4. Ich wünschte mir, ich hätte den Kontakt zu meinen Freunden aufrechterhalten.
Am Ende des Lebens geht es weder um Besitz noch um Geld, sehr wohl aber, ob ich mit Menschen in einer freundschaftlichen Weise verbunden bin. Den Grundstein lege ich nicht irgendwann, sondern jetzt! Jetzt, mitten im geschäftigen Leben, zeigt es sich, ob mir neben Arbeit und Geld auch meine Freunde wichtig sind und ich mir Zeit nehme für Begegnungen und für gemeinsame Unternehmungen. So, wie im Garten die Blumen gepflegt werden, so brauchen auch unsere Freundschaften persönliche Zuwendung, eine Zuwendung, die wir nicht dem Zufall überlassen sollten.

5. Ich wünschte, ich hätte mir erlaubt, glücklicher zu sein.
Zunächst einmal ist zu fragen, was Glück eigentlich ist. Die meisten Menschen wollen glücklich sein, doch fragt man sie, was sie unter Glück verstehen, so sind die Antworten viel zu oft oberflächlicher Natur. Es ist lohnend, die Frage nach dem Glück eine Zeit lang intensiv im eigenen Herzen zu bewegen. Der Psychoanalytiker Erich Fromm schreibt: »Glück ist kein Geschenk der Götter, sondern die Frucht innerer Einstellung.« Das bedeutet, unser Glück hängt nicht so sehr von den Umständen ab, sondern von unse-

rer inneren Haltung. Menschen, die mit Dankbarkeit erfüllt sind, proaktiv leben, Herausforderungen als Chancen begreifen und über sich selber lachen können, sind glücklicher als Menschen, die immer das Haar in der Suppe finden und ernsthaft glauben, die Probleme lägen im Außen.

> **Tagebuch der Selbsterforschung**
>
> - Welche der fünf Aussagen von Bronnie Ware hat Dich besonders angesprochen?
> - Was tust Du, um Deine wichtigsten Beziehungen zu pflegen?
> - Was verstehst Du unter Glück?

> **Leben, als ob wir bald sterben müssten**
>
> 1. Tun Sie so, als würden Sie in genau sechs Monaten sterben. Welches sind die fünf Dinge, die Sie vorher noch tun müssen?
> 2. Wenn Sie nur noch ein halbes Jahr zu leben haben und die Dinge auf Ihrer Liste so wichtig sind, dass Sie sie vorher noch unbedingt erledigen müssen, wäre es dann nicht besser, sie schon bald zu erledigen, ganz gleich, wie viel Zeit Ihnen noch bleibt?[67]

In den vorangegangenen Ausführungen wurde deutlich, was im Leben wesentlich ist und wirklich zählt. Geld und Arbeit werden in unserer Kultur überbewertet – Stille und Liebe kommen oft zu kurz. Der ausgeprägte Tun-

Modus hat die allermeisten Menschen fest im Griff, so dass für die Selbstbegegnung zu wenig Zeit bleibt. Viele Menschen leben außerdem mit der Vorstellung, dass sich ihr Leben irgendwann verändern wird – im nächsten Jahr, wenn die Kinder aus dem Haus sind oder die Rentenzeit beginnt. Doch das sind naive Träumereien. Stattdessen geht das Leben ungebremst weiter, bis vielleicht eine Krise uns die Augen öffnet für die Kostbarkeit des Lebens. Aber es geht auch anders: *»Widmen Sie von heute an mindestens eine Stunde am Tag den Dingen, die Sie sich für die Zeit aufgespart haben, wo Ihre Finanzen stabiler oder Ihre Kinder aus dem Haus sind, oder wo Sie Ihre Pflichten erfüllt haben und sich frei fühlen, zu tun, was Sie wirklich tun wollen. Warten Sie nicht länger. Glauben Sie nicht an das Märchen »Eines Tages wird alles anders sein«. Tun Sie jetzt, was Ihnen Freude macht, worauf Sie gewartet haben, wofür Sie geboren wurden.«*[68] Und wenn Sie noch weitere Inspirationen über das Leben wünschen, dann lesen Sie das faszinierende Buch von Andreas Altmann *Gebrauchsanweisung für das Leben*. Dieses Buch hat mein Herz berührt und ist eine ungestüme Liebeserklärung an das Leben.

Einladung zur Praxis der Achtsamkeit

Achtsame Körperbewegungen

Nehmen Sie sich jetzt Zeit für *achtsame Bewegungen*. Hören Sie die Übung *Achtsame Körperbewegungen*. Gönnen Sie sich immer dann eine Bewegungspause, wenn Sie den Impuls dazu spüren und achten Sie bei allen Bewegungen auf die Grenzen Ihres Körpers. Wenn Ihnen das Stehen zu anstrengend wird, können Sie sich jederzeit auf einen Stuhl setzen und die Übungen im Sitzen ausführen. Lassen Sie sich Zeit, die Übung in Ruhe zu beenden.

https://forumachtsamkeit.de/achtsamkeit-organisationen/tao-audio-dateien/

2 | Sterben

> *Wir können das Leben nicht verlängern,*
> *aber vertiefen.*
> Gorch Fock

Viele Menschen verspüren am Ende des Lebens den Wunsch, die eigene Lebensgeschichte aufzuschreiben, um das ganze Leben in den Blick zu bekommen, das Erlebte besser zu verstehen und zu würdigen, sowie den Angehörigen etwas »Bleibendes« zu hinterlassen.[69] Auch wenn die Form und die Länge individuell verschieden sind, so ist es zu Anfang hilfreich, alles aufzuschreiben oder aufzusprechen, was mir zu meinem Leben einfällt. Leitfragen dabei sind: Woran erinnere ich mich spontan? Was waren die wichtigsten Ereignisse? Was die prägendsten Lebensstationen? Wer oder was hat mein Leben maßgeblich beeinflusst? Was hat mich emotional sehr bewegt? Welche Krisen und Trennungen gab es? Wie habe ich schwierige Zeiten durchgestanden und schöne Zeiten gefeiert? Welche Wünsche habe ich nicht gelebt und welche Träume wurden Wirklichkeit? Vielleicht steht auch noch eine Entschuldigung an oder muss noch irgendetwas wiedergutgemacht werden? Dieser erste Schritt wird wahrscheinlich einige Tage, vielleicht sogar Wochen in Anspruch nehmen. Der zweite Schritt besteht darin, die für mich passenden Überschriften zu finden, beispielsweise »Die Jahre vor Schulbeginn«, »die Schulzeit«, »die Ausbildung« etc. und alle gesammelten Erinnerungen den entsprechenden Kapiteln zuzuordnen. Im dritten Schritt geht es darum, Kapitel für Kapitel auszuformulieren, so gut, wie es eben möglich ist: *Wir dürfen unvollkommen sein!* Die entstandenen Texte können dann mit Fotos und wichtigen Dokumenten (z. B. Briefen) ergänzt werden.

Wir müssen nicht erst warten, bis das Ende naht, um eine Lebensbilanz zu ziehen. Die Tage rund um das Jahresende sind eine gute Zeit, um Bilanz zu ziehen und sich bewusst zu werden, wie ich das vergangene Jahr gelebt habe, was die für mich wichtigsten Erfahrungen gewesen sind und was ich über mich selber gelernt habe. Lohnend ist es, sich Notizen zu machen über die verschiedenen Lebensbereiche *Sinn*, *Beziehungen*, *Gesundheit*, *Arbeit* und *Finanzen* und sich zu fragen, wie zufrieden ich mit meiner Lebensbalance bin.[70]

Denkanstoß 7: **Von Wünschen und Löffeln**

> *Eines Tages wirst du aufwachen*
> *und keine Zeit mehr haben für die Dinge,*
> *die du immer wolltest. Tu sie jetzt.*
> Paulo Coelho

Noch einmal bei einer Familienfeier dabei sein oder mit der Partnerin ein Fußballspiel besuchen, das Meer zu sehen oder die Lieblingsband noch einmal zu erleben oder aber an einer Feier teilnehmen – sehr verschieden sind die letzten Wünsche von Menschen am Lebensende. Ganz gleich, ob die unheilbar kranken Menschen jung oder alt sind – es geht meist um eine Herzensangelegenheit, den Wunsch, noch etwas Bedeutsames zu erleben. Verschiedene Wohlfahrtsorganisationen unterstützen Menschen in der Erfüllung ihrer Wünsche. Es fing alles an mit einem Projekt des Arbeiter-Samariter-Bundes (ASB) in Deutschland, und der Wünschewagen Rhein-Ruhr in Essen startete am 27. April 2014 zu seiner ersten Fahrt. Ausgangspunkt der Reise war ein Hospiz in Essen, und der Fahrgast wollte gerne noch einmal zu einer Begegnung mit seiner Enkeltochter fahren. *Letzte Wünsche wagen* ist das Motto des Wünschewagens und die Idee stammt aus den Niederlanden. Für die Umsetzung braucht es das Engagement vieler Menschen, weil die Wunscherfüllung für die unheilbar kranken Gäste kostenlos ist. Nicht nur die Fahrt zum Wunschort in einem notfallmedizinisch ausgestatteten Fahrzeug wird finanziert, sondern auch eine Begleitperson kann mit dabei sein, und alle Reisenebenkosten, wie Eintrittsgelder, Übernachtung und Verpflegungsaufwendungen, werden übernommen. Das Projekt wird finanziert aus Spenden, die Unterstützer:innen arbeiten ehrenamtlich, und alle Menschen zusammen erleben einige unvergessliche Stunden.

Doch müssen wir warten bis zum Ende, um unsere Wünsche ernst zu nehmen? Ganz sicher nicht. Es ist eine schöne, innere Arbeit, auf eine Entdeckungsreise zu gehen und alle unsere Wünsche, Ideen und Träume zu verschriftlichen, denn erst im Aufschreiben wird deutlich, was uns bereits klar ist und was noch der Klärung bedarf. In diesem Zusammenhang ist immer wieder von der *Löffel-Liste* die Rede. Dies ist eine Liste, die erstellt wird, bevor wir »den Löffel abgeben«. Es geht darum, mir klar zu werden, was ich mir im Leben wünsche und erträume, und eine dynamische Liste zu erstellen, das heißt, eine Liste, die ich einerseits kontinuierlich ergänze und erweitere, andererseits aber auch Punkte wieder streiche oder verändere.

> **Tagebuch der Selbsterforschung**
> - Was sind Deine drei Herzenswünsche?
> - Was möchtest Du von dieser Welt noch sehen?
> - Was willst Du auf dieser Welt hinterlassen?

Damit sich diese Löffel-Liste auf das eigene Leben kraftvoll auswirken kann, sind ein paar Aspekte zu beachten: Zu Anfang ist es wichtig, den Kopf frei zu machen und auch verrückte oder ungewöhnliche Wünsche aufzuschreiben. Nicht wenigen Menschen fällt dabei auf, dass die eigenen Herzenswünsche einem zunächst oft nicht bewusst sind. Es braucht einen inneren Prozess der Gärung, wie bei einem guten Wein. Alle Ideen sind erlaubt und willkommen, auch wenn die Wünsche zunächst vielleicht nicht umsetzbar erscheinen. Es müssen auch nicht 50 oder 100 Wünsche sein, vielleicht sind es acht oder zwölf Wünsche. Es gilt nicht etwas zu produzieren, sondern nach innen zu lauschen und zu notieren, was entsteht. Auch darf der Hinweis erlaubt sein, dass es nicht immer die sogenannten großen Dinge und Vorhaben sein müssen. Eine gute Mischung von kleinen, mittleren und großen Wünschen macht wahrscheinlich weniger Stress und ermutigt, sich bereits zu Anfang ein oder zwei Wünsche auszuwählen und diese Ideen umzusetzen. Wichtig ist, diese Liste nicht abzuheften, sondern bei sich zu tragen und mit dieser Liste zu leben. So ist es möglich, an jedem Ort diese Liste zu aktualisieren. Damit ein dauerhafter kreativer Prozess entsteht, reicht es aus, sich jeden Tag fünf Minuten Zeit für diese Löffel-Liste zu nehmen.

Wenn von einer Löffel-Liste gesprochen wird, dann fallen auch die Worte »To-Do-Liste«, »abhaken« und »erledigen«. Doch genau darum geht es nicht! Unser Glücklichsein findet immer im Hier und Jetzt statt und nicht erst in der Zukunft. Es ist eine Illusion zu glauben, dass ich erst dann glücklicher bin, wenn ich einige Punkte auf meiner Liste »abgearbeitet« habe, auch wenn die Wünsche und Träume noch so schön sind. Die Bedeutung der Löffel-Liste liegt darin, dass ich innerlich gelassen und klar in Verbindung bleibe mit dem, was mir von Herzen wichtig ist. Manchmal gibt es für mich etwas zu tun, damit die Träume Wirklichkeit werden, ein anderes Mal »arbeitet« das Leben für mich, und ich bin überrascht, was geschieht. Und ein weiteres Mal lösen sich meine Ideen auch wieder auf und kommen nicht zur Umsetzung. Es geht also nicht um ein Tun, sondern um ein Sein, um ein In-Verbindung-Sein mit dem, was für mich wesentlich ist. Neben der Entschlossenheit für die eigene Löffel-Liste braucht es vor allem Heiterkeit und Humor. Genau das bietet der großartige Film *Das Beste kommt zum Schluss*, eine Tragikomödie aus dem Jahr 2007 mit Jack Nicholson und Morgan Freeman. Die Handlung beginnt in einem Krankenhaus. Der mächtige Milliardär Cole und der einfache Automechaniker Chambers liegen im selben Krankenzimmer und freunden sich an. Sie bekommen eine schockierende Krebsdiagnose mitgeteilt und wissen, dass sie nur noch wenige Monate zu leben haben. Sie erstellen eine Löffel-Liste, verlassen das Krankenhaus, gehen auf die Reise. Dabei erleben sie schöne Dinge wie einen Fallschirmsprung, eine sich vertiefende Freundschaft und erkennen die wahren Werte des Lebens: *Familie und Freundschaft.*

In unseren Wünschen steckt eine große Kraft. Diese Kraft entsteht, wenn wir unsere Wünsche klar formulieren und auch mutige Entscheidungen treffen, denn ohne diese Voraussetzungen werden sich unsere Ideen meistens nicht erfüllen. Dann braucht es aber auch Offenheit, Gelassenheit und Flexibilität sowie die Bereitschaft, unsere Erwartungen loszulassen. Das Glück der Wunscherfüllung kann nicht erzwungen werden, und das Leben wird uns überraschen, wenn wir uns von allem Haben-Wollen befreien.[71] Und zuletzt lohnt es, über den weisen Satz von Dietrich Bonhoeffer nachzudenken: *Es gibt ein erfülltes Leben trotz vieler unerfüllter Wünsche.*

Denkanstoß 8: **Den Abschied zu Lebzeiten planen**

Zu regeln, was nach ihm kommt,
fällt vielen Menschen schwer, zwingt er uns doch,
uns mit der eigenen Endlichkeit zu beschäftigen.
Fritz Roth

Wir gehen zum Autohändler und lassen uns für ein neues Auto beraten, wir suchen eine Immobilienberaterin auf, weil wir eine Wohnung mieten oder kaufen wollen, doch ein Bestattungsunternehmen aufzusuchen, um uns darüber zu informieren, was nach unserem Ableben zu tun ist, ist für viele Menschen noch keine Selbstverständlichkeit. Der Dalai Lama sagte mit 58 Jahren, dass er mit den Vorbereitungen zu seinem Tod so gut wie fertig sei. Ich habe einige Mensch rund um die 60 gefragt, wie es mit den eigenen Vorbereitungen nach dem Tod aussieht, und fast alle haben mich komisch angeschaut. Nimmt man jedoch aufmerksam am Leben teil, dann fällt auf, dass auch Menschen vor dem 60. Lebensjahr sterben (bei mir sind es zwei von drei Studienfreunden) und es Sinn macht, sich bereits *jetzt* diesem Aspekt des Menschseins zuzuwenden. Das hat zwei wichtige Vorteile: Sind auch diese letzten Dinge geregelt, lebt es sich entspannter, und die Angehörigen haben es nach dem Tod viel leichter, weil die letzten Wünsche vorliegen.

Es gibt verschiedene Möglichkeiten, sich zu informieren. Das Internet bietet unter dem Stichwort *Bestattungsverfügungen* eine Fülle von Informationen, doch emotional bedeutsamer ist es, zusätzlich ein oder zwei Bestattungsunternehmen aufzusuchen, eine unverbindliche Beratung über eine Bestattungsvorsorge in Anspruch zu nehmen und am Ende alles zu Hause in Ruhe auszuwerten. Eine Fülle von Aspekten gilt es dabei im Blick zu behalten und auch – wenn gewünscht – zu entscheiden, beispielsweise:

- Entscheidung für ein Bestattungsunternehmen: Einholung eines Kostenvoranschlages oder den Abschluss eines Vorsorgevertrages
- Aufbahrung zu Hause, im Krematorium oder beim Bestatter
- Den Toten zu waschen und anzuziehen
- Gestaltung der Anzeige, Einladung und Dankesschreiben
- Erdbestattung und Grabpflege oder Feuerbestattung
- Ort der Bestattung: Friedhof, Wald oder Meer
- Liste der Trauergäste
- Dauer und Inhalt der Abschiedsfeier (Texte, Musik, Rituale)
- Trauerrede durch einen Geistlichen, Trauerredner oder Familienmitglied
- Leichenschmaus, das gemeinschaftliche Essen nach der Beerdigung
- Finanzierung der Beerdigung durch eine Sterbegeldversicherung oder eine Einzahlung auf ein Treuhandkonto

Ein Gespräch über die eigene Beerdigung fällt vielen Menschen schwer, und zugleich ist es für trauernde Angehörige eine Entlastung, wenn die Wünsche des Gestorbenen vorliegen. Nach dem Tod beginnt nicht nur die Trauerphase, sondern es müssen auch viele Entscheidungen getroffen werden. Wenn den Hinterbliebenen das Leben nicht unnötig schwer gemacht werden soll, dann ist es sinnvoll, sich einerseits selber umfassend zu informieren und herauszufinden, was die eigenen letzten Wünsche sind, und andererseits dann das Gespräch mit den Menschen zu suchen, die mir nahe sind. In einem solchen Gespräch geht es um die eigenen Vorstellungen, aber auch um Vorschläge und Anregungen sowie um das, was bewusst nicht festlegt werden soll. Am wichtigsten ist für die Angehörigen, in Offenheit mitteilen zu dürfen, wie sie die letzten Wünsche erleben, was ihre Wünsche sind und was vielleicht bei allen Vorüberlegungen übersehen worden ist. Ein solches erstes Gespräch kann für Einzelne emotional schnell überfordernd sein, so dass es manchmal ein zweites oder auch drittes Gespräch braucht, um zueinander zu finden. Und der vielleicht wichtigste Satz im Kontext der Vorsorge lautet für die Angehörigen: *Es ist in Ordnung, wenn die Dinge anders geschehen.*

Wer sich Gedanken über die letzten Wünsche macht, der kann auch eine Liste erstellen, wer nach seinem Tod was erhält. Bedeutsam wird eine solche Übersicht dadurch, wenn zu jedem Gegenstand, der vererbt wird, aufgeschrieben wurde, warum dieses Objekt eine besondere Bedeutung für mich hat und welche Geschichte sich damit verbindet.

Bei vielen Beerdigungsfeiern fällt auf, dass die Trauerredner oft ein merkwürdiges Bild von dem Verstorbenen nachzeichnen. Entweder sind die Ausführungen sehr allgemein gehalten oder aber es wird nur von den lichtvollen Seiten des Verstorbenen berichtet. Aber ein realistisches Bild würde natürlich auch die Ecken und Kanten beinhalten sowie alle Widersprüchlichkeiten und Schattenseiten. Wer am Ende nicht ein solches verzerrtes Bild von sich wünscht, für den gibt es eine ganz einfache Möglichkeit der Vorsorge: *Die Grabrede selber schreiben.* Mit einer solchen Rede schaffen wir Klarheit darüber, was in unserem Leben wirklich wichtig war und erwähnt werden muss. Es sollte eine Rede sein, bei der die Angehörigen den Verstorbenen erkennen, bei dem sie innerlich nicken, vielleicht aber auch nachdenklich werden oder lachen. Auf jeden Fall ist eine solche Rede authentisch und lebendig, so dass man Lust hat, die Grabrede zu einem späteren Zeitpunkt noch einmal nachzulesen. Mit einer solchen Grabrede würdigen wir uns selber und überlassen es nicht einfach anderen Menschen, die passenden Worte über uns zu finden. Eine besondere Qualität bekommt dieses Vorhaben, wenn wir einen Freund oder eine Freundin bitten, auch eine Grabrede zu schreiben und wir uns die Reden gegenseitig vorlesen, denn durch das Hören unserer eigenen Worte erleben wir meist ganz andere Gefühle, als wenn wir unsere Rede nur lesen.[72]

Tagebuch der Selbsterforschung

- Was ist die Überschrift Deiner eigenen Grabrede?
- Wofür willst Du die noch verbleibende Lebenszeit nutzen?
- Welche Worte sollen auf Deinem Grabstein stehen?

Balance ist ein wichtiges Stichwort beim Thema Vorsorge. Einerseits gilt es, sich zu informieren, zu klären und zu regeln, andererseits an allem Geschaffenen nicht festzuhalten, sondern zu wissen, dass es im Leben und auch nach unserem Tod immer wieder anders kommen kann als geplant. Lisa Freund schreibt: »Sobald Sie alle Ihre Verfügungen verfasst haben, lassen Sie diese innerlich los. Packen Sie alles in eine Seifenblase, die sanft in einen strahlenden Himmel hineinschmilzt und sich entleert. Denn es ist natürlich eine Illusion, wenn wir glauben, mit den Vollmachten die Unsicherheit des Lebens und die Unberechenbarkeit des Todes in den Griff zu bekommen.«[73]

Denkanstoß 9: **Hospizarbeit und Palliativversorgung**

Es geht nicht darum, dem Leben mehr Tage
zu geben, sondern den Tagen mehr Leben.
Cicely Saunders

Das gemeinsame Anliegen der Hospizarbeit und Palliativversorgung besteht darin, schwerstkranken und sterbenden Menschen sowie den Angehörigen die verbleibende Zeit so lebenswert wie möglich zu gestalten. Die wichtigsten Aufgaben sind Selbstbestimmung, Schmerzfreiheit und Geborgenheit am Lebensende zu ermöglichen sowie das Abschiednehmen angesichts des nahenden Todes würdevoll zu begleiten.

Die Begründerin der modernen Hospizarbeit ist die englische Krankenschwester und Ärztin Cicely Saunders (1918–2005). Sie erkannte sehr früh, dass Schmerzen nicht nur physische, sondern auch psychische, soziale und spirituelle Ursachen haben und dass daher eine ganzheitliche Betreuung der Sterbenden notwendig ist. Saunders gründete 1967 in der Nähe von London mit dem St. Christopher's Hospice das erste stationäre Hospiz. Ihr Grundidee verbreitete sich in wenigen Jahren über die ganze Welt. Bereits 1969 löste die schweizer-amerikanische Ärztin und Sterbeforscherin Elisabeth Kübler-Ross (1926–2004) mit ihrer bahnbrechenden Veröffentlichung *Interviews mit Sterbenden* eine breite Diskussion über die letzte Phase im Leben eines Menschen aus und gilt daher als Mitbegründerin der weltweiten Hospizbewegung. 1986 wurde in Aachen das erste stationäre Hospiz eröffnet, und in den folgenden Jahren entstanden weitere Einrichtungen. 1992 wurde eine bundesweite Dachorganisation gegründet, die heute »Deutscher Hospiz- und Palliativverband« heißt.[74] Das Ziel dieses Verbandes liegt darin, die Rechte der Sterbenden und Angehörigen zu stärken, damit ein würdevolles Leben am Ende möglich wird, sowie einen gesellschaftlichen Diskurs zu fördern, damit immer mehr Menschen verstehen, dass das Sterben ein Teil des Lebens ist.

Von Anfang an wird die Hospizbewegung ganz wesentlich vom ehrenamtlichen Engagement vieler Bürginnen und Bürger getragen, die den unwürdigen Zuständen, denen sterbende Menschen in Krankenhäusern und anderen Einrichtungen immer noch ausgesetzt sind, konstruktiv etwas entgegensetzen wollen.

> **Daten und Fakten**
>
> In Deutschland gibt es ca.
> - 250 stationäre Hospize für Erwachsene
> - 18 stationäre Hospize für Kinder
> - 1500 ambulante Hospizdienste
> - 340 Palliativstationen in Krankenhäusern
> - 4 Palliativstationen für Kinder, Jugendliche und junge Erwachsene
> - 120 000 Menschen engagieren sich ehrenamtlich und hauptamtlich für schwerstkranke und sterbende Menschen.

Was ist der Unterschied zwischen einem Hospiz und einer Palliativstation? Der Aufenthalt in einer Palliativstation ist zeitlich begrenzt, während die schwerkranken Menschen in einer Hospizeinrichtung bis zum Tode begleitet werden.

Ein Hospiz ist eine selbstständige Pflegeeinrichtung mit mindestens acht und höchstens 16 Betten, kann aber auch an ein Pflegeheim angeschlossen sein. Die Verweildauer der Patienten in einem Hospiz beträgt durchschnittlich zwischen zwei und vier Wochen. Daneben gibt es auch ambulante Hospizdienste, die SAPV-Teams – die vier Buchstaben stehen für Spezialisierte ambulante Palliativversorgung. Sie haben die Aufgabe, die Qualität der Versorgung sterbender Menschen im häuslichen Umfeld zu verbessern. Der erste ambulante Hospizdienst wurde 1985 in München gegründet. Der deutsche Palliativmediziner Christoph Student, ein Pionier der Hospizbewegung, hat verschiedene Kennzeichen formuliert, die allen Hospizangeboten zugrunde liegen. Im Zentrum des Dienstes stehen der sterbende Mensch und seine Angehörigen. Ein interdisziplinäres Team – Ärzte, Pflegekräfte, Sozialarbeiter und Seelsorger – kümmert sich um den sterbenden Menschen unter Einbezug von ehrenamtlichen Hospizbegleiter:innen. In allem Tun stehen Schmerzfreiheit und Lebensqualität im Vordergrund. Der Hospizdienst steht rund um die Uhr zur Verfügung und kümmert sich nicht nur um die Sterbenden, sondern auch um die verzweifelten oder trauernden Angehörigen.

Eine Palliativstation ist eine stationäre Einrichtung in einem Krankenhaus und ist weder eine Sterbestation noch eine Einrichtung der Langzeitpflege. Aufgenommen werden nur Menschen, die an einer weit fortgeschrittenen unheilbaren Krankheit leiden. Ein zeitlich unbegrenzter Aufenthalt ist unüblich. Im Durchschnitt beträgt die Aufenthaltsdauer in einer Palliativstation zwischen zehn und vierzehn Tagen. Nach einer Besserung oder Stabilisierung wird der Patient nach Hause bzw. in ein Pflegeheim oder Hospiz entlassen.

> **Tagebuch der Selbsterforschung**
> - Was ist Würde im Leben und im Sterben für Dich?
> - Wie heilsam kann der Tod sein?
> - Was bedeuten Geborgenheit, Wärme und Würde am Lebensende?

Sterbende Menschen erleben nicht selten eine radikale Veränderung ihres Bewusstseins und leben ganz im Augenblick. Der Gründer des ersten stationären Hospizes in Deutschland Joseph Brombach schreibt zu seinen Erfahrungen mit sterbenskranken Menschen: »Ich habe häufig beobachtet, wie Menschen, die nicht mehr flüchten können, plötzlich eine neue Wahrnehmung entwickeln für das, was ihnen noch verbleibt. Es ist berührend zu erleben, wie Menschen eine Zufriedenheit entwickeln können, die ich manchmal sogar als Glücksgefühl wahrgenommen habe, wenn sie einen Schluck Wasser trinken, oder wie über das Antlitz eines Kranken ein Leuchten von Schönheit ging, als er sich immer wieder eine Blüte anschaute oder im Schweigen meine Hand hielt und eine Fähigkeit entwickelte, im Augenblick zu leben. Ich glaube, dass es Sterbenden in einer ganz besonderen Weise geschenkt ist, so intensiv empfinden und leben zu können, weil sie befreit sind davon, ständig ihre Zukunft planen zu müssen oder ständig auf die Vergangenheit hin Versagensgefühle zu erleben. Es wird ihnen dieses ›Spielzeug‹, die Zukunft zu arrangieren, geradezu aus der Hand geschlagen. Ich habe manchmal die Erfahrung gemacht, dass es für diese Menschen eine Befreiung war, nicht mehr planen zu müssen.«[75]

Denkanstoß 10: Sterbefasten und Sterbehilfe

> *Denn wenn man selbst nicht in einer ausweglosen Situation,*
> *nicht sterbenskrank ist, sollte man sich gut überlegen,*
> *ob man urteilen und verurteilen darf.*
> Stefan Wittlin

Bei den Überlegungen über die letzte Lebenszeit haben sterbenskranke Menschen mehr Wahlmöglichkeiten als meist angenommen. Da gibt es nicht nur die verschiedenen Angebote der Hospizbewegung und Palliativmedizin, sondern auch das Sterbefasten und die Sterbehilfe. Beide Wege beruhen auf einer bewussten und freiwilligen Entscheidung, das Leben vorzeitig zu beenden.

Viele Menschen wollen zu Hause sterben und spüren ein tiefes Unbehagen bei dem Gedanken daran, am Lebensende an Schläuchen und Maschinen zu hängen und künstlich am Leben erhalten zu werden. Lebensverlängerung um jeden Preis ist für sie nicht erstrebenswert, und daher ist es für schwerkranke Menschen eine beruhigende Vorstellung, dass man das eigene Leben in den eigenen vertrauten Räumen durch Sterbefasten beenden kann. Sterbefasten ist der **F**reiwillige **V**erzicht auf **N**ahrung und **F**lüssigkeit und wird mit den vier Buchstaben FVNF abgekürzt. Schwerkranke Menschen entscheiden sich, weder zu essen noch zu trinken, und nach 14 bis 21 Tagen tritt der Tod ein. Er geschieht meist im Schlaf durch Herzstillstand und wird von den Angehörigen als sehr friedlich erlebt. Wenn nur die Nahrungseinnahme eingestellt wird und erst später die Flüssigkeitszufuhr, dann verlängert sich der Sterbeprozess in aller Regel um ein bis zwei Wochen. Das Sterbefasten kann in den ersten Tagen noch abgebrochen werden, ohne das bleibende Folgen zu befürchten sind. Durch diese Übergangs- und Bedenkzeit besteht zu keinem Zeitpunkt die Gefahr einer vorschnellen Reaktion. Verschiedene Voraussetzungen sollten vorliegen, wenn ein schwerkranker Mensch diesen Weg wählt. Er sollte sich mit allen Alternativen zum Sterbefasten in Ruhe beschäftigt haben, einsichtsfähig sein und sich selbstbestimmt und ohne Druck von außen zu diesem letzten Weg entscheiden. Der Sterbende ist in der Lage, Essen und Trinken zu sich zu nehmen, und weiß, dass er mit dem Sterbefasten den Eintritt des Todes beschleunigt. Um die Entschlossenheit der Sterbefasten-Entscheidung zu dokumentieren, sollte immer ein Glas Wasser in der Nähe des Sterbenden stehen, so dass der Sterbende trinken könnte, wenn er es wollte.

Wer über den Weg des Sterbefasten nachdenkt, informiert sich möglichst umfassend mit Hilfe der verschiedenen Publikationen über das Sterbefasten[76]. Zum Einstieg sind die beiden Bücher *Sterbefasten* und *Umgang mit Sterbefasten* von Christine und Hans-Christoph zur Nieden empfohlen. Das Ehepaar engagiert sich neben ihren Veröffentlichungen durch Vorträge, Seminare und eine informative Homepage für den Weg des Sterbefastens. Das Buch von Boudewijn Chabot und Christian Walther *Ausweg am Lebensende* informiert über alle physiologischen, psychologischen, juristischen und ethischen Aspekte des Sterbefastens. Besonders beeindruckend ist die Veröffentlichung von Sabine Mehne *Ich sterbe, wie ich will*, weil sie nicht nur über das Sterbefasten schreibt, sondern erkennbar wird, dass sie diesen Weg in absehbarer Zeit selber gehen wird. Die wichtigste Maßnahme beim Sterbefasten besteht darin, durch eine gute Mundpflege die Durstgefühle im Sterbeprozess so gering wie möglich zu halten. Auch wenn das Selbstbestimmungsrecht ganz beim Sterbenden liegt und weder durch Angehörige noch durch Ärzte eingeschränkt werden kann, so ist es bei diesem Vorhaben wichtig, rechtzeitig die nächsten Angehörigen einzubinden. In mehreren vorbereitenden Gesprächen werden die eigenen Beweggründe offengelegt, die Gefühle der Angehörigen erfahren Wertschätzung, die Angehörigen bekommen Informationen zum Sterbefasten, und zuletzt wird die Bitte geäußert, den Sterbenden freizugeben. Die Patientenverfügung und Vorsorgevollmacht gilt es auf den aktuellen Stand zu bringen und eine Garantenpflichtentbindung sollte vorliegen. Das bedeutet, die Pflicht zu Hilfeleistungen wird aufgehoben, damit Ärzte und Angehörige sich nicht zu Maßnahmen entscheiden, die vom Sterbenden nicht gewünscht sind. Die Kommunikation gilt es in gleicher Weise mit der Hausärztin, dem Pflegedienst und dem SAPV-Team zu suchen.

Tagebuch der Selbsterforschung

- Warum beschäftigst Du Dich nicht mit der Frage, wie Du sterben willst und wie Du *nicht* sterben willst?
- Welche Einstellung hast Du: Willst Du am Lebensende alle medizinischen Möglichkeiten erhalten oder ist für Dich vielleicht weniger mehr?

- Was musst Du tun, damit aus Deinem Wunsch, zu Hause sterben zu können, Wirklichkeit werden kann?

Unter *Sterbehilfe* wird eine Unterstützung beim Suizid, beim Abstellen der lebenserhaltenden Maßnahmen oder auch die Tötung schwerkranker Menschen verstanden, wohingegen die Begleitung von Sterbenden in Hospizen, Pflegeheimen, Krankenhäusern oder zu Hause als *Sterbebegleitung* bezeichnet wird. Die Diskussion um die Sterbehilfe entbrennt immer wieder neu, zuletzt durch das aufsehenerregende Urteil des Bundesverfassungsgerichtes im Februar 2020, in dem das Recht des Einzelnen auf selbstbestimmtes Sterben deutlich gestärkt worden ist. In der Begründung des Gerichtes heißt es: »Das Recht auf selbstbestimmtes Sterben ist nicht auf fremddefinierte Situationen wie schwere oder unheilbare Krankheitszustände oder bestimmte Lebens- und Krankheitsphasen beschränkt. Es besteht in jeder Phase menschlicher Existenz.«[77]

Wenn im öffentlichen Diskurs von Sterbehilfe gesprochen wird, dann werden verschiedene Begriffe benutzt, die es zu unterscheiden und zu verstehen gilt:

Aktive Sterbehilfe (Tötung auf Verlangen) ist eine aktive Herbeiführung des Todes eines schwerkranken Menschen durch einen anderen Menschen. Der Tod wird vorsätzlich herbeigeführt, beispielsweise durch das Setzen einer tödlichen Spritze durch einen Arzt oder eine Ärztin. Dabei ist es unerheblich, ob die aktive Tötung aus eigener Initiative oder auf Verlangen des Patienten bzw. der Patientin stattgefunden hat. In Deutschland ist aktive Sterbehilfe verboten.

Passive Sterbehilfe (Sterbenlassen) meint das Zulassen des Sterbeprozesses durch den Verzicht oder den Abbruch von lebensverlängernden Maßnahmen (z. B. Abschalten der Beatmung, Beendigung der Nahrungs- und Flüssigkeitszufuhr), wobei die gewöhnliche Pflege und die schmerzlindernden Maßnahmen beibehalten werden. Aufgrund der kurzen Lebenserwartung lässt man der Natur ihren Lauf, und es geht in dieser letzten Phase nur noch um die Verbesserung der Lebensqualität.

Indirekte Sterbehilfe (Inkaufnahme von Nebenwirkungen) liegt vor, wenn durch hoch dosierte Medikamente die Schmerzen gelindert werden und auf diese Weise als unbeabsichtigte Nebenfolge der Todeseintritt beschleunigt wird.

Assistierter Suizid (Beihilfe zur Selbsttötung) bedeutet, einen Menschen beim Vollzug des Suizids zu unterstützen. Der Sterbewillige nimmt eine Substanz (z. B. ein tödlich wirkendes Medikament) zur Selbsttötung ein, die ihm von einer anderen Person besorgt oder bereitgestellt wurde. Ein assistierter Suizid wird immer wieder von Menschen gewünscht, die einen grauenhaften Todeskampf befürchten. In Deutschland ist weder die Selbsttötung noch die Beihilfe zur Selbsttötung strafbar.

In der Diskussion um die Sterbehilfe geht es gegenwärtig um einen entscheidenden Knackpunkt, nämlich um die Frage, *wer* die Sterbehilfe leisten soll. Gegenwärtig sind es in Deutschland vor allem zwei Sterbehilfe-Organisationen, die Menschen beistehen, wenn sie sich für einen assistierten Suizid entschieden haben: *Dignitas Deutschland*[78] und der *Verein Sterbehilfe*[79]. Voraussetzungen für einen assistierten Suizid sind, dass die Entscheidung zur Selbsttötung auf der Basis eines freien Willens und nicht vorschnell erfolgt und dass der Suizident alle Handlungsalternativen zum Suizid aufgezeigt bekommt und über die Wirkungsweise der tödlichen Substanz informiert wird.

Der Palliativmediziner Gian Domenico Borasio formuliert seine Sichtweise so: »Wenn es genügend Ärzte gäbe, die bereit wären, Suizidhilfe zu leisten, dann bedürfte es keiner weiteren Suizidhilfe-Angebote.«[80] Inmitten der zum Teil heftigen Diskussion der Politiker, Ärzte und Kirchenvertreter bleibt festzuhalten: Vergleichsweise wenige Menschen ziehen den assistierten Suizid ernsthaft in Erwägung, und es sind fast immer Menschen, die sich schon lange in einer unerträglichen Lebenssituation befinden. Außerdem zeigt die Erfahrung aus anderen Ländern, dass ein Drittel der Menschen, die das tödliche Medikament verschrieben bekommen haben, es gar nicht einnehmen. »Offensichtlich genügt vielen schon das Wissen, im Notfall die Reißleine ziehen zu können, um die Kraft zu finden, bis zum natürlichen Tod weiterzuleben.«[81]

Denkanstoß 11: **Kommunikation am Lebensende**

Angesichts des bevorstehenden Todes
fehlen vielen Menschen die Worte.
Dabei gibt es oft noch
so viel zu sagen.
Sven Welsch

Für viele Menschen ist es nicht einfach, über Vorsorge, Sterben, Tod und Beerdigung offen zu sprechen. Diese Scheu hat viele Gründe: Da gibt es auf der einen Seite die gesellschaftliche Wirklichkeit mit den Spätfolgen des Zweiten Weltkrieges, was oft einen distanzierten, kühlen und verkopften Umgang mit diesen Themen zur Folge hat, sowie die Situation, dass viele Menschen auch in der zweiten Lebenshälfte noch nie einen toten Menschen zu Gesicht bekommen haben. Auf der anderen Seite gibt es bei vielen Menschen eine Zurückhaltung, sich über diese Themen zu informieren, sich der Gefühle bewusst zu werden und den eigenen Horizont zu erweitern. Das alles zusammen ist keine gute Basis, um angesichts des Todes eines nahen Menschen ein behutsam-offenes Gespräch zu führen.

Es ist erst ein paar Jahre her, da betrete ich das Krankenzimmer eines 80-Jährigen, und mir ist sofort klar, dass er dieses Zimmer wahrscheinlich nicht mehr verlassen und bald sterben wird. Jetzt wäre für die Angehörigen eine gute Zeit um innezuhalten, miteinander zu besprechen, was noch gesagt werden muss und den Abschied bewusst zu gestalten. Doch was machen die erwachsenen »Kinder« des alten Mannes? Sie diskutieren heftig darüber, dass die Ärzte nicht genug für ihren Vater tun und er in diesem Krankenhaus nicht gut aufgehoben ist. Ich spüre ihre Unsicherheit und Hilflosigkeit, und sie sind so sehr mit sich selber beschäftigt, dass sie sich nicht wirklich um ihren Vater kümmern können. Der 80-Jährige beteiligt sich sogar an diesem Gespräch und erzählt, dass der Chefarzt ihm versprochen habe, dass er bald wieder Auto fahren könne. Als mein Besuch schon zu Ende geht und ich an der Türe stehe, bittet mich der 80-Jährige noch einmal zu sich und bringt mir unter vier Augen zum Ausdruck, dass ihm klar ist, dass sein Leben in Kürze zu Ende geht.

Ein weiteres Beispiel zeigt, wie kurios die Kommunikation sogar zwischen zwei sich liebenden Menschen sein kann. Ein Mann ist sterbenskrank, und die Ehefrau passt den behandelnden Arzt ab und bittet ihn, ihrem Mann nicht zu sagen, wie schlimm es um ihn steht. Als der Arzt mit dem Patienten für einen Moment alleine ist, flüstert dieser ihm zu: »Sagen Sie bitte meiner Frau nicht, wie es um mich steht, denn sie würde es nicht ertragen.« Der Arzt erzählt nun seinem Patienten, dass die Ehefrau ihm das Gleiche erzählt hat. Die Ehefrau kommt wieder zurück und nach einigen Momenten der Irritation liegen sich beide in den Armen und können endlich offen miteinander sprechen.[82]

Gute Kommunikation ist das A und O am Lebensende. Über das Unfassbare angemessen zu sprechen, fällt sowohl den Angehörigen als auch den Ärzt:innen oftmals schwer. Dies hat damit zu tun, dass Angehörige und Mediziner schwierigen Gesprächen gerne aus dem Weg gehen. Bei Mediziner:innen kommt noch dazu, dass viele nicht gelernt haben, »auf Augenhöhe« und in einer verständlichen Sprache zu kommunizieren. Auf dem Hintergrund dieser kommunikativen Defizite ist es vorteilhaft, Arztgespräche schriftlich vorzubereiten, sich während eines Gespräches Notizen zu machen und anschließend alles auszuwerten, um gegebenenfalls um ein weiteres Gespräch zu bitten.[83] Frühzeitig mit dem sterbenden Menschen über alles zu sprechen, ist wichtig, um nicht später zu bedauern, die verbleibende Zeit nicht genug für letzte Gespräche genutzt zu haben. Ein solches Gespräch braucht Zeit, einen guten Rahmen und eine innere Einstimmung durch ein paar Fragen: *Wie geht es mir gerade? Was brauche und wünsche ich mir? Wie stehe ich zu meinem Gesprächspartner? Welche Themen werde ich ansprechen?* Im Gespräch kommt es sehr darauf an, offene Fragen zu stellen, gelegentlich das Gehörte zusammenzufassen, zuzuhören und das Gegenüber ausreden zu lassen. Und es ist wichtig, immer wieder innezuhalten und eine kleine Pause im Gespräch entstehen zu lassen.

Drei goldene Regeln

- Fühlen, was zu fühlen ist!
- Zuhören, zuhören, zuhören!
- Aussprechen, was noch gesagt werden will!

Hohle Phrasen (»Das wird schon wieder!«) gilt es zu vermeiden und stattdessen den Mut zur Wahrheit zu haben und Gefühle und Unsicherheiten offen anzusprechen. Und wenn die Kommunikation stockt, dann ist es meist gut, entspannt am Ball zu bleiben, die eigenen Bedürfnisse klar zu äußern und auf diese Weise zum Gespräch einzuladen. Viele kommunikative Anregungen für Schwerstkranke und Angehörige finden sich in dem Buch von Anke Nolte *Einfühlsame Gespräche am Lebensende*.[84]

> **Tagebuch der Selbsterforschung**
> - Welche Gefühle, Ängste und Sorgen nimmst Du bei Dir wahr?
> - Wie kannst Du Deine Unsicherheit vor Gesprächen am Lebensende zulassen und überwinden?
> - Welche Herzensworte willst Du dem Schwerkranken oder Sterbenden noch sagen?

Sterbende und auch Komapatienten nehmen viel mehr wahr, als die meisten Menschen ahnen, daher wird Angehörigen geraten, ganz bewusst mit diesen Menschen zu sprechen, schöne Erinnerungen und Geschichten aus der gemeinsamen Vergangenheit zu erzählen und auf diese Weise in Verbindung mit den schweigenden Menschen zu bleiben. Darüber hinaus sollten weder Ärzte noch Angehörige über den im Zimmer liegenden Patienten reden, sondern für ein solches Gespräch einen anderen Raum aufsuchen. Auch wenn die Sterbenden nicht mehr sprechen können, ist es möglich, mit ihnen nonverbal zu kommunizieren. Die *Basale Stimulation*[85] ist eine Methode zur Wahrnehmungsförderung, mit der durch achtsame Berührungen ein Kontakt mit Sterbenden und Hirntoten möglich wird. Diese Menschen, die meist lange Zeit bewegungslos im Bett gelegen haben, bekommen durch dieses Angebot gezielter Sinnesanregungen wieder ein Gefühl für ihren Körper und erleben auf diese Weise Entspannung und Verbundensein.

Denkanstoß 12: **Körperliche, seelische und spirituelle Prozesse in den letzten Tagen und Wochen**
(Sabine Mehne)

> *Was wir sehen,*
> *Ist nicht was wir sehen,*
> *sondern was wir sind.*
> Fernando Pessoa

Deine intensive Beschäftigung mit den Themen Sterben und Tod begann 1995, als Du eine Nahtoderfahrung hattest. Was ist geschehen, und was hat sich in Deinem Leben durch diese Erfahrung verändert?

Mein Verständnis vom Tod, so möchte ich es heute bezeichnen, ist bei genauer Betrachtung so alt wie ich selbst. In der Rückschau zeigte sich diese Unbeschwertheit schon in meiner Kindheit und Jugend. Später in meinem Beruf als Physiotherapeutin arbeitete ich intuitiv und mit jugendlicher Kreativität mit diesem inneren Wissen mit Schwerkranken und Sterbenden. Ich tat Dinge, die damals ungewöhnlich waren, und ich war selbst überrascht, dass sie wirkten. Wir sagen so schön: Wer heilt, hat recht. Ich heilte mit meinen Händen, weil ich sie in einer Weise benutze, die all die unsichtbaren Wirkweisen mit haben einfließen lassen. Damals verstand ich mein Tun als ein Dienen für den kranken Menschen. Im stillen Gebet bat ich um Unterstützung, weil mir bewusst war, dass ich eine Mittlerin zwischen etwas Größerem und einem Kranken war. Meinen Körper nutzte ich wie ein Transformationsfeld, der Spannungen oder alles Schwere, meist Schmerzen, abzuleiten vermochte. Daraus entwickelte ich im täglichen Arbeiten eine eigene Technik, mit der ich bewusst wie eine Art Filter die Beschwerlichkeiten der Patienten durch mich hindurchlaufen lassen konnte. Um nicht selbst damit belastet zurückzubleiben, hatte ich das Ritual, alles an Fremdmaterial hinunter zu meinen Füßen, dann in den Boden und weit weg bis ins Universum abzuleiten. Umgekehrt funktionierte es auch. Brauchte mein Patient Energie, Kraft, etwas Spannung, so holte ich sie aus dem großen Ganzen zu mir und übertrug diese unsichtbaren Kräfte durch meine Hände. Es reichte gerade bei den Schwerkranken sogar oft, dass ich die Hände nur in die Nähe der schmerzenden Körperregion hielt, und die Wirkung setzte direkt ein. Ich war wirklich fasziniert, weil die Menschen so positiv reagierten. Auf der Intensivstation reagierten die jeweiligen Messgeräte, die sofort anspringen, wenn sich die Herzfrequenz verändert. In dieser Zeit habe ich mein Vorgehen nicht groß hinterfragt. Es war so selbstverständlich und natürlich für mich. Manche meiner Kolleginnen waren mir gegenüber skeptisch oder eine Chefin auf der Neurointensiv sogar sauer auf mich. Einige Kolleginnen unterstützten mich sehr, und ich durfte von ihnen lernen. Meist arbeitete ich in wunderbaren Netzwerken, in denen das gemeinschaftliche Vorgehen Priorität besaß und wir alle als gleichberechtigt angesehen wurden. Der Erfolg zeigte sich besonders dort, wo wir im Team eine gute Beziehungskultur praktizierten. In diesen Teams war die Arbeit einer Physiotherapeutin nicht weniger Wert als die eines Arztes – trotz berufsbedingter Hierarchie. Manch einer der Ärzte schickte die »schweren Fälle« gerne zu mir, oder ich wurde gerufen, wenn es bemerkenswerte Symptome zu entschlüsseln galt und meine Sicht Aufschluss versprach. Mancher meinte, dass an mir eine Ärztin verloren gegangen sei, was mir natürlich schmeichelte, doch als Ärztin wollte ich nie arbeiten. Dieses Vertrauen in mein Tun schenkte mir Kraft und Sicherheit. Heute denke ich, dass ich all das lernen durfte, um es dann später für mich selbst zu nutzen.

Im Mai 1995, mit 38 Jahren, erkrankte ich an einer schweren Grippe, aus der ein Leidensweg werden sollte, der mir alles abverlangte, was ein Mensch tragen kann. In dieser Zeit spürte ich am eigenen Leib, wie bedrohlich ein zu fester oder liebloser Handgriff sein kann und natürlich auch, wie kostbar es ist, wenn eine Berührung stärkend oder beruhigend ausfällt. Mehr noch, die wohl dosierten Berührungen hatten für mich bisweilen eine größere Wirkung als manches Medikament. Wir sprechen allerorten von Achtsamkeit und vergessen dabei oft, dass Achtsamkeit in der Medizin ein noch sehr unterbelichtetes Gebiet ist. Es wird bisweilen achtsamer mit den Geräten als mit den Menschen umgegangen.

Was mich bis heute staunen lässt, ist der Umstand, dass ich sechs Monate schwer krank war und sich keine Diagnose stellen ließ. Erst nach unzähligen, qualvollen diagnostischen Torturen folgte eine Krebsdiagnose: ein sehr seltenes und hochaggressives T-Zell-Lymphom. In diesem halben Jahr verwandelte ich mich in eine Schwerkranke, eine Palliativpatientin, doch die Palliativmedizin befand sich zu dieser Zeit noch in den Kinderschuhen. Künstliche Ernährung, starker Gewichtsverlust, hohes Fieber, Hautblutungen, später dann Unmengen an Tumoren im gesamten Bauch- und Brustraum, die sehr starke Schmerzen verursachten, die sich trotz Morphium nur bedingt lindern ließen. Ich wusste, dass ich sterbe. So seltsam es klingen mag, aber dieses Wissen machte mich ruhig und nicht ängstlich. Ich lernte, mich zu fügen in das, was ist, und damit zu leben. Dieser innere Prozess führte zu einer gewissen Klarheit im Außen. Alle, die sich um mich sorgten, waren etwas beruhigt, mich so tapfer anzutreffen. Diese Zeit war meine Sterbevorbereitung, die mir eine Blaupause für meine jetzige Situation schenkte.

Meine Nahtoderfahrung am 14. September 1995 war dann eine Befreiung meiner selbst. Ich wurde von mir selbst entlassen bzw. losgelassen, denn diese Kraft, die mich aus diesem kranken Körper holte, kam von außen. Zack, so schnell kann keiner denken, hatte ich mich losgelassen. Ich war frei, absolut frei und mein Ich aufgelöst. Es wurde Teil dieses Lichts, von dem ich behaupte, es ist ein Licht ohne Schatten. Ich war dieses Licht, und das war unbeschreiblich wundervoll. Dazu gesellte sich in meinem Fall ein intensiver Lebensfilm, der mir die Erkenntnis schenkte, dass alles, was in meinem Leben geschehen ist, genauso hat passieren müssen. Ich erkannte, dass jeder noch so kleine Teil meines Lebens, das Gute wie das weniger

Gute und sogar Schlimme, sich nur in dieser spezifischen Gemengelage hat ereignen können. Ich stimmte allem zu, ich nahm es an, obwohl ich mich losgelassen hatte. Ich holte es zu mir zurück und wandelte es in diese Liebe, die mich wie das Licht zu einer erweiterten Sicht meines Seins einlud. Mit dieser Erkenntnis landete ich dann wieder in meinem Körper und verspürte etwas völlig Neues in mir, wofür mir anfangs die Worte und auch die Einordnung fehlte. Von Nahtoderfahrungen, das ist mir fast peinlich heute zuzugeben, wusste ich nichts. Trotzdem wirkte sie in mir und bildete neben der Hochleistungsmedizin, die ich dann erhielt, die eigentliche Grundlage meiner Heilung.

Du sprichst im Zusammenhang mit Deiner Nahtoderfahrung in Deinen Büchern auch von einer Transzendenzerfahrung. Was meinst Du damit?

Einfach ausgedrückt meine ich damit, dass dieses Erlebnis nicht von dieser Welt sein kann. Es hat einfach alles, was ich bisher erfahren hatte, getoppt, also überstiegen – und mein Leben war sehr reich trotz schwerer Erfahrungen. Bis dahin war ich der Auffassung, dass ich nur dieser Körper bin. Jetzt erkannte ich, dass ich ohne ihn viel mehr bin, wenn nicht sogar alles. Ich war lebendiger als jemals zuvor – und das ohne Körper. Ich verfügte über ein Allwissen und erkannte mit einer solchen Eindringlichkeit, dass alles, aber auch alles miteinander verbunden ist und in einer ständigen Wechselbezüglichkeit zueinander steht und existiert. Überwältigend. Deshalb spreche ich auch gerne von einer Impfung aus Licht mit lebenslänglicher Immunität gegen Lichtlosigkeit. Psychologen nennen das Resilienz, es ist aber mehr als das. Es ist die unerschütterliche Überzeugung, dass ich zwar einen Körper habe, eigentlich aber Bewusstsein, nein, dieses Licht bin. Skeptiker sagen, meine Vorstellung sei eine Hybris und meine Erfahrung eine Halluzination. Das musste ich mir ziemlich oft anhören. Diese Skeptiker lassen sich auch nicht von den wissenschaftlichen Studien überzeugen, die es seit einigen Jahrzehnten gibt. Ich schmunzle dann oft und fühle mich mit Albert Einstein verbunden. Er war seiner eigenen Forschung gegenüber zu Beginn skeptisch eingestellt. Seine Entdeckungen passten nicht zu seinem damaligen Weltbild, dem eine kontinuierliche, kausale Ordnung zugrunde lag. Ihn störten die Wahrscheinlichkeitsgesetze, mit denen die Quantentheorie arbeitet. Er konnte es einfach nicht glauben, was er entdeckt hatte, wofür er später dann den Nobelpreis erhielt, einen Beitrag zur Quantentheorie. Von ihm soll auch das Zitat stammen, dass es leichter sei, ein Atom zu spalten als ein Vorurteil.[86]

1995 kannte ich diesen Zusammenhang noch nicht, jedoch hatte ich etwas erlebt, was ich auch ohne wissenschaftliche Erklärung für absolut wahr einstufte, auch wenn ich es mir nicht erklären konnte. Mein eigenes Weltbild war bis dahin doch auch weitgehend kausal sortiert. Ich staune immer wieder aufs Neue, wie viele Vorurteile existieren und wie wenig Bereitschaft, diese zu hinterfragen.

Damals hatte ich das große Glück, sehr früh mutigen Wissenschaftlern zu begegnen. Sie gehörten zu dieser Spezies von Menschen, die gegenüber ihren Erkenntnissen bescheiden bleiben, obwohl sie Großartiges aufdeckten und damit dem Mainstream der heutigen Materialisten ein wirklich gutes Angebot im Sinne einiger bahnbrechenden neuen Hypothese machen. Wissenschaft, so sagt es Pim van Lommel, bedeutet Fragen zu stellen, neue Fragen zu stellen und nicht die alten Annahmen zu wiederholen. Und eine dieser Fragen lautet: Was ist unser Bewusstsein? Und gibt es dafür überhaupt eine biologische Grundlage? Heißt: Ist das Gehirn die biologische Grundlage oder eben nicht?

Aus Neugier – und weil er als Kardiologe mit Patienten in Berührung gekommen war, die einen Herzstillstand überlebt hatten und ihm von ihren Nahtoderlebnissen berichteten –, wagte Pim van Lommel sich zusammen mit Kollegen an die weltweit erste und größte prospektive (vorausschauende) Studie. Die Langzeitstudie enthält eine statistische Analyse, die Aussagen zu den andauernden Auswirkungen einer Nahtoderfahrung bei Überlebenden trifft. Die Ergebnisse wurden 2001 in der renommierten und ältesten medizinischen Zeitschrift *The Lancet* veröffentlicht.[87] Seine Erkenntnisse basieren auf Berichten von wiederbelebten Patienten, die einen Herzstillstand hatten, bei denen keine Gehirnaktivität mehr messbar war. 18 Prozent dieser Patienten befanden sich zur selben Zeit in einem bewussten Zustand, um tiefgehende Erfahrungen zu machen. Pim van Lommel kam zu dem Schluss: »Ein klares Bewusstsein ist offenbar unabhängig vom Gehirn und damit unabhängig vom Körper erfahrbar.«[88] Er stellte weitere Fragen, so zum Beispiel, ob unser Bewusstsein jemals enden kann. Seine Antwort ist eindeutig: »Das Bewusstsein ist weder an eine bestimmte Zeit noch an einen bestimmten Ort gebunden.« Deshalb zieht van Lommel in

Erwägung, dass der Tod ebenso wie die Geburt nur einen Übergang in einen anderen Bewusstseinszustand darstellt.[89]

Das passt exakt zu dem, was ich erleben durfte und nach vielen Jahren verifiziert habe. Mein Gehirn kann nicht der Ort sein, der mein Bewusstsein hervorbringt. Es fungiert als ein Empfangsorgan, das die Möglichkeit besitzt, eine individuelle, für mein Überleben wichtige Auswahl an Informationen vorzunehmen. Allein diese Erkenntnis hat transzendenten Charakter. Füge ich hier noch die mystische Dimension hinzu, die sich in allen Kulturen und zu allen Zeiten, in der Literatur und in allen heiligen Schriften findet, dann werde ich still vor Ergriffenheit. Vielleicht liebe ich die Stille deshalb so sehr und wünsche sie mir auch fürs Sterben.

Du hast ein wegweisendes Buch über das Sterbefasten geschrieben. Was sind die Gründe, warum Du selbst diesen Weg gehen willst? Und warum ist für Dich das Sterben keine todernste Angelegenheit?

Ich fange einmal von hinten an und knüpfe an die vorherige Frage an. Wie soll ich denn das Sterben und den Tod als todernste Angelegenheit einstufen, wenn es für mich ein Gehen ins Licht ist? Wieso soll ich mich fürchten, wenn der Tod für mich eine Art Schalter ist? Hat mein Herz aufgehört zu schlagen, so endet mein Leben hier auf diesem Planeten, nicht aber mein Bewusstsein. Ich wechsele nur in eine andere Form des Seins. Der beliebte Trauerspruch von Michelangelo Buonarroti sagt es mit anderen Worten: »Ich bin nicht tot, ich tausche nur die Räume«.

Biblisch gesprochen darf ich heimkehren. Genau so durfte ich es auch erleben. Ich tauchte in meine eigentliche Heimat ein, aus der ich womöglich stamme. Sterben ist Heimgehen und Teil des Lebens. Der Tod war außerdem so lange an meiner Seite, dass er mir zum besten Freund geworden ist. Er schaut nicht so grimmig, wie wir ihn uns immer noch ausmalen. Claudius schrieb es doch so treffend, was Schubert in *Der Tod und das Mädchen* vertonte: »Bin Freund und komme nicht zu strafen. Sei guten Muts! Ich bin nicht wild, sollst sanft in meinen Armen schlafen!«

Sanft möchte ich sterben und in meinem Bett. Ich möchte Stille haben, und vor allem möchte ich nicht mehr, dass meinem Körper Leid zugefügt wird. Er hat genug erduldet, es reicht jetzt. Die meisten Menschen wünschen es sich, zu Hause sterben zu dürfen, aber es ist nur den wenigsten vergönnt. Der Großteil der Menschen stirbt heute im Krankenhaus. Wer einen Platz im Hospiz oder auf der Palliativstation erhält, kann sich glücklich schätzen.

Spätestens 2014, nach einem erneuten stationären Diagnosemarathon, wusste ich, dass ich mit diesen Spätfolgen der Knochenmarktransplantation ohne Medizin nicht alt werden kann. Diese in meinen Augen zum Teil kranke Medizin möchte ich jetzt nicht mehr haben. Krankenhäuser sind für mich Orte, an denen ich krank werde. Ich möchte einfach nur in Ruhe sterben können. Und ich finde, das ist ein legitimer Wunsch. Wenn man diesen Wunsch hat, der sich auch nach intensiver Prüfung nicht verscheuchen lässt, dann muss man eben schauen, wie er sich verwirklichen lässt. Das habe ich getan. Selbstbestimmt zu leben, ist mir ein hohes Gut, und selbstbestimmt zu sterben erst recht. Das Sterbefasten erscheint mir deshalb für mich richtig, weil ich hier mit meiner Verantwortung handeln kann, ich einen Sterbeprozess haben werde, der vielen anderen ähnelt, und ich nur kurze Zeit auf Hilfe angewiesen sein werde.

Was ist Dein Eindruck, warum die meisten Menschen nicht über das Sterben nachdenken und sprechen wollen?

Vordergründig denke ich, es ist Angst. Tiefer geschaut meine ich zu spüren, dass viel Scham dabei ist. Ich brauchte selbst ziemlich lange, bis ich mich nicht mehr schämte, dass mir damals mein Popo abgewischt wurde. Es heißt zwar, dass wir wieder werden wie die Kinder, aber sich das vorzustellen und einmal auszuprobieren, wie es sich im Alter anfühlt, eine Windel zu tragen, das will ja keiner. Ich wundere mich oft über meine Zeitgenossen. Sie kommen mir vor wie damals, als wir uns die Augen zuhielten und glaubten, damit für andere unsichtbar zu sein. Achtsamkeit hätte auch hier einen großen Nutzen. Achtsamkeit sich selbst gegenüber oder besser Selbstfürsorge, aber eben auch gegenüber den Geschöpfen, die in Not sind.

Welche verschiedenen Sterbephasen gibt es? Was ist dabei wichtig zu wissen als Sterbender und in der Begleitung eines sterbenden Menschen?

Diese Frage kann ich nur aus meiner persönlichen Erfahrung heraus beantworten. Von innen betrachtet gibt es für mich nicht »die Sterbephasen«, sondern ein ständig wechselndes Bewusstsein, ein ständig wechselndes In-Beziehung-Sein. Von außen betrachtet lässt sich der Sterbeprozess sicher in bestimmte Phasen einteilen, trotzdem wird man damit dem Sterbenden nicht immer gerecht. Was von außen grässlich anzusehen ist, kann im inneren Erleben des Sterbenden ganz anders aussehen – bisweilen freundlich und hell, weil das Bewusstsein in anderen Sphären unterwegs ist. Oft meinen Außenstehende, der Sterbende schliefe und bekäme nichts mehr mit. Doch der Eindruck täuscht, denn im Inneren kann es heiter und sehr bewegt zugehen. Und natürlich verstehen die Sterbenden noch, aber sie sprechen dann einen Dialekt, der nicht für alle verständlich ist. Sterbebegleiter sollten gute Beobachter und sprachbegabt sein und vor allem unsere Muttersprache, die Körpersprache gut kennen. Im Sterben zeigt sich vieles zwischen den Zeilen oder nur noch über ein Zucken am rechten Augenlid. Die Kunst besteht für mich darin, auch zwischen den Zeilen zu lesen oder das, was nicht gesagt wird, zu hören. Es gibt Mitmenschen, die über eine natürliche Begabung verfügen. Diese wird oft den Bereichen der emotionalen oder atmosphärischen Intelligenz zugeordnet. Ich gehe davon aus, dass in uns alles angelegt ist, was wir für ein erfolgreiches Leben und Sterben benötigen. Bisweilen werden die Gaben durch ein Schlüsselereignis freigeschaltet oder erst dann zur Verfügung gestellt, wenn sie wirklich zum Einsatz kommen sollen. Mir ist wichtig, dass wir das Vertrauen in uns selbst stärken, weil wir damit die größte Sicherheit und Authentizität schaffen. Das sind Qualitäten, die wir am Lebensende benötigen. Dann zählen keine materiellen Dinge mehr, sondern nur noch diese inneren Prozesse, denen wir gerne den Namen *Liebe* geben. Es bleibt diese Wechselbezüglichkeit bis zum Schluss. Wir werden uns gegenseitig zur Erfüllung, weil wir uns etwas schenken, das hilft, den eigenen Weg so zu gehen, wie er sich vor uns aufspannt.

Im Prinzip kann jeder Mensch diese Fähigkeiten erlernen. Es genügt bisweilen schon, wenn ich mir selbst klar darüber bin, was ich in meinem Sterbeprozess auf keinen Fall ertragen könnte. Wer hier noch unsicher ist, der könnte sich einfach zu Sterbenden setzten und beobachten, ohne zu bewerten. Mit allen Sinnen aufnehmen, was sich anbietet, und spüren: Wie fühlt sich das in mir an?

Eine kleine Kostprobe biete ich hier an. Sie entstammt meinem Innenraum zu der Zeit, als ich zum ersten Mal gestorben bin: »Das Empfinden für meinen Körper veränderte sich drastisch. Es wurde weiter, größer, wabbeliger, löchriger, und ich begann mich von dieser Leiblichkeit regelrecht zu entwöhnen. […] Je weiter weg ich mich von meinem Körper empfand, umso heller wurde es in meinem Geist, in meinem Inneren. Dort erlebte ich eine ungeheure Weitung meiner selbst, eine Art des Staunens, wie ich es von den Kindern kannte. Es war mir, als wäre ich dort schon einmal gewesen und hätte es nur bis dahin vergessen. Je leidender mein Körper wurde, umso feiner wurde meine Wahrnehmung. Mein Gehör empfing Schallwellen […]. Am Klang konnte ich irgendwann erkennen, wessen Füße sich da bewegten. War es ein zaghafter Besucher, die Herde der Chefvisite, die Nachtschwester oder ein Notfalleinsatz. […] Mein Geist bastelte daraus Rhythmen, kleine wiederkehrende Melodien. […] Selbst das zarte Geräusch, welches entsteht, wenn sich ein Tropfen aus der Infusionsflasche löst, um in den kleinen Sammeltopf darunter zu plumpsen [...]. Ich hörte manchmal Mozartinfusionen und verspürte Ruhe, Freude und Leichtigkeit.«[90]

Mit dem Sehen war es ähnlich. Ich stellte oft auf Weite, ich sage auch gerne: auf Unendlichkeit. Heute mache ich es wieder. Ich kann mich im Vorbeiziehen der Wolken als glückselig empfinden. Livestream vom Himmel, ein Fitzel Himmel ist fast überall kostenlos nutzbar. Außerdem wurde ich zur Spezialistin beim Lesen der Gefühle. Von Weitem wusste ich damals und heute ganz besonders, wer Angst hat vor dem Tod, wer Stress hat, müde, hungrig, freudig oder traurig ist. Je löchriger mein Erdenkleid wird, umso zarter und feiner wird die Wahrnehmung. Deshalb kann ich es auch nicht mehr ausstehen, wenn Berührungen grob oder verletzend sind. Am liebsten ist es mir, wenn ich gar nicht berührt werde oder mit Abstand. Die Berührung am Kopf allerdings hat etwas sehr Beruhigendes. Jeder kann es bei sich testen, wie es sich anfühlt, wenn die eigene Hand warm und ruhig oben auf dem Kopf zu liegen kommt. Babys lassen sich so beruhigen, Sterbende auch.

Erstaunlich finde ich, dass viele Menschen ihre eigenen Glaubenssätze so selten und so wenig hinterfragen. Sie wagen viel zu wenig, neue Fragen zu stellen, grundsätzlicher, aber auch persönlicher Natur. Und hier meine ich zuerst den Faktencheck, den Verstand zu nutzen getreu dem Motto: Glaube nicht, was du denkst. Es lohnt zu prüfen, welche Erkenntnisse es überhaupt gibt. Diese, so schlage ich vor, dann mit der inneren Resonanz zu überprüfen und nachzuspüren, ob sie wirklich für mich passen. Zur Verfügung stehen heute Studien zum inneren Erleben im Sterben. Von Simon Peng-Keller zum Beispiel. Er ist Professor für Spiritual Care an der Universität Zürich und Seelsorger im Kompetenzzentrum Palliative Care am Universitätsspital Zürich. Wir trafen im Mai 2018 aufeinander.[91] In Bremen auf der Messe *Leben und Tod* referierten wir beide. Er berichtete über seine Erfahrungen und Forschungsergebnisse zu Ereignissen in Todesnähe im Horizont von Spiritual Care.[92] Darunter fallen Traum- und Wachvisionen Sterbender, Nahtoderfahrungen und oneiroide Erlebnisse. Letztere sind komplexe Bewusstseinserlebnisse, bei denen der Betreffende ein Traumgeschehen wahrnimmt, an dem er aktiv oder passiv teilnimmt, und sich deutlich daran erinnert, das Ereignis aber nicht steuern kann; die erlebten Szenen sind oft bedrohlich. Sie treten bei schwerer Krankheit, Koma oder in Todesnähe auf. Zusammenfassend erklärt Peng-Keller, dass fast 90 Prozent der Befragten in einer jüngeren Studie über Traum- und Wachvisionen berichteten. Diese Ergebnisse und die Wertschätzung solch erzählter Selbstzeugnisse von Schwerstkranken und sterbenden Menschen würden mit Sicherheit sowohl unsere eigene Wahrnehmung als auch die palliative Praxis und damit das gesellschaftliche Bewusstsein deutlich verändern. Weit wichtiger finde ich aber, auf die Innenperspektive zu achten. Das menschliche Leben scheint tatsächlich häufig mit überklaren Momenten zu enden, auch wenn die außenstehenden Beobachter das nicht bemerken.[93]

Das ist doch eine herrliche Vorstellung und Hoffnung, die ein Gegenpol zur derzeitigen Auseinandersetzung liefert. Statt noch mehr Maschinen und Hightechmedizin für mich zu nutzen, setze ich auf das Wissen meiner inneren Ärztin. In der Literatur würden wir von meinem »Alter Ego« sprechen. In meinem realen Leben bin ich es selbst, die verantwortlich mit sich und ihrem Körper umgeht. Schließlich bin ich die Einzige, die mich wirklich kennt. Ich bewohne meinen Körper seit meiner Geburt und kenne ihn besser als jeder Mediziner. Mit meiner inneren Ärztin führe ich im Inneren medizinische Gespräche, und ihr vertraue ich mittlerweile mehr als jedem Menschen in einem Kittel, der ein Medizinstudium absolviert hat. Mein Vorgehen passt perfekt zum Modell der Salutogenese. Unter diesem Begriff werden individuelle Entwicklungs- und Erhaltungsprozesse von Gesundheit verstanden. Krankheit und Gesundheit sind nicht voneinander getrennt zu betrachten, sondern werden als fließender Übergang verstanden. Das passt zu meiner Idee der Wechselbezüglichkeit und zu meiner Idee, im Sterben heil zu werden. Für mich bedeutet heil sein nicht die Abwesenheit von Symptomen und Krankheit, sondern meine innere Fähigkeit, dem zuzustimmen, was gerade ist. Je mehr ich das schaffe, umso freier und friedlicher empfinde ich meinen Weg. Dafür habe ich »meinen Lackmustest« entwickelt: Ich überprüfe täglich, wo ich stehe und wie sich das anfühlt. Wenn ich inneren Frieden verspüre, weiß ich, dass es für mich stimmig ist. Melden sich Unruhe, Unsicherheit oder Verwirrung, weiß ich, dass ich noch etwas zu überprüfen oder zu lernen habe. Dann öffne ich mich für eine Eingebung, die mir den nächsten kleinen, lösbaren Schritt in meine gewünschte Richtung zeigt. Das ist wie beim Puzzlespielen: Ist das Bild fertig, so empfinden wir Freude und Genugtuung.

Dieses Vorgehen ist auch für jeden hilfreich, der Sterbende begleitet. Auf diese Weise kann ich mich selbst überprüfen und den Sterbenden frei geben, weil ich ihm nicht die eigene Sicht überstülpe. Sterbebegleitung ist in meinen Augen gut, wenn es gelingt, den Prozess zu halten und sich nur anzubieten, statt dem Sterbenden eigene Werte ins Bett zu legen. Das ist die höchste Kunst im Mitmenschlichen. Das Leben schenkt uns genug Gelegenheiten, dies zu üben.

Was ist in der Begleitung von Sterbenden wichtig zu beachten oder zu vermeiden? Was wünschst Du Dir?

Ich wünsche mir, dass die Menschen ihren Verstand bewusster nutzen und mehr recherchieren. Darunter verstehe ich, dass wir uns wieder angewöhnen, einen Faktencheck zu wagen. Sterben und Geborenwerden ist *das* Thema, das uns Menschen seit jeher beschäftigt. Trotz fortschreitender Digitalisierung werden diese beiden Schnittstellen unseres Lebens immer analog zu leben sein und meistens Schritt für Schritt. Anders ausgedrückt: Beim Sterben passiert natürlich auf allen Ebenen etwas: hochkomplexes Durcheinander wahrscheinlich, sowohl im Sichtbaren als auch im Unsichtbaren. Und gleichzeitig geht es um einen Atemzug und vielleicht noch einen, dann mal eine Pause und wieder einer, bis kein Atemzug mehr übrig bleibt. Dafür oft aber eine erfüllte Stille. Die meisten Menschen erinnern sich sicher an den Roman *Momo* von Michael Ende. Er hat diese Sicht seinem Straßenkehrer Beppo in den Mund gelegt: »Man darf nie an die ganze Straße auf einmal denken. Man muss nur an den nächsten Schritt denken, an den nächsten Atemzug.«[94]

Ich halte es für klug, zu fragen: Mit welcher Brille blicke ich auf die jeweilige Situation? Bevor wir unsere Brille aufsetzen, ist es hilfreich, sich dafür wirklich zu entscheiden, auch wenn wir das im Alltag nicht mehr bemerken. Aber genau darum geht es mir: um die bewusste, gerne auch achtsame Entscheidung, unabhängig davon, welchen Weg ich letztlich für mich persönlich auswähle. Zwischendurch, aber immer vorm Schlafengehen, setzen wir die Brille ab und wechseln in einen anderen Modus unseres Bewusstseins, vielleicht gut vergleichbar mit den Wahrnehmungsmöglichkeiten eines Blinden. Wir sehen im Außen nichts oder sehr verschwommen, dafür öffnet sich der Raum in unserem Inneren. Und dort findet sich im besten Fall Stille oder ein Dazwischen. Staunend können wir uns befragen, was wir jetzt wahrnehmen, was wir spüren, wie sich diese Stille anfühlt. Was sich entfalten, was sich uns offenbaren möchte. Das erleben Menschen, die meditieren, die eine Nahtoderfahrung erleben oder die am Sterbebett sitzen. Aus der Stille heraus gehen wir dann wieder ins Leben, in das Außen und entscheiden uns, wieder die Brille aufzusetzen oder eine andere zu testen, vielleicht sogar zu benutzen.

Bei einem solchen Faktencheck – oder um im Bild zu bleiben: »Brillentest« – bin ich unter anderem Eckhart Wiesenhütter begegnet. Fast zeitgleich mit Raymond Moody publizierte er das Buch *Blick nach drüben – Selbsterfahrung im Sterben*. Seine Expertise wird durch drei Aspekte ausgezeichnet. Der erste Aspekt ist sein Beruf als Arzt, der zweite seine Erfahrungen als Arzt im Lazarett während des Krieges, wo er Zeuge von Schwerverletzten mit Nahtoderfahrungen wurde. Der dritte, in meinen

Augen bedeutendste Aspekt sind seine eigenen zwei Nahtoderlebnisse infolge eines Lungeninfarktes. Er beschreibt eindrücklich, wie diese Erfahrungen sein ganzes Leben als Mediziner verändert haben. Er spricht auch schon von einem absoluten Bewusstsein, in welches das »Individualbewusstsein verschmilzt« und vom »Auslöschen des Ichs«[95].

Darüber hinaus gibt es genügend Dokumente aus allen Phasen unserer menschlichen Kulturgeschichte, die in erstaunlicher Weise immer wieder gleiche Grundmuster der heutigen Nahtoderfahrungen beschreiben. Die älteste schriftlich überlieferte Dichtung der Menschheitsgeschichte ist das sogenannte *Gilgamesch-Epos*, das etwa um 1900 v. Chr. auf Keilschrifttafeln festgehalten wurde. Dieser König Gilgamesch hat wahrscheinlich wirklich gelebt.[96] Heute zitieren wir fast ausschließlich amerikanische Publikationen, deren deutsche Übersetzungen mit verkaufsanregenden Titeln punkten, die sogar von Beweisen für ein Jenseits sprechen. In Vergessenheit geraten dabei europäische Forschungen, die es mittlerweile in Hülle und Fülle gibt. Jede Kultur hat ihre eigene Geschichte und damit ihre spezifischen Ideen zum Thema Sterben, die sich aus den jeweiligen Möglichkeiten ableiten lassen. Ich meine, dass wir heute zu viele Möglichkeiten haben und zu wenig bewusst die persönliche Situation reflektieren. Wir können es uns leisten, das eigene Sterben weit von uns zu schieben, denn wir leben in der trügerischen Sicherheit, im Notfall immer die 112 rufen und mit Hilfe rechnen zu können. Dass uns dann aber Szenarien blühen, die sich die wenigsten für ihr Sterben wünschen, machen sich die meisten Menschen nicht klar. Und das, obwohl unser Fernsehprogramm und das Internet überquellen von Tod und Sterben. Wer also Angst hat vor dem Tod, vor seinem Tod, dem rate ich zu einem Experiment: Der Besuch einer Bibliothek und die Hospitation auf einer Intensivstation; danach überlegen, ob man gerne dort sterben möchte. Nicht, dass ich etwas gegen Intensivmedizin habe, nein, aber beim Sterben ist Hochleistungsmedizin kontraindiziert. Auch das belegen Studien, die aber immer noch nicht ernst genommen werden oder im Bewusstsein der Bevölkerung und vieler Ärzte angelangt sind.

Zurück zur Frage, was ich mir wünsche: Ich wünsche mir mehr Kreativität und Leichtigkeit im Umgang mit dem Sterben. Es ist vielleicht die wichtigste Phase unseres Lebens, weil wir am Ende oft zu wahren Erkenntnissen gelangen, auch wenn diese unsichtbar im Inneren stattfinden. Ich wünsche mir so sehr, dass Sterben auch als etwas Schönes betrachtet werden kann und wir den Mut aufbringen, den Tod neu zu denken.

Mein Vorschlag ist einfach, im Sinne von vernünftiger Selbstfürsorge. Statt den Tod zu verleugnen, schlage ich vor, ihn einzukalkulieren. Wir kommen nur auf diese Welt, um irgendwann zu sterben. Dazwischen haben wir das Leben zu leben und zu lieben. Mein Krebs hat mich das mit einem Paukenschlag gelehrt. Seither gehe ich abends zu Bett und verspüre die pure Freude darüber, dass ich nicht gestorben bin! Dieses großartige Lebensgefühl ist Balsam für die Seele und schenkt Leichtigkeit auch für unsere Liebsten, die auch noch nicht gestorben sind. Wir tauschen die Angst vor dem Tod in überwältigende Freude über unser Sein. Im selben Moment bedanke ich mich bei meinem Leben, dem Leben meiner Liebsten, bei Gott, dem Universum oder dieser Kraft, die größer ist als wir Menschen. Dieses kleine Ritual könnte uns begreiflich machen, dass unser Leben so leicht und so schnell zu Ende sein kann. Und weil dieser Gedanke so schmerzt, vergegenwärtige ich mir mal eben, wie gut es mir geht. Ich übe mich in Demut und Mitgefühl in Bezug zu den vielen Menschen auf der ganzen Welt, die im Krieg oder in einem Land leben, in dem es noch nicht einmal genug Medikamente gibt, um einfache Krankheiten zu behandeln.

Tritt der Tod dann ins Leben, dann erwischt er mich zwar auch mit dieser Traurigkeit. Trotzdem würde ich ihn begrüßen, weil ich bis dahin lernen durfte, dass mir das Leben nur geliehen, nur geschenkt wurde. Das Leben meiner Liebsten oder das der Haustiere ebenso. Alles Leihgaben, Geschenke, Möglichkeiten, um die Zeit unseres Gastbeitrages auf der Erde sinnvoll und mit Liebe zu meistern. Was wäre, wenn wir dann selig lächeln könnten zwischen dem Weinen und wir danke sagen könnten für die Zeit, die möglich war? Wir hätten die Hoffnung auf ein Wiedersehen. Und bis dahin lebten wir in dem, was möglich ist mit diesem Gefühl, dass die Toten nicht von uns weg, sondern in uns hinein sterben. Wie schön könnte so ein Sterben sein? Für alle, aber vor allem für die, die gehen müssen und schon bereit sind, aber noch warten, bis es gar nicht mehr geht, damit ihre Liebsten es begreifen: Wir verwandeln uns doch nur und gehen niemals verloren, denn wir haben nur einen Körper, aber wir sind Bewusstsein. Nur tot sein reicht mir nicht, um nicht mehr zu sein!

Was weißt Du darüber, wie Menschen im Sterben – ähnlich dem Lebensfilm in der Nahtoderfahrung – verschiedene Erfahrungen durchleben und dabei auch Verdrängtes, Versäumtes und Unverarbeitetes erleben?

Das ist eine sehr schöne Frage, vielen Dank. Doch zuerst gilt es zu fragen: Ab wann sterben wir eigentlich? Ist es der Zeitpunkt kurz vor dem Tod? Oder ist es der Moment, in dem es dem Sterbenden selbst dämmert? Wer legt diesen Wendepunkt fest? Ich meine, diesen Wendepunkt legt jeder für sich selbst fest, und das oft lange bevor darüber gesprochen wird. Ich erinnere mich an die Schilderung eines guten Freundes, dessen Tochter mit 13 Jahren auf dem Schulhof zusammengebrochen und mit einem geplatzten Aneurysma im Gehirn nach kurzer Zeit auf der Intensivstation verstorben ist. Sein Schmerz war übermächtig, denn damit hatte natürlich keiner gerechnet. Wir sprachen viel. Immer wieder erzählte er mir, dass ihn eines sehr gewundert hatte. Seine Tochter war ein eher unordentliches, dafür aber ein sehr kreatives und kluges Mädchen. An diesem Tag allerdings hatte sie das Elternhaus verlassen und zuvor ihr Zimmer ordentlich aufgeräumt. Das hatte bei seiner Familie zu einem großen Staunen geführt. Im Gespräch entfuhr mir unvermittelt der Gedanke: Sie hat es gewusst, geahnt und so ihre Liebe offenbart. Ihr wohlsortiertes kleines Reich war ihr Abschiedsgruß, um den Eltern und Geschwistern etwas Schönes von sich zu hinterlassen. Immer wieder spulten wir diese Gedanken ab, und mein Freund weinte jedes Mal. Danach durfte ich Zeugin davon werden, wie ein verschmitztes Lächeln sein Gesicht erhellte. Er mochte meinen Gedanken und dieses Ritual, auch deshalb, weil es ihm sinnvoll erschien. Er fühlte sich getröstet und mit seiner Tochter in liebevoller Heiterkeit verbunden. Jahre später sagte er mir, dass es ihn als Vater so sehr berührt habe, dass sein Kind sich bemüht hat, den Eltern etwas von sich zurückzugeben. In diesem Akt des Zurückgebens fühlte er diese tiefe Liebe zwischen sich und seinem Kind am stärksten. Ich muss gestehen, jetzt, wo ich das niederschreibe, tröstet es mich auch. Denn nun bin ich an der Reihe, und auch ich werde mein Reich aufgeräumt und wohlsortiert zurücklassen. Bei meiner letzten Reise, meinem großen Abflug, wie ich sie nenne, werde ich zum ersten Mal in meinem Leben keinen Koffer mehr mitnehmen. Ich lasse für jeden meiner Liebsten einen Koffer zurück, einen Erinnerungskoffer. Eine wundervoll stärkende Vorstellung, die mir sehr hilft, meine Gebrechlichkeit zu ertragen.

Ein weiteres, sehr berührendes Beispiel stammt aus dem letzten Jahrhundert. Käthe verbrachte fast ihr ganzes Leben in der diakonischen Anstalt Hepatha, weil sie ein Krampfleiden hatte und als völlig verblödet, so nannte man es damals, eingestuft wurde. Sie konnte weder sprechen noch sich zielgerichtet bewegen, und von ihrer Umgebung nahm sie kaum Notiz, wie es der damalige Chefarzt Wittneben beschrieb. Mit 26 Jahren starb Käthe, und sie verblüffte den Chefarzt und alle, die sie versorgten, denn obwohl sie nie gesprochen hatte, sang sie sich eine halbe Stunde vor ihrem Tod ihre Sterbelieder. Dr. Wittneben schilderte, sie sei in diesem Moment völlig durchgeistigt und verklärt gewesen und ein medizinisches Rätsel, weil ihre Hirnrinde durch mehrere Hirnentzündungen restlos zerstört gewesen sein musste. Ihr Mantra lautete: »Wo findet die Seele die Heimat, die Ruh? Ruh, Ruh, himmlische Ruh.«[97]

Spätestens hier sollten wir uns fragen, was es mit diesem unsichtbaren Sein auf sich haben könnte und warum uns gerade aus diesem so viel Kraft zuteilwerden kann. Öffnen wir uns dafür, gelangen wir also alle an diesen Wendepunkt, an dem es heißt: Wir sterben. Denn all jene, die nicht sterben, sterben in ihrem Inneren, so meine Beobachtung, immer ein Stückchen mit. Bisweilen stirbt auch ihr Weltbild, das bei vielen Nahtoderfahrenen schon lange sterben durfte. Pim van Lommel schrieb in seinem Nachwort zu meinem Buch *Licht ohne Schatten*, dass es schwer bis unmöglich ist, die lebensverändernden Nachwirkungen einer Nahtoderfahrung zu verstehen, wenn man sie nicht selbst erlebt hat. Werden wir Zeugen beim Sterben anderer, dann erfahren wir am eigenen Leib, dass dieses materialistische reduktionistische Konzept unserer Zeit, das immer noch als Grundlage des Lebens dient, so nicht stimmen kann.

Ich frage mich immer wieder, ob wir das in hundert Jahren auch noch annehmen oder dann womöglich darüber lächeln. Ich frage mich auch, wie viele Tode wir als Menschheit noch brauchen, um es endlich zu begreifen. Wir sind mehr als unser Körper, den eine moderne Medizin meint reparieren zu können, wenn sie genug an ihm herumschraubt und ihn mit Medikamenten flutet.

Meine lyrischen Stenogramme legen davon Zeugnis ab. Es sind Worte, die ich nicht denke, sondern die unvermittelt in mir auftauchen wie ein Meer an Einsichten. Jeden Morgen finde ich Zettel vor meinem Bett, weil mir oft nachts solche Worte geschenkt werden, die ich im Dunklen auf meine Zettel kritzle, die wie ein Stift in einer Schublade bereitliegen. Am nächsten Morgen werden diese Botschaften sortiert und festgehalten. Bis heute mache ich es so, und kürzlich fand ich den wundervollen Begriff auf einem dieser Zettel: »Konzentrierte Geduld«. Genau diese konzentrierte Geduld mündete 2004 in diese Sätze: »Die Schichten trennen sich, Ablösung der Innenhaut, zart, fein, schmerzlos, mühelos, zeitlos. […] Außen und Innen sind nicht mehr eins. Die Stellen der Anheftung für immer gelöst. Hauchdünn beieinander, aber abgetrennt. […] Ich plustere mich auf, dehne die Hülle in alle Dimensionen, damit die geweitete Seele hineinpasst ins irdische Korsett.«[98]

Genau das passiert im Sterben. Das Innere löst sich langsam ab, und es wird irgendwann völlig losgelöst wie bei Käthes Gesang aus uns herausfliegen. Diese Phase des Sterbens vollzieht sich in der Stille, im Unsichtbaren. Diese Phase braucht Schutz und keine Hektik. Achtsamkeit wäre das Zauberwort in unserer lauten und hektischen Welt. »Es gibt ein Leben vor dem Tod«, pflege ich gerne jenen zu sagen, die tolle Vorstellungen darüber verbreiten, was nach dem Tod kommen wird. Lasst das Leben nach dem Tod frei von Vorstellungen und erneuten Reglementierungen, die das irdische Sein uns schon zur Genüge abfordert! Lasst das Leben nach dem Tod frei, denn es lässt sich nicht in Worte fassen, auch nicht von jenen, die sich als erleuchtet finden und damit ihr Geld verdienen. Die heiligsten Momente unseres Menschseins erleben wir während der Geburt und im Sterben. Das sind die größten Lernfelder – dort berühren sich Himmel und Erde – haben wir den Mut, uns ihnen zu stellen. Was danach kommt, wird gut sein, weil gut für uns gesorgt ist. Ich für mich denke mir, wenn es ähnlich meiner Nahtoderfahrung werden wird, dann wäre es genug. Sollte es noch besser werden, dann werden mir erst recht die Worte fehlen. Und für den Fall, dass gar nichts kommt, dann werde ich staunen und mich fügen. Bis dahin lebe ich im Vertrauen.

Ich befinde mich jetzt genau in dieser heiligen Phase meines Lebens und bin überrascht, wenn mir Sätze, wie diese aus den Fingern in die Tasten meines Computers folgen: »Ich bin jetzt sehr oft sehr müde. In diesem Mix aus körperlicher Schwäche und geistiger Klarheit komme ich mir vor wie der Marathonläufer, der nur noch diesen einen Gedanken hat: Er muss und will durchs Ziel kommen. Ich auch. Es ist meine Bestimmung. Ich laufe weiter mit einer besonderen Fokussierung und dem Gefühl, gleich zusammenzubrechen. Aber ich laufe weiter. Langsam mit meinem Rollator in der Wohnung, aber noch laufe ich mit meinen Füßen, und mein Weg schiebt sich einfach unter meine Füße. Mein Weg schiebt mich zum Ziel. Es ist, als gebäre ich mich selbst. Vor meinen Geburten habe ich noch die Fenster geputzt, wissend, dass dies viele Wochen nicht möglich sein würde. Ich erlebte eine ungeheure Fokussierung, Entschlossenheit, Klarheit und Kraft. Jetzt ist es wieder so. Ich werde mich gebären, das ist ein superschönes Bild fürs Sterben. Und ich vergleiche mich mit Verletzten, die noch kilometerlang laufen können, um sich zu retten. Erst, wenn sie in Sicherheit sind, brechen sie zusammen und fühlen den Schmerz. Entscheidend ist: Sie laufen weiter, als folgten sie einem geheimen Plan. Und ich bin auch heiter, albern, witzig und frech, wenn es irgend möglich ist. Ich finde das herrlich! Meine Umgebung ist bisweilen irritiert. Viele sind dermaßen traurig und versuchen mich damit immer wieder auf ihre Seite zu ziehen. Aber ich sehe schon das Licht am Ende des Tunnels. Als Mutter und Ehefrau habe ich mein ganzes Leben Rücksicht genommen, das gehörte zu dieser Aufgabe. Aber jetzt möchte ich auf den letzten Metern diese Aufgabe ablegen. Wie lange werde ich noch Rücksicht nehmen können? Bis zum Schluss? Wer von allen lieben Menschen ist in der Lage, das von mir zu hören, was ich nicht sage?«

Heute bin ich mir noch sicherer als je zuvor, dass alle Sterbenden mehr oder weniger solche inneren Prozesse in sich erleben. Im Prolog zu *Licht ohne Schatten* heißt es: »Mein Inneres verpuppt sich und steckt in einem Kokon, wie eine Kugel in einem Sack, der oben mit einer Kordel zugebunden ist. Darin ist mein Wesen, mein wahres Selbst. Es ist zart und fein, es leuchtet und fühlt sich frei und beschützt. Mein Wesen ist sicher verpackt, umhüllt von meinen Atemzügen. Mein Wesen fühlt eine tiefe Liebe und Geborgenheit und tritt ein in den Raum der All-Einheit. Die Schmerzen sind außerhalb des Kokons. […] Mein Zeitempfinden ist neu getaktet. Stunden dauern ewig. Sie werden unterbrochen von Momenten, in denen ich das größte Glück, das lichterlohe Bewusstsein als pure Essenz des Lebens fühle. Meine Atmung, meinen Herzschlag, das nackte Sein in seiner ganzen Größe und Erbärmlichkeit.«

Welche existenziellen Fragen, Themen oder Versöhnungsbedarf haben Sterbende am Ende?

Hermann Hesse hat es so schön gesagt, es ist einer meiner Lieblingssätze von ihm: »Nach jedem Tod wird das Leben zarter und feiner.« Das hoffe und wünsche ich jedem. Was die Sterbenden betrifft, und ich kann hier natürlich wieder nur meine Sicht oder die meiner Lebenseinsichten beschreiben, so bin ich jetzt doch in der letzten Phase meines Lebens sehr zart geworden. Die Zartheit hat eine Schwester, und sie heißt Schwäche, oft gepaart mit Übelkeit und Schmerz. Das sind die Zutaten, die mittlerweile genauso wie der Tod meine Freunde sind. Sie zeigen mir jetzt schon den Weg, in den vielen Stunden in der Nacht oder auch am Tage, wenn ich liege. Wir üben sterben und bereiten uns gemeinsam auf den Abflug vor, so wie es jeder Spitzensportler auch für seine Meisterschaft tut.

Oben am Kopf werde ich weit und steige aus meinem Körper aus. Beruhigend, dass ich derzeit noch eine goldene Schnur spüre, die wie ein Gummiband sehr lang werden und mich wieder zurückholen kann. Mein Sicherungsseil. An der langen Leine bin ich mit allen Verstorbenen in Kontakt. Ich vertraue darauf, von ihnen abgeholt zu werden. Sie werden Spalier stehen. Das sagen Sterbende oft, wenn sie plötzlich mit geschlossenen Augen ihre Mutter oder den Großvater begrüßen. Verbunden bin ich auch mit all jenen, die ich gerne bei mir hätte, die aber zu weit weg wohnen. Es ist mir sogar möglich, mich bis ans andere Ende der Welt zu beamen und dort mit mir unbekannten Menschen in Beziehung zu sein. Hat sich meine Innenhaut so weit abgelöst, und reise ich zwischen den Welten, dann ist natürlich auch der Schmerz leichter, und ich hebe mich selbst aus der Zeit. Diese Stunden sind meine Quelle, sind meine Beruhigung, meine beste Medizin. So wird vielleicht auch klar, warum ich dafür Stille wünsche. Selbstverständlich könnte ich all das auch ermöglichen, läge ich auf einer Intensivstation. Dann würde sich mein Geist zwischen den Infusionstürmen durchschlängeln und das Weite suchen. Die goldene Schnur könnte sich verheddern, aber sie würde irgendwann nachgeben. Es geht überall, aber in der Stille ist es heilig.

Irgendwann wird die goldene Schnur dann so lang und dünn sein, dass sie sich auflöst. Dann werde ich sicherlich noch einmal einen Lebensfilm erfahren, in dem ich alles, was noch ungelöst ist, löse. Ich bin sicher, dass aus den Schilderungen der Lebensfilme schon in den vergangenen Jahrhunderten die Lebensbeichte, das Fegefeuer wurde. Wir brauchen letztlich keinen Beichtstuhl. Das Leben hat vorgesorgt und entlässt uns nicht eher, bis wir vor uns selbst gebeichtet haben. Deshalb nenne ich die Erfahrung mit der Lebensrückschau auch »Selbsterkenntnis ohne Weglaufgarantie«. Werde ich diese Stufe erklommen haben, wird mit Sicherheit Hermann Hesse noch mal kurz winken und mir die letzte Strophe seines Gedichts *Stufen* zuraunen: »Wohlan denn, Herz, nimm Abschied und gesunde!« Dann werde ich frei sein und den Körper zurücklassen, mich aufschwingen und heimkehren in das ewige Bewusstsein, aus dem ich einst entlassen wurde, um meinen Geburtstag auf Mutter Erde zu begehen.

Was ist Dir jetzt am Ende unseres Interviews noch wichtig zu sagen?

Danke zu sagen! Danke an alle, die zu mir gehalten und bis hierher gelesen und mich nicht für verrückt erklärt haben. Wer meint, es doch tun zu müssen, der sei so frei. Ich gebe zu bedenken, dass jener auch irgendwann einen Lebensfilm durchleben dürfen wird, in dem er erkennen wird und seine Meinung revidieren kann. Es wäre ein großes Geschenk an mich, wenn zukünftige Generationen beim Sterben auch die Heiterkeit zulassen könnten. Ich finde, sie schenkt uns Freiheit. Freiheit und Liebe sind die größten Gaben, die wir Menschen nutzen dürfen. Sie sind die Schwestern und Brüder des Todes.

> **Tagebuch der Selbsterforschung**
> - Welche Bereiche meines Lebens will ich nicht mehr so leben, wie bisher?
> - Was gilt es zu heilen, zu transformieren, anzunehmen?
> - Was ist der allererste kleine Schritt in die gewünschte Richtung?
> - Wo lässt sich noch mehr Leichtigkeit wagen?

Einladung zur Praxis der Achtsamkeit

Achtsames Sitzen

Nehmen Sie sich jetzt Zeit für *achtsames Sitzen*. Hören Sie die Übung *Achtsames Sitzen*. Sie können auf einem Stuhl oder Hocker sitzen oder wenn es für Sie möglich ist, auch auf einem Sitzbänkchen oder Kissen. Wichtig ist, dass Sie so mühelos wie möglich Ihre Wirbelsäule aufrichten können. Richten Sie Ihre Aufmerksamkeit auf Ihren Atem und kehren Sie immer wieder neu zu Ihrem Atem zurück, wenn Sie sich in Gedanken, Erinnerungen oder Phantasien verloren haben. Lassen Sie sich Zeit, die Übung in Ruhe zu beenden.

https://forumachtsamkeit.de/achtsamkeit-organisationen/tao-audio-dateien/

3 | Tod

> *Um den Tod zu begreifen,*
> *braucht man den Toten.*
> *Und man braucht Zeit.*
> Sabine Bode

In unserer Gesellschaft ist der Tod in den letzten Jahrzehnten fast unsichtbar geworden. Stirbt ein Mensch, dann wird dieser gewöhnlich vom Bestatter schnell abgeholt, so dass ihn die trauernden Menschen nicht mehr zu Gesicht bekommen. Aufbahrungen, Totenwachen und Abschiednehmen am offenen Sarg sind verpönt, so dass der Bestatter und Trauerbegleiter Fritz Roth die Situation drastisch beschrieben hat: *Wir lassen uns unsere Toten stehlen.*[99] Der immer wieder zu hörende Hinweis, man solle doch den Toten so in Erinnerung behalten, wie er gewesen ist, ist für das Abschiednehmen keine Hilfe, denn die Tatsache des Todes begreifen wir in umfassender Weise erst, wenn wir den Toten sehen und berühren und uns genügend Zeit für die Begegnung mit dem Gestorbenen nehmen. Der Tod eines Menschen ist eine Einladung zum Innehalten und zur Selbstbefragung: *Wenn ich morgen sterben müsste, soll ich dann das, was ich gerade tue, weitermachen oder lassen?*[100] Doch genau das Zur-Besinnung-Kommen wird sehr oft vermieden. Die Trauer und der Schock über den Verlust sitzen tief, und da viele Menschen einen bewussten Umgang mit ihren Gedanken und Gefühlen nicht gewohnt sind, flüchten sie lieber ins Tun, in die Erledigung von organisatorischen Aufgaben rund um die Beerdigung.

Im normalen Leben machen sich viele Menschen keine Gedanken über die Endlichkeit des eigenen Lebens, weil es im Alltag immer »etwas Wichtigeres« zu tun gibt, als sich mit den Themen Leben, Sterben und Tod zu beschäftigen. Jetzt, beim Tod eines nahen Menschen, gibt es die besondere Gelegenheit, sich Zeit für das bewusste Erleben der Vergänglichkeit zu nehmen und die unmittelbare Begegnung mit dem Verstorbenen zu suchen. Doch diese Chance wird viel zu oft vertan, und das hat zur Folge, dass Menschen in der zweiten Lebenshälfte oft noch nie eine Leiche zu Gesicht bekommen haben und der Umgang mit dem Tod nüchtern und unbeholfen ist. Doch zum Glück kommt in diesen Jahren viel in Bewegung, und zunehmend mehr Bestatter:innen sehen ihre Aufgabe darin, Angehörigen nicht nur Särge und Urnen zu verkaufen, sondern sie zum aktiven Abschiednehmen zu ermutigen und auf diesem sehr individuellen Weg zu begleiten sowie ein Bewusstsein dafür zu schaffen, dass die Zeit zwischen Tod und Beerdigung eine kostbare und zuweilen auch heilige Zeit ist.

Denkanstoß 13: Die Urne selber gestalten

> *Ich dachte, die Bestattungswelt braucht mehr Farbe.*
> Helga Klaiber

Wir mieten uns in unserem Leben eine Wohnung, vielleicht bauen wir ein Haus oder kaufen uns eine Eigentumswohnung. Warum besorgen wir uns nicht schon zu Lebzeiten unser letztes Zuhause? Wenn wir den Tod ins Leben holen wollen, dann kann es hilfreich sein, sich schon zu Lebzeiten mit Särgen und Urnen näher zu beschäftigen. Eine Umfrage vor wenigen Jahren ergab, dass sich über 70 Prozent der Menschen in Deutschland für eine Einäscherung mit Urnenbeisetzung entscheiden. Das bedeutet in der Praxis: Für die Feuerbestattung wird meist ein einfacher Kiefernsarg ausgesucht und dann bleibt die Frage: *Welche Urne soll es sein?* Es gibt unterschiedliche Urnen aus sehr verschiedenen Materialien, beispielsweise aus Holz, Keramik, Zinn, Marmor oder Stein. Als ich vor einigen Jahren in Gießen an einem Bestattungsladen vorbeikam, fielen mir die sehr künstlerisch gestalteten Urnen im Schaufenster auf, die sich für mich wohltuend von den üblichen Urnen unterschieden. Jahre später erinnerte ich mich an diese Begebenheit, suchte den Laden zu einem Beratungsgespräch auf, schaute mir diese Urnen näher an und wusste sofort: *So eine Urne wünsche ich mir!* Jede dieser Urnen wird von Helga Klaiber[101] gestaltet, das heißt, es handelt sich nicht um ein Fabrikprodukt, sondern um ein individuell gestaltetes Einzelstück. Schon Anfang 2000 hatte sie Keramikkurse für Kinder und Erwachsene geleitet, ab 2013 gab es für sie ein neues Projekt: die Urnenherstellung. Zu Anfang war das Projekt noch eher abstrakt, doch das änderte sich.

Helga Klaiber schreibt: »Eine ehemalige, langjährige Kursteilnehmerin und Freundin verstarb. Ich durfte nach den Gestaltungswünschen ihrer Tochter zum ersten Mal eine Urne anfertigen, in der ein Mensch, den ich gut kannte, seine letzte Ruhestätte erhielt. Mit viel Liebe und Achtung machte ich mich an die mir anvertraute Aufgabe. Diese zur Persönlichkeit der Verstorbenen passende Urne hat den Angehörigen den Abschied etwas erleichtert. In den Stunden der Herstellung dieser Urne konnte ich mich gedanklich sehr intensiv mit der Verstorbenen auseinandersetzen. Das habe ich als sehr erfüllend erlebt, und es hat mir auch gezeigt, dass dieses Betätigungsfeld meine Zukunft sein würde. Es war mir eine große Ehre, einen wesentlichen Beitrag zur Verabschiedung eines Menschen zu leisten, den auch ich gut kannte. Ab hier war ich ganz sicher und bin es bis heute, handgefertigte Unikat-Urnen herzustellen, ist mein Betätigungsfeld.« Seit dieser Erfahrung fertigt die Künstlerin sehr ausdrucksstarke und zum Teil auch farbenfrohe Urnen an und erlebt, dass diese einen wertvollen Beitrag zur aktiven Trauerbewältigung darstellen.

Ihre Urnen liefert Helga Klaiber mittlerweile an verschiedene Bestatter:innen in ganz Deutschland. Darüber hinaus bietet sie *einen besonderen Service* an. Wer möchte, kann mit ihr einen Termin vereinbaren, um in ihrer Werkstatt eine Urne für einen Angehörigen oder für sich selber zu erstellen. Diese Möglichkeit sprach mich sehr an, und so fuhr ich Ende Juli 2021 nach Rammingen bei Ulm und begegnete der sehr offenen und zugewandten

Keramikerin. Bei Kaffee und Brezeln besprachen wir an diesem schönen Sommertag mein Vorhaben, und dann ging es los. Ich wurde eingeladen, den Ton mit einem Nudelholz auszurollen, in Streifen zu schneiden und dann in eine vorgefertigte Gipsform einzusetzen. Der ganze Vorgang – dazu gehörte auch die Formung des Urnendeckels – dauerte knapp zwei Stunden, und es fühlte sich gut an, bei dieser Aufgabe die Künstlerin mit Rat und Tat an meiner Seite zu wissen.

Nach unserem ersten Treffen wurde die Urne im Keramikbrennofen gebrannt. Anfang August reiste ich das zweite Mal zu Helga Klaiber. Meine Urne orientierte sich an ihrem Modell »Wüstensand«, und mir wurde schnell klar, dass ich der Urne kräftige Rottöne geben wollte. Das Auftragen der Farbe dauerte gut eine Stunde, und am Ende besprachen wir noch, wie das goldene Band aussehen sollte. Den Goldrand auf der Urne anzubringen, war anspruchsvoll und die letzte Gestaltungsaufgabe an der Urne.

Der dritte und letzte Schritt bestand in der persönlichen Übergabe der fertigen Urne. An einem Spätsommertag wurde sie mir in Seligenstadt überreicht. Als ich wieder zu Hause angekommen war, stellte ich meine Urne auf ein kleines Wandschränkchen in meinem Wohnraum.[102] Und so erfreue ich mich jetzt jeden Tag an diesem besonderen Kunstwerk und werde zugleich an zwei Dinge erinnert: Ich werde bei meinem Sterben nichts von meinen materiellen Dingen mitnehmen, die mir heute noch wichtig sind, und wann ich diese Reise antrete, ist noch ungewiss. Vielleicht habe ich viel Zeit und werde 100 Jahre alt, vielleicht ist aber meine Zeit auch schon in den nächsten Tagen oder Wochen abgelaufen. Ganz egal, wie es kommen wird, die Urne erinnert mich daran, *lebendig und wach in der Gegenwart zu leben und das kostbare Leben aus ganzem Herzen zu lieben.*

> **Tagebuch der Selbsterforschung**
> - Was hat meine Erfahrung mit Dir zu tun?
> - Wie fühlt es sich an, sich so konkret mit dem Tod zu beschäftigen?
> - Bist Du »abflugbereit«?

Wann Sie sterben werden, wissen auch Sie nicht. Vielleicht heute Abend nach dem Abendessen, vielleicht aber auch erst in sieben oder zwanzig Jahren. Die entscheidende Frage lautet: *Sind Sie abflugbereit?* Leben Sie so wach und lebendig Ihr Leben, dass es in Ordnung wäre, wenn Ihr körperliches Leben heute, morgen oder übermorgen zu Ende ist? Oder bekommen Sie einen großen Schreck, weil Sie in Ihrem Leben so viel nicht getan oder verschoben haben? Es gibt eine ganz *einfache Übung*, um herauszufinden, ob Sie »abflugbereit« sind. Legen Sie sich heute Abend auf Ihr Bett, schließen Sie die Augen und stellen Sie sich vor, dass Sie heute Abend einschlafen und nicht mehr aufwachen. Wie fühlt sich das an? Was kommt Ihnen dabei in den Sinn? Wäre Ihr Ende auf dieser Erde ohne Bedauern und Reue möglich? Wenn ja, dann gibt es viel Grund zur Dankbarkeit! Und wenn nein, was gäbe es noch zu tun, damit Sie in Ruhe und Frieden sterben könnten? Und wenn es noch etwas zu tun gibt, was hindert Sie daran, dies umgehend umzusetzen?

Eine kleine Anmerkung zum Schluss: Falls Sie eine Erdbestattung wünschen, so gibt es auch hier verschiedene Möglichkeiten, *selber aktiv zu werden*: Mittlerweile werden verschiedene Sargbau-Seminare angeboten, es gibt im Internet Sargbausätze und Sargschränke zu erwerben, Sie können selber Ihren Sarg bauen, vielleicht sogar anmalen – alleine oder mit Unterstützung von anderen Menschen oder einem Tischler.

Egal ob Erd- oder Feuerbestattung: Die letzte Wohnstätte zu gestalten, ist keine traurige Angelegenheit, sondern ein Akt des Lebens. Stephen Levine bringt es auf den Punkt, wenn er schreibt: *Bereite Dich jetzt auf den Tod vor, damit Dein Leben intensiver und erfüllender wird.*

Denkanstoß 14: **Gestaltungsspielräume im Todesfall**

> *Zu unserer Praxis gehört,*
> *dass das jeder selbst bestimmen kann,*
> *wann für ihn der Zeitpunkt gekommen ist,*
> *jemanden loszulassen und wegzugeben.*
> *Das können durchaus drei Wochen sein.*
> David Roth

Mich beschäftigt die Frage, ob es möglich ist, eine Beerdigung ohne einen Bestatter durchzuführen. Angeregt zu dieser Fragestellung wurde ich von Lydia Gastroph, die auf Ihrer Homepage schreibt: »Mit der Bestattung meiner eigenen Schwester bewies ich, dass es durchaus möglich ist, Begräbnisse hierzulande eigenhändig und ohne Bestattungsunternehmen durchzuführen.« Meine Nachfragen bei verschiedenen Bestattern und Bestatterverbänden ergaben, dass aus juristischer Sicht nur bei der Überführung von verstorbenen Menschen ein Bestatter mit einem Bestattungsfahrzeug[103] notwendig ist – *alle anderen Aufgaben können von den Hinterbliebenen erledigt werden.* Es gibt also viele Wahlmöglichkeiten, was Angehörige tun können und was sie lieber an eine Bestatterin oder an einen Bestatter delegieren wollen.

Was kann ich bereits jetzt tun, wo der Todesfall noch nicht eingetreten ist? Ich kann mich mit meinen engsten Angehörigen darüber verständigen, was geschehen soll, wenn der Todesfall eintritt. Dies macht ganz viel Sinn, weil eine Sterbesituation eine emotionale Ausnahmesituation ist und sich viele Menschen auch ihrer Gestaltungsspielräume in einer solchen Situation nicht bewusst sind. Wer sich jedoch frühzeitig mit dem zu erwartenden Sterbefall beschäftigt, der kann sich seiner Wünsche bewusstwerden, klare Entscheidungen treffen und auf diese Weise einen würdigen und erfüllenden Abschied erleben.

Was tun im Todesfall? Zunächst einmal gibt es nichts zu tun, sondern – wenn möglich – besteht jetzt die einmalige Gelegenheit, die Zeit der Stille nach dem Ableben mit dem Verstorbenen bewusst zu erleben. Diese ersten Minuten und Stunden sind eine besondere Zeit, wo die Zeit stillzustehen scheint, es ist eine Zeit des Innehaltens, Durchatmens und Zur-Besinnung-Kommens. Dann werden die engsten Angehörigen informiert, und zusammen mit diesen Menschen werden in Ruhe die nächsten Schritte besprochen. Wichtig ist, die Hausärztin oder den hausärztlichen Notdienst zu verständigen, der den Tod offiziell feststellt und den Totenschein ausstellt. Vielleicht hat der Tote in einem Vorsorgehandbuch seine letzten Wünsche festgelegt, ansonsten überlegen die Hinterbliebenen, was zu tun ist.

Ein Sarg kann selber gebaut werden, oder ein Sarg oder entsprechende Bausätze können im Internet erworben werden. Oder der klassische Weg wird gewählt, und der Sarg wird bei einem Bestatter ausgesucht. Mühelos kann der Tote 36 Stunden zu Hause bleiben, und bei einer Abschiedszeit von mehr als 36 Stunden braucht es lediglich eine ausreichende Kühlung und vielleicht eine Ausnahmegenehmigung vom Gesundheitsamt. Doch dazu kommt es bisher nur in seltenen Fällen, denn viele Angehörige wollen den Verstorbenen möglichst schnell aus den eigenen vier Wänden haben. Diese Hektik ist medizinisch völlig unbegründet und Ausdruck der fehlenden Erfahrung mit Verstorbenen und der Angst vor den Veränderungen der Toten. Menschen jedoch, die diese Zeit mit dem Verstorbenen in vertrauter Umgebung bewusst erlebt haben, empfanden diese Zeit nicht als beängstigend – ganz im Gegenteil! Der Anblick des Toten hatte etwas Tröstliches, die Trauer hatte einen geschützten Raum, und ein bewusstes Abschiednehmen wurde möglich. Wichtig ist zu wissen, dass man einen Verstorbenen auch von einem Krankenhaus, Pflegeheim oder Hospiz nach Hause holen kann. Für das Begreifen des Todes ist es sehr hilfreich, den Toten zu berühren, zu waschen und ihm seine gewünschte Kleidung anzuziehen. Ob der Verstorbene dann im Bett oder Sarg liegt, entscheiden die Angehörigen.

> **Tagebuch der Selbsterforschung**
> - Wie konkret hast Du Dich bisher auf den Fall der Fälle vorbereitet?
> - Wie empfindest Du die weit verbreitete »Entsorgungsmentalität«, den Toten so schnell wie möglich aus dem Haus zu bringen?
> - Welche Aufgaben zwischen Tod und Beerdigung würdest Du gerne selber übernehmen? Was würdest Du gerne an einen Bestatter delegieren?

Verschiedene organisatorische Dinge gilt es für die Angehörigen oder den Bestatter zu tun: den Sterbefall beim Standesamt melden und sich eine Sterbeurkunde ausstellen lassen; den Todesfall der Krankenkasse und Rentenversicherung melden; den Arbeitgeber informieren, wenn der Verstorbene noch gearbeitet hat, und einen kirchlichen oder weltlichen Trauerredner kontaktieren und mit ihm die Abschiedsfeier besprechen.

Bei einer Erdbestattung gilt es den Friedhof und das Grab auszuwählen und bei einer Feuerbestattung das Krematorium auszusuchen und den späteren Beisetzungsort in einem Wald oder Friedhof. Vielleicht wird aber auch eine Seebestattung, eine »Reerdigung« oder eine Bestattung an einem besonderen Ort gewünscht, beispielsweise auf den Bergen in Südwestkreta mit Blick auf das Meer[104] oder auf dem einzigartigen Friedhof des Bestattungsunternehmens Pütz und Roth in Bergisch Gladbach. Vielleicht wird eine Todesanzeige in der Zeitung gewünscht, oder Trauerkarten sollen versandt werden, und über den Grabschmuck will sich verständigt werden – auf jeden Fall gilt es festzulegen, wer an der Abschiedsfeier teilnehmen soll und ob eine kurze oder ausführliche Feier gewünscht wird. Eine solche letzte Feier kann sehr kreativ, lebendig und persönlich gestaltet werden, und die Angehörigen können mit eigenen Beiträgen mitwirken. Nach einer solchen Trauer-, Abschieds- oder Lebensfeier wünschen sich viele Menschen zusammenzusitzen und Zeit für Gespräche zu haben. Bei einem solchen Leichenschmaus muss es nicht immer Streuselkuchen oder belegte Brötchen geben – was spricht gegen ein festliches Mahl mit gutem Wein bei der letzten abschließenden Feier?

Nach der Beisetzung gibt es noch Vieles zu erledigen. Vielleicht werden Danksagungskarten verschickt, Versicherungen müssen gekündigt und laufende Zahlungen eingestellt werden, die Wohnung gekündigt und aufgelöst werden oder das Haus vermietet oder verkauft werden. Dies alles gemeinsam und in Ruhe zu tun, ist ein Akt der Selbstliebe. Und neben all den Aufgaben braucht es auch genügend Zeit und Ruhe für die Trauer um den Verstorbenen. Der Bestatter und Trauerbegleiter David Roth ermutigt Menschen dazu, sich rechtzeitig Gedanken zu machen, was geschehen soll, wenn der Trauerfall eingetreten ist: »Das ist genau mein Gedanke: Dass die Menschen von einem ›Was muss ich denn jetzt machen?‹ zu einem ›Was würde ich denn jetzt gerne aus Liebe tun?‹ kommen.«[105]

Denkanstoß 15: Was nach dem Tod kommt

Ich bin mir sicher,
dass wir alle in diese große Kraft eintauchen,
für die es keine Worte gibt.
Sabine Mehne

Der Tod ist unausweichlich, ein großes Geheimnis, und keiner weiß, was dann kommen wird. Und doch haben Menschen verschiedene Vorstellungen darüber, was mit uns passieren wird, wenn das Leben zu Ende geht.

> **Tagebuch der Selbsterforschung**
> - Was kommt für Dich nach dem Tod?
> - Glaubst Du an Gott oder an etwas Größeres, eine den Menschen übergeordnete Kraft und Dimension, oder an irgendetwas anderes?
> - Wenn ja, wie würdest Du das in Worte fassen oder beschreiben?

Wir beginnen mit dem *Atheismus*. Atheisten glauben daran, dass es keinen Gott gibt und nach dem Tod alles aufhört. Kurz ausgedrückt lautet die Kernaussage: Wir kommen aus dem Nichts und gehen in das Nichts. Der amerikanische Schauspieler und Komiker Woody Allen kommt zu dem heiteren Schluss: *Ich glaube nicht an ein Leben nach dem Tod, obwohl ich ein Paar Unterhosen zum Wechseln mitnehmen werde.* Die großen Weltreligionen haben andere Vorstellungen davon, was nach dem Tod passieren wird.

Über viele Jahrhunderte gab es im *Christentum* die weit verbreitete Vorstellung von Himmel und Hölle. Menschen, die nach den christlichen Geboten gelebt haben, kamen in den Himmel, wer jedoch zu Lebzeiten schwer gesündigt hatte, dessen Seele kam in die Hölle. In der katholischen Kirche konnten Christen durch den Ablass und andere Werke das Unheil im Jenseits abwenden. Durch Martin Luther kam dann viel in Bewegung, denn er und andere Reformatoren waren der Meinung, Gottes Gnade ließe sich nicht erkaufen, sondern sei ein Geschenk durch die Kreuzigung und Auferstehung von Jesus. Moderne Theologen aus allen Konfessionen verstehen daher die beiden Begriffe Himmel und Hölle heute weniger als reale Orte, sondern eher als Zustände für besondere Gottesnähe, beziehungsweise für ein tiefes Getrenntsein von Gott. Und so ist die Überzeugung verbreitet, dass der Mensch Gott im Augenblick des Übergangs vom Leben zum Tod begegnet. So wird das Leben nach dem Tod oft auch als ein »nach Hause kommen« bezeichnet.

Dem *Judentum* ist das Diesseits wichtiger als das Jenseits. Das Leben hat den höchsten Wert, und in den jüdischen heiligen Schriften gibt es kein einheitliches Grundverständnis über das Leben und den Tod, und so glauben einige an die Auferstehung aller Toten und andere an die Unsterblichkeit der Seele.

Im *Islam* ist das Leben sowohl ein Geschenk als auch eine Aufgabe. Gleichzeitig glauben Muslime an ein Leben nach dem Tod, und die heiligen Schriften beschreiben sehr anschaulich, was nach dem Tod geschieht. Diejenigen Seelen, die beim Zwischengericht die Fragen nach dem Glauben richtig beantworten, kommen in das Paradies, den anderen droht die Hölle.

Im traditionellen *Hinduismus* glauben die Menschen an Reinkarnation, die Wiedergeburt der Seele in einem anderen Körper. Die unvollkommene Seele wandert nach dem Tod weiter, bis sie Vollkommenheit erreicht hat. In welchem Körper die Seele nach dem Tod wiedergeboren wird, hängt davon ab, wie viel Karma durch gute Taten gesammelt wurde. Bei schlechtem Karma wird der Mensch als Tier oder Pflanze wiedergeboren, liegt jedoch viel gutes Karma vor, dann wird die Seele als Mensch wiedergeboren. Das Karma-Prinzip wird leicht verständlich durch den Satz zusammengefasst: *Was du nicht willst, was man dir tu, das füg' auch keinem anderen zu.*

Im *Buddhismus* glauben die Menschen meist nicht an einen Gott. Sie wollen das leidhafte Dasein überwinden, denn der Mensch ist durch seine Taten und Gedanken im Leid gefangen. Meditation und Einsicht durch die vier edlen Wahrheiten lassen den Menschen den Weg zur Erlösung finden. Der Ort der Befreiung hat aber nichts mit einem Paradies, einem Himmel oder dem Jenseits zu tun, sondern kann bereits in diesem Leben erreicht werden.

Wir halten fest: Viele Weltreligionen sind der Meinung, dass der Tod ein Übergang in eine andere Welt ist. Ein oberflächlicher Blick auf die Weltreligionen zeigt bereits, wie unterschiedlich die Vorstellungen der Menschen sind, was nach dem Tod geschieht. Und selbst in einer einzigen Religion gibt es sehr verschiedene Strömungen und Auffassungen. Daraus ergeben sich für mich verschiedene Überlegungen: Alle Vorstellungen, was nach dem

Tod geschieht, sind sehr menschlicher Natur und nicht als absolute Wahrheiten zu verstehen, auch wenn bestimmte Religionsvertreter dies zuweilen anders zum Ausdruck bringen. Menschen haben in ihrem jeweiligen kulturellen Kontext Überlegungen über das Geschehen nach dem Tod angestellt. Diese Überlegungen sagen wenig über das Danach aus, aber sehr viel über das menschliche Bewusstsein und das Machtgebaren der Religion. Jenseitsvorstellungen, die mit Ängsten, der Hölle oder dem Fegefeuer arbeiten oder mit dem Sammeln von »Karmapunkten« sind weder zeitgemäß noch werden sie der komplexen menschlichen Wirklichkeit gerecht. In unserer heutigen Zeit wird es immer selbstverständlicher, nicht mehr mit der Angst zu arbeiten, sondern auf den Weg der Liebe einzuladen, frei nach dem alten Kirchenvater Augustinus: *Liebe, und tue, was du willst.* Das Leben entfaltet sich, wenn die Angst vor dem Tod überwunden ist und wir aus einer zunehmenden inneren Freiheit lieben lernen.

Noch eine – vielleicht ketzerische – Schlussbemerkung: Die heiligen Schriften der Weltreligionen sind nicht vom Himmel gefallen, sondern Menschenwerk. Menschen haben ihre Überlegungen und Erfahrungen ernstgenommen und zu Papier gebracht. Daher sind wir heute in der gleichen Weise eingeladen, die heiligen Schriften weiterzuschreiben und unsere eigenen Überzeugungen und Erfahrungen aufzuschreiben und uns darüber mit anderen Menschen auszutauschen.

Denkanstoß 16: An der Schwelle des Todes

> *Wenn man einmal den Tod erlebt hat, wie ich es getan habe,*
> *dann weiß man in Innersten: Es gibt gar keinen Tod. Man geht*
> *immer nur weiter von einem zum nächsten – wie man weitergeht*
> *von der Grundschule zur Oberschule zur Hochschule.*
> Raymond A. Moody

Zu allen Zeiten und in allen Kulturen haben Menschen immer wieder an der Schwelle des Todes tiefgreifende Erfahrungen gemacht. Meist wird der aus dem 19. Jahrhundert geprägte Begriff Nahtoderfahrung (NTE) verwendet, andere sprechen von Lebenseinsichts- oder Transzendenzerfahrung. Es sind sehr bewegende und ergreifende Erlebnisse, die Menschen unabhängig von ihrer weltanschaulichen Orientierung machen. Nahtoderlebnisse treten oft in einer lebensbedrohlichen Situation auf. Manchmal sind es unerwartete Schwierigkeiten bei einer Operation, ein Unfall, ein Herzstillstand oder eine Koma-Erfahrung. Aber auch Situationen, die nicht lebensbedrohlich sind, können eine Nahtoderfahrung auslösen, beispielsweise ein epileptischer Anfall oder eine tiefe Meditation.

Verschiedene Elemente und Gefühle sind dabei für die meisten Nahtoderfahrungen typisch:

- Die überwältigende Erfahrung kann mit Worten nicht angemessen beschrieben werden.
- Die betroffenen Menschen haben das Gefühl, über ihrem Körper zu schweben und hören all das, was dort unten gesprochen wird.
- Geliebte Menschen kommen, um den Betroffenen abzuholen.
- Ein Rückblick auf den Verlauf des eigenen Lebens wird erlebt.
- Viele positive Gefühle, wie bedingungslose Liebe, Leichtigkeit, Frieden und Verbundensein, werden auf dieser inneren Reise erlebt.
- Immer wieder wird von einer Grenze berichtet, die nicht überschritten werden darf.
- Die bewusste Rückkehr in den Körper ist verbunden mit Anstrengung und Widerstand, weil der zutiefst berührende Ort nicht verlassen werden will.

Die Medizinerin und Sterbeforscherin Elisabeth Kübler-Ross veröffentlichte 1969 als Erste in ihrem Buch *Interviews mit Sterbenden* Berichte über Nahtoderfahrungen. Einer der ersten Forscher im Grenzbereich zwischen Leben und Tod war der Psychiater und Philosoph Raymond Moody. Er untersuchte systematisch die Erlebnisse von Menschen, die klinisch tot waren und wiederbelebt wurden. Sein Buch *Leben nach dem Tod. Die Erforschung einer unerklärlichen Erfahrung* aus dem Jahre 1975 ist der Klassiker auf dem

Gebiet der Nahtoderfahrung. Und auch Pim van Lommel muss erwähnt werden, weil er als Kardiologe und Wissenschaftler in seinem Buch *Endloses Bewusstsein* seine aufsehenerregenden Thesen und Forschungserkenntnisse veröffentlicht hat. Seine internationalen Langzeitstudien basieren auf den Berichten tausender Menschen. Daneben gibt es eine Vielzahl von veröffentlichten Erfahrungsberichten von Menschen, die eine Nahtoderfahrung gemacht haben, beispielsweise von Sabine Mehne *Licht ohne Schatten* oder Eben Alexander *Blick in die Ewigkeit*. Eben Alexander ist ein international anerkannter Neurochirurg und Gehirnspezialist und erkrankte an einer seltenen Form der Hirnhautentzündung. Sieben Tage befand er sich im Koma, und alle seine Gehirnfunktionen fielen aus. Als er wieder zurückkam, berichtete er von seiner faszinierenden Nahtoderfahrung, hinterfragte kritisch seine Erlebnisse und kam zu dem Schluss: *Wir alle sind Teil eines universellen, unsterblichen Bewusstseins.*[106]

Ob die Forschungsergebnisse und Erfahrungsberichte ein Beweis sind für ein Leben nach dem Tod, ist im wissenschaftlichen Kontext umstritten. Es gibt bis heute kein Modell, das die Vielfalt der Nahtoderfahrungen in einer umfassenden Weise erklärt, und die wissenschaftliche Auseinandersetzung mit dieser Thematik ist stark beeinflusst von der religiösen oder nicht-religiösen Haltung der Forschenden. Ganz offensichtlich kommt hier die wissenschaftliche Forschung an ihre Grenzen und kann nur sehr eingeschränkt den geheimnisvollen Zusammenhängen auf die Spur kommen. Viel spannender ist die Frage, wie sich die Nahtoderfahrung auf das Leben der Betroffenen auswirkt. Zunächst einmal wird die Rückkehr in das alltägliche

Leben als unangenehm empfunden. Viele Menschen verspüren den Wunsch, anderen Menschen von den überwältigenden Erfahrungen zu berichten und fühlen sich zugleich sehr alleine gelassen, was zur Folge hat, dass sie schweigen. Sie leben bewusster und lebendiger, haben die Angst vor dem Tod verloren und wissen jetzt, dass es ein Leben nach dem Tod gibt. Da die Erfahrungen des irdischen Lebens so grundlegend anders sind als die der Nahtoderfahrung, braucht es meist viele Jahre, um die neuen Erfahrungen in das Leben zu integrieren.

> **Tagebuch der Selbsterforschung**
> - Was bewegt Dich, wenn Du von Nahtoderfahrungen hörst?
> - Welche Bedeutung haben für Dich wissenschaftliche Forschungsergebnisse über Nahtoderfahrungen?
> - Was sind Deine Vorstellungen vom Tod?
> - Wer stirbt da, wenn du stirbst?

Sabine Mehne beschreibt auf dem Hintergrund ihrer Nahtoderfahrung zwanzig Jahre später ihre Vorstellung von einem guten Tod: »Der Tod ist für mich ein Übergang, nicht das Ende des Lebens, der größte Transformationsprozess gelebten Lebens, ein Höhepunkt und eine Freude, ein Gehen ins Licht, ein Wiedereintauchen in den Urgrund des Seins. Für mich bedeutet der Tod das Ablegen der leiblichen Hülle und das Freiwerden meiner Seele, meines Geistes, meines Bewusstseins. Es ist so schwer, hierfür die richtigen

Worte zu finden. Ich habe keine Angst. Ich freue mich auf den Tag, wenn ich in das Licht gehen darf und meine Liebsten glücklich sind, wenn ich den letzten Atemzug gemacht habe, weil sie wissen, dass vor ihnen nur noch meine ausgediente Behausung liegt und der Rest von mir in die Ewigkeit übergeht.«[107]

Denkanstoß 17: Interview mit dem Tod

> *Lehrt der Tod die Menschen die Gegenwart?*
> *Lehrt er uns gar, richtig zu leben?*
> *Wie verändert sich ein Mensch*
> *im Angesicht des Todes?*
> Jürgen Domian

Jürgen Domian ist ein deutscher Autor, Journalist und Moderator. Von 1995 bis 2016 moderierte er die Telefon-Talk-Sendung *Domian*. In diesen Jahren hat er mit über zwanzigtausend Menschen sehr offen über die unterschiedlichsten menschlichen Themen gesprochen. Nur mit dem Tod konnte Jürgen Domian nicht sprechen und so schrieb er das Buch *Interview mit dem Tod*. Neben sehr persönlichen Ausführungen über Religion, Sterben und Tod finden sich in diesem Buch viele Dialoge mit dem Tod; nachfolgend eine Sequenz:[108]

Jürgen Domian (JD): Kommen wir zu meinen beiden großen Fragen: Hat der Mensch eine Seele – und gibt es ein Leben nach dem Tod?

Der Tod (T): Was ist eine Seele?

JD: Das fragst gerade du mich?

T: Ja, du hast diesen Begriff ins Spiel gebracht. Ich habe ihn noch nie gebraucht. Was verstehst du denn darunter?

JD: Die Seele ist mein unsterbliches Ich:

T: Es gibt kein unsterbliches Ich.

JD: Also gibt es k e i n e Seele?

T: Das Wort Seele ist ebenso verwirrend wie das Wort Gott. Allzu viele Vorstellungen, Annahmen und Behauptungen gibt es über die Seele. Lassen wir also diesen Begriff. Wir brauchen ihn nicht. Er führt in die Irre.

JD: Aber du hast doch während unseres Gespräches Andeutungen gemacht, dass es im Menschen, so auch in mir etwas Unsterbliches gebe.

T: Ja, aber das hat mit dir nichts mehr zu tun.

JD: Warum nicht?

T: Weil ich all das, was du durch deine Geburt bist, am Ende deines Lebens zerstören werde.

JD: Was bleibt, nachdem du so viel zerstört hast?

T: Alles, was von Bedeutung ist.

JD: Wie soll ich das verstehen?

T: Das, was du Ich nennst und als deine Identität ansiehst, ist nur eine Hülle, eine äußere Form. Sie zerfällt durch den Tod. Die Ursubstanz, dein Urgrund, aber bleibt, weil er eins ist mit allem. Er ist unsterblich und ewig.

JD: Ich kam damit schon zur Welt?

T: Ja. Und je tiefer du zu Lebzeiten in dir selbst hinabsteigst, desto näher kommst du dem Unsterblichen.

JD: Das würde ja bedeuten, dass ich als Mensch im Irdischen, also in der Zeit lebe – und gleichzeitig auch in der Ewigkeit.

T: Ja, die meisten Menschen jedoch wissen das nicht, sie lassen sich von ihrem Ich verführen und von der Welt blenden.

JD: Es gibt also keine Seele, so wie ich sie mir bisher vorgestellt habe, aber es gibt ein Leben nach dem Tod?

T: Genauso, wie es ein Leben vor dem Leben gibt.

JD: Trifft das auf mich auch zu?

T: Ja, alles, was du zutiefst bist, kennt weder Tod noch Geburt. Begreife dich als Welle in einem unendlichen Meer. Die Identität der Welle ist gleichgültig. Es geht nur um die Identität des Meeres: Du bist Teil des Meeres. Du bist das Meer. Alles, was darüber hinaus von Bedeutung ist, entzieht sich der menschlichen Sprache.

JD: Ich finde das, was du sagst, nicht tröstlich. Es ist so unvorstellbar, so abstrakt, es ist fremd und macht mir Angst.

T: Würde es dir besser gefallen, wenn ich dir sage: Nach dem Tod ist alles definitiv vorbei?

JD: Nein ... oder vielleicht doch. Ich könnte es mir eher vorstellen. Aber ich weiß es nicht.

T: Du musst deine Sinne für die Mysterien der Welt schärfen. Sie sind überall zu finden. In der Einsamkeit der Natur ebenso wie in der Wartehalle eines Flughafens. Erkennst du sie, machen sie dich vertraut mit der absoluten Wirklichkeit. Sei achtsam. Immer. Und vor allem: Finde zur Stille in Dir.

JD: Gibt es Menschen, die sich auf dich freuen?

T: Ja, aber sie freuen sich nicht auf mich, wie Menschen sich auf einen Urlaub oder ein gutes Essen freuen. Sie sind tief davon überzeugt, das Leben verlassen zu wollen – und erfüllt von einer großen Sehnsucht, einzugehen in das Absolute. Für das jeder einen anderen Begriff hat.

Denkanstoß 18: **Aktives Abschiednehmen zwischen Tod und Bestattung**
(Sabine M. Kistner)

> *Der Tod kommt ja immer ungelegen.*
> *Es ist wichtig, dass man in dieser Zeit alles stoppt.*
> *Wenn man in dieser Situation nicht innehält – wann dann?*
> *Das können durchaus drei Wochen sein.*
> David Roth

Nirgends ist so viel Wissen um hilfreiche Rituale verloren gegangen wie nach dem Eintreten des Todes eines geliebten Menschen. Nie wird uns so viel aus der Hand genommen wie zu dieser Zeit – vor allem der oder die Tote selbst. Sterben und Tod wurde immer mehr zum unerwünschten Randthema.

Zusammen mit einer Freundin habe ich in Frankfurt ein Bestattungshaus gegründet, ein Haus, in dem Menschen, die vom Tod betroffen sind und sich in der Schleusenzeit befinden, Raum und Zeit bekommen. Unser Konzept sieht vor, dass die betroffenen Menschen – Verstorbene wie Hinterbliebene – sich in dieser Zeit bei uns wie zu Hause und aufgehoben fühlen. Dafür haben wir wohnliche, farblich ansprechende und lichtdurchflutete Räume gestaltet und sind selbst während des Begleitungsprozesses jederzeit präsent und ansprechbar. Für die Verstorbenen gibt es einen gekühlten Raum, in dem sie verweilen, wenn sie nicht besucht werden. Unser Haus ist ein Ort, an dem der massiven Störung durch den Tod Vorrang gegeben wird. Menschen, die gerade, vielleicht überraschend, jemanden verloren haben, kommen zu uns – oft völlig verstört, einerseits von wildem Schmerz ergriffen, andererseits vor der Aufgabe, Dinge zu regeln, mit denen sie sich nicht auskennen. Wenn der Tod als Störung ins Leben kommt, nimmt er sich in der Regel den Vorrang. Die Störung besteht, neben vielen alltäglichen Veränderungen, weil jemand, der uns vertraut ist, nicht mehr da ist, vor allem darin, dass der Austausch, die Kommunikation mit dem verstorbenen Menschen für immer – und man mag sich noch nicht vorstellen, was das heißt – abgebrochen ist.

Ich habe mich gefragt, wie ich meinen täglichen Umgang mit Trauer und Tod sowie der Gestaltung von Abschieden im Blick auf meine eigenen Trauer- und Abschiedsprozesse einordne. Wichtig erscheint mir vor allem die Einordnung der Gefühle: Wenn bis dahin fremde Menschen sterben und betrauert werden, handelt es sich nicht um meine Trauer. Ich kann die Trauer, den Schmerz wahrnehmen, mitfühlen, aber ich leide nicht mit.

Diese Unterscheidung habe ich einüben können und müssen. Ich erlebe andere Menschen in ihrer Trauer: Meine wichtigste Erfahrung dabei ist zu sehen, dass sie »überleben«. Ich habe gelernt, mit betroffenen Menschen Wege zu finden, so etwas zu überleben. Im schrittweisen Zulassen der Gefühle, Auffinden von hilfreichen Ritualen, in der Anleitung und Ermutigung zum eigenen Handeln, konnte ich erleben, wie sie ihren eigenen »Überlebensweg« finden. Dies empfinde ich hinsichtlich meiner eigenen Trauerprozesse – gewesener, aktueller wie kommender – als hilfreich, ja privilegierend.

Der Weg durch die ersten Tage der Trauer
Ich definiere meine Arbeit als Bestatterin auch als Gruppenarbeit, wobei die kleine Runde von Menschen, die sich um einen Verstorbenen sammelt und die ersten Tage nach dem Tod gestaltet, die Gruppe ist, die ich leite. Es handelt sich in jedem Fall um eine teilnehmende Leitung, denn ich begebe mich mit und durch meine eigene Betroffenheit mit der Gruppe auf diesen ersten Trauerweg. Dabei öffne ich einen in der Situation für die Angehörigen unerwarteten Lebens- und Gestaltungsraum mit teilweise festen Strukturen, z. B. was den zeitlichen Rahmen angeht – in Frankfurt maximal zehn Tage. Vertrauen wird mir teilweise schon als Vorschuss (durch Empfehlung) mitgebracht, es entsteht aber in der Regel durch ein erstes anteilnehmendes ausführliches Beratungsgespräch. Es entsteht auch dadurch, dass Angehörige spüren, dass ich sicher in der Leitung eines solchen Prozesses bin.

Im ersten Gespräch führe ich das Prinzip der Selbstverantwortung ein.

Das ist ungewohnt, denn viele Trauernde kommen »in die Pietät«, weil sie hier gesagt kriegen, was sie jetzt zu tun haben, mit entsprechenden Fragen, die mit »was müssen wir ...« beginnen. Indem ich nicht direkt darauf antworte, sondern meinerseits beginne zu fragen: »Wie sind Sie hier angekommen?«, »Wie waren Ihre letzten Tage und Stunden miteinander?«, »Was brauchen Sie jetzt?«, »Was denken Sie, was Ihr ... jetzt braucht?« eröffne ich einen Raum, in dem sie anfangen, ihre Gefühle mit dem, was jetzt vor ihnen liegt, in Verbindung zu bringen. Sie entdecken, dass sie »Regie« führen dürfen in den Tagen, die vor ihnen liegen, dass es ihr Abschied ist, den sie gestalten dürfen, dass es ihr bzw. des Verstorbenen »letztes Fest« ist, das wir miteinander planen.

Wir haben jetzt Zeit – Bedürfnisse wahrnehmen
Vor allem liegt mir im ersten Gespräch am Herzen, Angehörige nicht sofort auf eine bestimmte Entscheidung, einen bestimmten Plan festzulegen. Das schafft viel Vertrauen, denn durch Zeitdruck wird das Prinzip der Selbstverantwortung sehr eingeschränkt. Eine meiner nachdrücklichsten Erklärungen ist deshalb: »Wir haben jetzt Zeit! Mit dem Tod kommt ein Stück der Ewigkeit zu Ihnen und nichts und niemand darf Sie jetzt drängen.« So öffne ich einen Zeitraum, in dem sich Angehörige erlauben, auf ihre eigenen Gefühle zu hören und Verantwortung für sich zu übernehmen.

In unserem Bestattungshaus schaffe ich einen unerwarteten Rahmen: Das Eröffnen eines Zeitraums in Verbindung mit dem bewusst gestalteten Raumangebot in unserem Bestattungshaus wird von Menschen, die zu uns kommen, als überraschend erlebt. Mit unserem äußeren Rahmen nehmen wir ihr inneres Feld auf und bringen sie damit in Kontakt. Inspiriert durch Ruth Cohn, die Psychoanalytikerin und Begründerin der Themenzentrierten Interaktion[109], verwenden wir viel Aufmerksamkeit darauf, dass Angehörige einen Raum bekommen, in dem sie sich aufgehoben fühlen.[110] »Ein bisschen wie zu Hause« soll es sein, und das nimmt vielen in einem Zustand innerer Verstörung die Beklemmung, mit der sie sich zunächst der »Pietät« genähert hatten.

In der Regel kommen zu uns drei bis fünf Personen, meistens die engsten Angehörigen. Mit ihnen führen wir ein bis drei längere Gespräche, außerdem gehen sie ein- oder mehrmals zu Abschiednahmen von ihrem Verstorbenen bei uns ein und aus. Wir besprechen mit den Angehörigen die Gestaltung der Bestattung und hierfür dürfen Assoziationen benannt werden – alles, was für diese Handlung als notwendig, zugehörig betrachtet wird: Was braucht der oder die Verstorbene z. B. an Versorgung, Lagerung, Kleidung? Was soll mit in den Sarg gegeben werden? Was brauchen die Hinterbliebenen, um sich verabschieden zu können? Da geht es um das Mithelfen bei der Versorgung, um Besuche, Rituale für sich oder bei dem Verstorbenen, Planung der Trauerfeier, Gestaltung von Anzeigen, Suche nach einem guten Platz für das Grab … Wir helfen den Angehörigen, ihre Fragen zu formulieren, z. B.: »Was kann ich, was will ich selber dafür tun und welche Unterstützung und Begleitung brauche ich von der Bestatterin«?

Manchmal werbe ich regelrecht dafür, nicht alles auf einmal erledigen zu wollen, sondern täglich neu zu schauen, wie es ihnen mit der Situation »N. N. ist tot« geht und was sie jeweils für Bedürfnisse mit Blick auf den Abschied in sich spüren. Schau in dich, schau um dich und entscheide dann – so bleibt das Prinzip der Selbstverantwortung im Spiel.

Gelungene und misslungene Balanceakte
Es kann sein, dass sich in diesem Prozess ganz andere Themen entwickeln. Hierbei spielen die Rahmenbedingungen der jeweiligen Familie oder der direkten sozialen Umgebung eines Verstorbenen eine große Rolle. Auch wenn nicht alle erscheinen, haben wir es mit dem System der ganzen Familie zu tun, und manchmal erweist sich die Macht der Abwesenden, einschließlich der Verstorbenen, als sehr wirksam.

Im Falle des Suizides eines 25-jährigen Mannes kurz vor Weihnachten gab es in der Familie erhebliche Vorbelastungen. Der junge Mann hatte den Kontakt zu seiner Mutter vor mehr als einem Jahr gänzlich abgebrochen, sie kannte auch seine Freunde nicht. Die Eltern waren seit Jahren getrennt. Zum Vater hatte ein guter Kontakt bestanden, er war auch mit dem Freundeskreis vertraut. Alle waren vom Tod des Sohnes und Freundes überrascht und standen nun vor der schweren Aufgabe (einer von vielen), miteinander eine Trauerfeier zu gestalten. Zu Beginn war unklar, ob es überhaupt eine geben sollte. Die Mutter, eine sehr spirituelle Frau, hatte genaue Vorstellungen, was alles zu geschehen hätte. Die Freund:innen und der Vater lehnten dies im Sinne des Verstorbenen rundweg ab. Aller Schmerz, gegenseitiges Unverständnis, Enttäuschung und Vorwürfe schwelten im Raum. Der

Prozess drohte zum Stillstand zukommen. Immer wieder saßen die Angehörigen und Freund:innen einzeln oder miteinander am Sarg. Endlich zeichnete sich bei allen eine Bereitschaft ab, sich zusammenzusetzen und miteinander eine Trauerfeier zu planen, die in ihrem Ablauf ganz eigenwillig sein sollte und Raum für alle Ideen und Äußerungen geben sollte. Diese Versammlungen fanden in unseren Räumen statt und wir konnten beobachten, wie langsam und zunächst sehr misstrauisch, später beinahe unbefangen, die Eltern und die Freund:innen sich fanden und tatsächlich ein Abschiedsfest vorbereiteten, das der Brüchigkeit des Lebens des Verstorbenen und Trauer um seinen Tod einen starken Ausdruck gab.

Wenn die Trauer ungehindert fließen kann, lässt sich leicht ein guter Weg finden, wie die ersten Tage der Trauer einschließlich der Trauerfeier gestaltet werden können. Es gibt allerdings Faktoren, die den Fluss der Trauer empfindlich stören oder gar ganz zum Stagnieren bringen können. Genannt seien hier nur einige mögliche Faktoren: Wut auf den Verstorbenen (z. B. bei Suizid), Schuldgefühle und Schuldzuweisungen, Traumatisierung durch qualvolles Miterleben des Todes (z. B. bei einem Unfall oder gar bei einem Mord). Indem ich als Bestatterin einen Raum zwischen Tod und Bestattung öffne, ermögliche ich auch die unterschiedlichsten Formen, den eigenen Befindlichkeiten Ausdruck zu verleihen. In manchen Fällen ist es nicht möglich, dass alle Angehörigen sich gemeinsam auf die gleiche Weise verabschieden. Hier schaue ich, dass jede und jeder den passenden Weg findet. Viele Formen des Handelns werden oft erst umgesetzt, wenn ich den Angehörigen zusichere, dass sie »in Ordnung« sind. D. h. aus einer vermeintlichen Störung – ich bin so wütend, ich kann gar nicht über eine Trauerfeier nachdenken – wird ein Weg, ein Trauerweg, der gerade den scheinbar unpassenden, aber so massiv ihr Recht fordernden Gefühlen einen Ausdruck erlaubt.

Gestaltungsmöglichkeiten für die Zeit zwischen Tod und Beerdigung

Die Verstorbenen noch einmal liebevoll versorgen: Ein Ritual, das wir als fast heilige Zeit erleben, ist das gemeinsame Versorgen des geliebten verstorbenen Menschen. Hier geht es darum, dem Körper noch einmal die letzte Ehre zu erweisen, sich mit Bewusstsein von jedem Körperteil zu verabschieden, seinen Menschen zu waschen, sie oder ihn mit Düften und Ölen zu umgeben, die ihm oder ihr angenehm waren. Auch die vertraute Kleidung darf angezogen werden. Nicht alle Angehörigen trauen sich das zu, aber wir ermutigen in jedem Fall dazu, denn die Erfahrung zeigt, dass ein neues letztes Bild entsteht, bevor wirklich der letzte Blick genommen und der Sarg geschlossen wird. Auch diesen Schritt vollziehen wir mit den Angehörigen gemeinsam, so sie es möchten.

Wünsche der Verstorbenen erfüllen: Eine Verstorbene hat sich zu ihren Lebzeiten einen bunten Sarg gewünscht. Sie war auch so eine bunte Person. Nun wäre ein farbiger Sarg sicher teuer, was den Angehörigen angesichts der bevorstehenden Verbrennung nicht zuzumuten gewesen wäre. Also habe ich vorgeschlagen, dass alle Menschen, die sich noch am offenen Sarg verabschieden wollten – das waren viele – den Sargdeckel mit bunten Eddings selber farbig gestalten. Es entstand ein wunderschönes gemeinschaftliches Werk, was wir natürlich fotografierten. So konnten wir den Wunsch der Verstorbenen ohne weitere Kosten sehr gut erfüllen.

Aussegnung: Menschen, die eine kirchliche Bindung haben und in einer Gemeinde beheimatet sind, schlagen wir vor, die Gemeindepfarrerin oder den Pfarrer um eine Aussegnung am Sterbeort zu bitten. Wenn Menschen zu Hause versterben, sind die Angehörigen u. U. sehr dankbar, wenn ihr geliebter Mensch ein solches Geleit beim Verlassen des Hauses bekommt. Bei der Aussegnung kann ein Psalm oder ein Gedicht gelesen werden, ein Gebet gesprochen und/oder ein Lied gesungen werden und schließlich der Segen beim Schritt über diese Schwelle erteilt werden.

Fotos im Sarg: Eltern wollten ihrem verstorbenen Kind versichern, dass sie immer an seiner Seite sind und es nie alleine lassen. Natürlich war das jetzt nur symbolisch möglich ... Also beklebten sie die Innenseite des Sargdeckels mit Familienfotos aus allen gemeinsamen Lebensphasen. Fröhliche, schöne Erinnerungen versammelten sich da! Am Ende war das Innere des Sargs regelrecht tapeziert, und somit hatte das verstorbene Kind im übertragenen Sinne alle Lieben ganz nah bei sich. Und die Familie blühte im Werkeln sichtbar auf.

Eine Nachtwache halten: Manchmal ist es am Tag zu laut und zu umtriebig, um in Ruhe bei der verstorbenen Person zu verweilen. Dann überlassen wir den Angehörigen unseren Abschiedsraum, stellen etwas Gebäck und Wein oder Wasser bereit, manche bringen sich auch ein Picknick mit, und dann sitzen sie alleine oder gemeinsam um ihre Lieben herum, tauschen sich aus, schreiben noch einen Brief oder Tagebuch. Gelegentlich erklingt Musik, auch selbst gemachte ... und alle empfinden es als tröstlich, in dieser ruhigen nächtlichen Atmosphäre noch einmal Zeit miteinander gehabt zu haben.

Ungeklärtes aussprechen: Bei uns kann man auch die Tür hinter sich zumachen und noch einmal alleine mit seinem/seiner Verstorbenen »sprechen«. Es gibt Situationen, wo auch nochmal etwas »heraus« muss, für das es vorher keine Gelegenheit gab. Das darf auch laut werden.

Sargbeigaben: Gerade wenn Kinder Abschied nehmen – von Mama oder Papa, Oma, Opa oder einem Geschwister – ist es wichtig, dass sie etwas bringen können: ein Lieblingsspielzeug, ein selbst gemaltes Bild, etwas Gebasteltes oder auch eine Süßigkeit, die er oder sie so geliebt hat.

Apropos Süßigkeit: Was ist ein angemessener Sargschmuck bei der Trauerfeier für ein verstorbenes Kind, was so gerne genascht hat? Natürlich ein Berg Süßigkeiten auf dem Sarg, von denen sich beim Abschied alle etwas mitnehmen dürfen – als Wegzehrung für den Trauerweg und als süße Erinnerung.

Die Beziehung zum Transzendenten in der Trauerbegleitung
Sowohl die Lebenden als auch die Verstorbenen bringen uns die Dimensionen der Transzendenz ins Haus: Die Verstorbenen dadurch, dass sie die Grenze vom Leben in den Tod überschritten haben und uns mit dem teilweise überraschenden Ausdruck in ihrem Gesicht Auskunft geben von der Welt, in die sie eingehen. Die Lebenden dagegen, die zurückbleiben müssen, bewegen sich häufig und intensiv mit ihren Gefühlen und Fragen entlang dieser Grenze, besonders intensiv, wenn der Leib des Verstorbenen den Blicken und damit auch dem Begreifen entzogen wird. Die innere Verbindung zum geliebten Menschen suggeriert einen Anspruch auf Antwort nach Fragen der Transzendenz. Trauer heißt anzunehmen, dass ich diese Antwort nicht oder nur vollkommen vage oder bruchstückhaft bekomme. Es ist fast unerträglich, dies auszuhalten und doch führt eben die Unerträglichkeit in die Suchbewegung. Und Suche ist immer auch ein Prozess, ist lebendig und kann Gegenstand von Kommunikation sein. Indem ich frage: »Was glaubst du, wo er oder sie jetzt ist?« eröffne ich neue Räume, lasse Bilder zu, rege zum Träumen an.

Leben »geschieht innerhalb bedingender innerer oder äußerer Grenzen – Erweiterung der Grenzen ist möglich«[111] – diesen Grundsatz von Ruth C. Cohn beziehe ich ganz bewusst auf den Trauerprozess und den sich öffnenden transzendenten Raum. Dieser Dimension auf dem Trauerweg der ersten Tage bei Gesprächen und Ritualen einen festen Platz zu geben, scheint mir eine Erweiterung der Grenzen nicht nur möglich zu machen, sondern an sich zu sein. Ich bringe die Menschen mit dem in Kontakt, was sie jenseits der Grenze für möglich halten (und sollte selbst damit in Kontakt sein). Dadurch ermögliche ich ihnen einen Zugang zu ihren spirituellen Kräften unabhängig davon, welcher Konfession oder Religion sie angehören.

Am Ende der Schleusenzeit – Die Trauerfeier als Abschluss
In der Regel steht am Ende der ersten Zeit nach dem Tod die Trauerfeier. Ob kirchlich oder weltlich, sie soll ein stimmiges Ritual sein, das allen Betroffenen die Gelegenheit gibt, den Leib oder die Asche ihres/ihrer Verstorbenen endgültig zu verabschieden und das Leben dieses geliebten Menschen noch einmal zu beleuchten, ja zu feiern. Die der Person angemessene Form der Gestaltung in Worten, Musik, Farben und Ritualen unterstützt dies. Häufig geht auch die Angst davor mit ihr einher, war es doch zuvor so angenehm im diskreten Austausch mit der Bestatterin gewesen, und jetzt weht den engen Angehörigen in der großen Feier der Wind der »Öffentlichkeit« um die Nase. Trägt es jetzt, was wir erarbeitet haben, was uns untereinander so stark verbunden hat? Und wie begegne ich diesen Ängsten? Sowohl für das Gespräch mit der Pfarrerin oder dem Trauerredner als auch für die organisatorische Vorbereitung des Ablaufs weise ich Angehörige auf das Prinzip der selektiven Authentizität hin: Nicht alles, was in den ersten Tagen gesagt oder erlebt wurde, muss auch in der Trauerfeier vorkommen. Sie müssen und dürfen selbst entscheiden, was in der Öffentlichkeit der Trauerfeier Platz haben soll.

Eine neue Zeitrechnung beginnt
Während zwischen Tod und Bestattung die Zeit gelegentlich still zu stehen scheint, beginnt nach der Beisetzung so etwas wie eine neue Zeitrechnung. War eben noch die Rede von spürbarer Ewigkeit verbunden mit einer hohen Intensität an Begegnungen im sozialen Netz im Zusammenhang mit Abschiednahmen und Bestattung, so lichtet sich diese Dichte mehr und mehr. Die schwere Zeit der Erinnerung beginnt. Lebensräume müssen aufgelöst, verändert oder neu eingerichtet werden. Wie lange diese Trauerzeit dauern wird, ist offen. Elisabeth Kübler Ross sagt: »Die Wahrheit ist, dass sie für immer trauern werden. Man kann über den Verlust eines geliebten Menschen nicht hinwegkommen, sondern lernt lediglich, damit zu leben.«[112]

Der Tod einer Person, zu der ich eine innige Bindung lebe, bringt meine Balance zwischen Autonomie und Interdependenz aus dem Gleichgewicht. »Mein Zurückbleiben wirft mich auf mich selbst zurück. Plötzlich muss ich ganz vieles, was wir vorher gemeinsam gelebt haben, wieder ganz alleine tun oder lassen. Trauer wird so zur Umkehr dessen, was ich in einer Verliebtheit eingehe. Dort verschiebe ich meine individuelle Balance von der Autonomie hin zur Interdependenz. In der Trauer geht es also darum, meine Autonomie zu stärken und die Beziehung in eine innere, universale Verbundenheit umzuwandeln.« Die Autonomie wächst, je mehr ich mir meiner Interdependenz bewusst bin. »Trauer ist darum Beziehungsarbeit zur Stärkung meiner selbst«[113]! Meine Abwehr gegen das »Sie müssen jetzt loslassen« hat hier ihre deutliche Berechtigung. Ich muss die Interdependenz nicht auflösen, sondern im Gegenteil sie stärken, um wieder in meine Mitte zu kommen!

Vom Schatten zum Licht
Am Anfang der Begleitung in einem Todesfall gibt es viel Misstrauen, Stagnation und Chaos. Dass die Angehörigen am Ende dieser Zeit unser Haus verlassen mit Sätzen wie »Schade, dass wir jetzt nicht mehr jeden Tag zu Ihnen kommen können«, hat vermutlich auch damit zu tun, dass es gelungen ist, mit ihnen in einen Prozess einzutreten, in dem sie sich unserer Professionalität und Solidarität versichern und anvertrauen können und ihre eigene Handlungskompetenz (wieder-)entdecken, getragen von einer Struktur, einem Setting für diese Tage, das eben diesen Prozess fördert.

Es ist wahr, dass es kurz nach dem Tod eines geliebten Menschen auch euphorische lichtvolle Momente gibt, ich habe es selber erlebt. Und es ist eine schöne und erfüllende Aufgabe, dieses Licht freizulegen und für den weiteren Trauerprozess in Kraft zu setzen.

Einladung zur Praxis der Achtsamkeit

Achtsames Gehen

Nehmen Sie sich jetzt Zeit für achtsames Gehen. Hören Sie die Übung *Achtsames Gehen.* Gehen Sie entschleunigt, neugierig und ohne ein Ziel. Lassen Sie sich Zeit, die Übung in Ruhe zu beenden.

https://forumachtsamkeit.de/achtsamkeit-organisationen/tao-audio-dateien/

4 | Trauer

> *Wir leben in einer Gesellschaft, die die Trauer tabuisiert,*
> *missbilligt und die unterentwickelte Fähigkeit*
> *zu trauern in Kauf nimmt.*
> Jorgos Canacakis

Trauer ist eine normale, gesunde und meist vorübergehende Reaktion auf den Verlust eines geliebten Menschen oder Tieres oder auf die Trennung von einer Wohnung, einem Haus oder einer Heimat. Bei der Trauer geht es um zwei verschiedene Aspekte: Zum einen setzt sich die trauernde Person mit dem Verlust auseinander, zum anderen geht es um die Neugestaltung des Lebens. Zugleich gibt es in dem Prozess der Trauer immer auch Zeiten der Ablenkung, der Verweigerung und der Vermeidung. Um innerlich zur Ruhe zu kommen, können Entspannungs- und Achtsamkeitsübungen eine wertvolle Hilfe sein, sehr oft auch das Tagebuchschreiben und Gespräche mit Menschen, die uns nahestehen. Und manchmal kann auch der Einsatz von Psychopharmaka und Psychotherapie notwendig sein.

Trauern heißt, intensive Gefühle zuzulassen, sich im Nicht-Wissen zu erleben und auch nicht mehr alles unter Kontrolle zu haben. Grundsätzlich geht es darum, alle Gefühle zu erleben, sich selber in der Tiefe zu begegnen und mit dem Erlebten Frieden zu schließen. *Trauer ist Liebe*, sagt Fritz Roth[114] und so geht es im Trauergeschehen nicht darum, den geliebten Menschen »loszulassen«, sondern der liebevollen Erinnerung an den Verstorbenen einen neuen inneren Raum zu geben.

Trauernde Menschen brauchen in ihrer Wüstenzeit Akzeptanz, Verständnis und Geborgenheit und die Ermutigung, den Abschiedsschmerz anzunehmen und zu durchleben. Freunde und Kollegen sind mit der Begleitung von trauernden Menschen schnell überfordert, so dass es sinnvoll ist, sich mit anderen Menschen zusammenzutun, die eine vergleichbare schmerzliche Erfahrung gemacht haben. Für die einen ist eine Trauergruppe oder ein Trauer-Café eine Unterstützung, andere machen vielleicht eine Trauerreise oder gestalten zusammen mit anderen Menschen individuelle Rituale, um das Erlebte zu verarbeiten. In früheren Zeiten gab es Trauerkaufhäuser und die Tradition, sich im Trauerjahr schwarz zu kleiden. Heute gibt es andere Trauersitten wie das Aufstellen von Holzkreuzen am Straßenrand nach einem tödlichen Unfall oder das Ablegen von Blumen und Kerzen an einem Ort, wo eine Gewalttat stattgefunden hat. Innovative Bestatter:innen verstehen sich immer öfter als Trauerbegleiter und ermutigen die Angehörigen, ihrer Trauer einen Ausdruck zu geben, beispielsweise indem der Sarg des Verstorbenen gebaut oder bemalt wird.[115]

Und dann gibt es im Trauerfall noch viel zu regeln: die Organisation der Bestattung, das Kündigen von Verträgen, das Erbe antreten oder ausschlagen, die Hinterbliebenenrente beantragen und vieles andere mehr. Der von Stiftung Warentest[116] herausgegebene Ratgeber *Schnelle Hilfe im Trauerfall* gibt einen ausgezeichneten Überblick über all das, was zu tun und zu beachten ist.

Denkanstoß 19: Die Unfähigkeit zu trauern

> *Zu den Mitteln der Schuldleugnung*
> *gehört die seither häufig vertretene Auffassung,*
> *das Hereinbrechen einer Diktatur sei ein Naturereignis,*
> *das sich getrennt von Einzelschicksalen vorbereite*
> *und gleichsam über sie hinweggehe.*
> Alexander Mitscherlich

Zwei verlorene Weltkriege, der Tod von Millionen von Menschen, die Gräueltaten an den Juden und auch die Folgen von Flucht und Vertreibung wirken bis heute nach. Die Scham und die Schuld über das von Deutschland verursachte Elend waren so groß, dass viele Menschen nach dem Zweiten Weltkrieg den Weg des Schweigens wählten und sich weigerten, die eigenen Taten zu reflektieren und offen über das Erlebte zu sprechen sowie die Mitverantwortung für das Geschehen zu übernehmen. Die seelischen Auswirkungen der Nazizeit zeigten sich in Verleugnung, Verdrängung und Verschweigen sowie der Unfähigkeit zu trauern. Das 1967 veröffentlichte Werk der beiden Psychoanalytiker Alexander und Margarete Mitscherlich *Die Unfähigkeit zu trauern* untersuchte die Abwehrhaltung der am Krieg beteiligten Menschen im Nachkriegsdeutschland. Dieser Klassiker erregte großes Aufsehen und wurde kontrovers diskutiert. International wurde das Buch aufmerksam zur Kenntnis genommen und war mit seinem programmatischen Titel ein Schlüsseltext für die noch fehlende Aufarbeitung und

Bewältigung der nationalsozialistischen Vergangenheit in der Bundesrepublik. Die beiden Autoren beschrieben die weitverbreitete Erinnerungsverweigerung und vermissten eine Trauerarbeit angesichts des Unterganges des Dritten Reiches. Die Folgen waren die Verleugnung der Vergangenheit und eine damit verbundene Gefühlsstarre der Deutschen. Die Mitscherlichs beschäftigten sich in ihrem Werk mit der Trauer um die vergangene deutsche Größe, denn ohne die Trauer um die eigenen Verluste ist ein wirkliches Interesse an den Opfern und eine Trauer über das angetane Leid durch die Nazi-Herrschaft nicht möglich.

Die Journalistin und Buchautorin Sabine Bode hat in ihren Büchern über *Kriegskinder*[117] und *Kriegsenkel*[118] ausgeführt, dass die kindlichen Traumata der Kriegskinder oft viele Jahrzehnte unbewusst blieben, erst im späten Lebensalter an die Oberfläche kamen und wortlos an die nachfolgende Generation, die Kriegsenkel, weitergegeben wurden. *Krieg hört nicht auf, wenn die Waffen schweigen*, sagt Sabine Bode, und die Folgen der Kriegserlebnisse als Kind bleiben noch viele Jahrzehnte spürbar. Kriegskinder sind die vergessene Generation. Sie sind in der Zeit zwischen 1930 und 1945 geboren. Für einen Einsatz an der Front waren sie noch zu jung, und doch haben sie Bombenangriffe, Hunger, Vertreibung und den Tod von Familienangehörigen erlebt und erlitten. Ihnen wurde gesagt: *Reiß Dich zusammen! Vergiss alles und schau lieber nach vorne! Sei froh, dass Du überlebt hast!* und *Andere habe es noch viel schlimmer gehabt!* Diese die Gefühle nicht wertschätzende Erziehung hatte zur Folge, dass die Menschen funktionierten, sich nicht beschwerten, wenige Fragen über den Krieg stellten und das zerstörte Land reibungslos wieder aufbauten. Die Erinnerung blieb »eingeschlossen«, und über siebzig Jahre nach Ende des Zweiten Weltkrieges begann allmählich die emotionale Aufarbeitung der deutschen Tragödie.

Und auch der nationalsozialistische Erziehungsstil wirkte noch viele Jahrzehnte nach. Eltern wurden ermutigt, sich ihren Kindern gegenüber kalt und abweisend zu verhalten, Disziplin stand hoch im Kurs, und auch Gewalt in Form von Ohrfeigen und Schlägen wurde gebilligt. All das bewirkte unterkühlte Beziehungen und eine emotionale Fremdheit zwischen Eltern und Kindern und ein Nichtverständnis, so dass wiederum die Kriegsenkel nicht selten sagen: *Ich erreiche meine Eltern emotional nicht!* Kriegsenkel sind die Kinder der Kriegskinder des Zweiten Weltkrieges und sind die Jahrgänge von 1960 bis 1975. Sie haben meist die unverarbeiteten Emotionen der Eltern geerbt, besonders die Unfähigkeit zu trauern, und dies hat oft zu dazu geführt, selber nicht zu fühlen. Während die Kriegskinder die äußerlichen Trümmer beseitigt haben, besteht die Aufgabe der Kriegsenkel darin, die seelischen Trümmer zu erkennen und aus dem Weg zu räumen.

> **Tagebuch der Selbsterforschung**
> - Wie ist es um die Fähigkeit zu trauern bei Dir und in Deiner Familie bestellt?
> - Wie offen und persönlich wurde in Deiner Familie über die Schrecken des Zweiten Weltkrieges gesprochen?
> - Was hast Du von Deinen Eltern »geerbt« und wie gehst Du damit um?

Die Unfähigkeit zu trauern endet nicht mit den beschriebenen Nachwirkungen des Zweiten Weltkrieges. Auch heute haben wir viel Grund zum Trauern, denn wir sind dabei, unseren »blauen Planeten« zu zerstören. Wer es wissen will, der kann es seit Jahrzehnten wissen, dass wir unsere Erde systematisch zugrunde richten. Politische Konsequenzen unterblieben weitgehend, und der Zustand der Welt verschlechtert sich von Jahr zu Jahr weiter trotz zunehmender Umweltschutzbemühungen. Angesichts der Krisensituation stellt sich nun die Frage, warum die vielfältigen Warnsignale nicht ernst genommen werden. In vielen politisch aktiven Kreisen wird die Apathie der Öffentlichkeit auf einen Mangel an Informationen zurückgeführt, und die Aktivist:innen verwenden einen Großteil ihrer Zeit, Energie und ihres Engagements darauf, die mutmaßlichen Wissenslücken der Bevölkerung mit Informationen zu füllen. Doch der erhoffte Erfolg bleibt in der Regel aus, denn die meisten Menschen sind sich sehr wohl der drohenden Vernichtung unseres Planeten bewusst.

Die amerikanische Religionswissenschaftlerin und Aktivistin Joanna

Macy sieht in der allgemeinen Apathie (griech., wörtl.: Nicht-Leiden) die Unfähigkeit oder die Weigerung vieler Menschen, mit den eigenen Ängsten in Kontakt zu kommen. Ihrer Ansicht nach verdrängen wir die düsteren Zukunftsprognosen, weil wir Angst davor haben, der Verzweiflung, dem Schmerz, der Trauer, dem Ohnmachtsgefühl und der Zukunftsangst zu begegnen und von den sic begleitenden Gefühlen überwältigt zu werden. Diese Gefühle sind für viele Menschen sehr bedrohlich und gelten in unserer Kultur als nicht gesellschaftsfähig – ein offenes Bekenntnis zu den eigenen Gefühlen angesichts des Zustandes unserer Welt würde für viele bedeuten, ein soziales Tabu zu brechen. Daher werden die Gefühle verdrängt und verleugnet, und das hat zur Folge, dass wir eines großen Teiles unserer Energie beraubt werden und von den tiefen, unbewussten Quellen unserer Kraft und Kreativität getrennt sind. Der Preis, den wir letztlich für die Verdrängungsarbeit bezahlen, ist hoch, denn das Verweigern von Gefühlen, wie Trauer und Wut, wirkt sich auf unser gesamtes Leben aus. Das Leben wird wie unter einer psychischen Betäubung erlebt, die auch »seelische Erstarrung« genannt wird. Aus all diesen Überlegungen hat Joanna Macy die tiefenökologische Arbeit entwickelt.[119] Der Begriff wurde zuvor von dem norwegischen Philosophen Arne Naess formuliert, der diesen Begriff der oberflächlichen Ökologie gegenüberstellt. Joanna Macy hat mit ihrer Arbeit sowohl ein theoretisches Konzept als auch praktische Übungen entwickelt, um erfahrbar zu machen, dass alles miteinander verbunden ist, um aus dieser Geisteshaltung heraus politisch aktiv zu werden und mutig zu handeln.[120]

Denkanstoß 20: **Trauerphasen**

> *Trauern ist die normale und lebenserhaltende Reaktion*
> *auf den Tod eines vertrauten Menschen. Jeder Mensch*
> *trauert anders und es gibt viele Aspekte*
> *in einem Trauerprozess.*
> Chris Paul

Die Medizinerin Elisabeth Kübler-Ross hat 1969 in ihrem Buch *Interviews mit Sterbenden* die Theorie der fünf Phasen der Trauer beschrieben. Sie wollte herausfinden, welche unterschiedlichen Gefühle Menschen erleben, wenn sie sich mit dem Tod konfrontiert sehen, und fand dabei heraus, dass die Menschen sehr ähnliche Phasen erleben. In der ersten Phase steht der Schock im Vordergrund und das Geschehen wird verdrängt. Dieses Stadium ist von Nichtwahrhabenwollen und Leugnung kennzeichnet. Die zweite Phase ist die der Wut und des Zornes. Der Sterbende hat seine Situation innerlich zugelassen und fragt sich, warum es ausgerechnet ihn trifft. Darauf folgt dann die dritte Phase des Verhandelns mit Ärzten oder Gott in der Hoffnung, noch das eine oder andere erleben zu können. Die vierte Phase ist von einer depressiven Stimmung geprägt. Der Sterbende erlebt sich zutiefst machtlos, spürt Verzweiflung und wünscht meist keine weiteren Therapien mehr. Die fünfte und letzte Phase ist gekennzeichnet von Akzeptanz. Der Sterbende hat mit seiner Situation Frieden geschlossen, wendet sich zunehmend von den Mitmenschen ab und erwartet den Tod.

Das große Verdienst von Elisabeth Kübler-Ross besteht darin, erstmals so differenziert die Phasen der Trauer beschrieben zu haben. Und zugleich wurde ihr Modell immer wieder wegen einer zu großen Unbeweglichkeit kritisiert. Kübler-Ross vertrat die Auffassung, dass eine Etappe nach der anderen durchlaufen werden müsse, ansonsten würde der Trauerprozess zum Stillstand kommen. Neuere Forschungen erkennen eine viel größere Flexibilität im Trauerprozess, das heißt, Sterbende erleben die Phasen immer wieder in einer anderen Reihenfolge, überspringen auch eine Etappe oder erleben eine Phase mehrmals. Neben Elisabeth Kübler-Ross haben sich auch andere Trauerforscher:innen wie Verena Kast, George A. Bonanno und William Worden mit dieser Thematik ausführlich beschäftigt.

Tagebuch der Selbsterforschung
- Welche Erfahrungen hast Du mit dem Begreifen des Todes bzw. des Toten gemacht?
- Welche Gefühle hast Du während der Trauer erlebt?
- Was hat Dir geholfen, den Tod eines geliebten Menschen zu akzeptieren?

Die Trauerbegleiterin und Autorin Chris Paul hat einen komplexen und nicht-linearen Ansatz der Trauerbewältigung entwickelt. In ihrem Modell geht es nicht um verschiedene Phasen der Trauer, sondern um verschiedene Aspekte des Gesamtprozesses der Trauer. Sie nennt ihr Modell *Das Kaleidoskop des Trauerns*. Damit bringt sie zum Ausdruck, dass sich in einem Trauerprozess immer wieder eine bestimmte Facette in den Vordergrund schiebt und zugleich die anderen Facetten im Hintergrund noch vorhanden sind. Das ganze Geschehen ist dynamisch, individuell und nicht vorhersehbar. Nachfolgend die Beschreibung der sechs Facetten des Kaleidoskops.

Trauerfacette Überleben: Diese Facette hat die Farbe Orange, und sie ist in der Intensität vergleichbar mit einer leuchtende Warnweste der Feuerwehr. Bei diesem Aspekt geht es bei dem Trauernden nur um das Funktionieren und Überstehen des aktuellen Tages. Der Schreck und die Fassungslosigkeit beispielsweise angesichts eines Unfalls oder Herzinfarktes ist so groß, dass sich Menschen in sehr unterschiedlicher Weise verhalten. Die einen reden ohne Punkt und Komma, die anderen kriegen kaum ein Wort heraus. Manche schlafen, andere machen viel Sport. Alkohol- und Fernsehkonsum sind weitere Möglichkeiten, sich abzulenken, um das Schockierende nicht fühlen zu müssen. Diese Verhaltensweisen sind zuweilen nicht nachvollziehbar und zugleich notwendige Überlebensstrategien des Trauernden.

Trauerfacette Wirklichkeit: Die Farbe dieser Facette ist Dunkelgrau, weil es sich dunkel und trostlos anfühlt, wenn ein geliebter Mensch tot ist. Das *Begreifen des Todes* gelingt meist viel leichter, wenn der Tote angeschaut und berührt werden kann, und daher »sind die Stunden rund um das Sterben entscheidende Stunden für dieses Verstehen und Begreifen.«[121] Aufbahrungen und Totenwachen sind von unschätzbarem Wert, auch wenn viele Menschen heute keinen Zugang mehr zu diesen alten, sinnstiftenden Ritualen haben. Auch die Gemeinschaft mit anderen Menschen in einer solchen schmerzlichen Situation unterstützt das Begreifen, ganz gleich, ob es eher ein stilles Zusammensein ist oder ob sich über das Sterbegeschehen ausgetauscht wird. Und beim Sprechen ist es wichtig, in der Wortwahl klar zu sein zu sein. Man sollte nicht vom »Einschlafen« sprechen, sondern vom »Versterben«, weil das Sterben etwas Endgültiges ist. Zum Begreifen des Todes gehört auch die Frage, ob und was nach dem Tod sein wird.

Trauerfacette Gefühle: Die Farbe dieser Facette ist ein kräftiges Rosa, weil die unterschiedlichen Gefühle voller Intensität und Zartheit sind. Trauernde erleben viele verschiedene Gefühle: Traurigkeit, Angst, Ohnmacht, Wut, Schmerz, Erleichterung, Dankbarkeit und vieles andere mehr. Und all diese zum Teil auch widersprüchlichen Gefühle sind notwendig, auch wenn die Bewältigung des Alltages durch das Erleben der Gefühle zuweilen sehr schwerfällt. Da das Trauererleben individuell sehr unterschiedlich ist, gibt es auch keine »guten« oder »schlechten« Gefühle – das ganze Durcheinander der Gefühle darf sein und will erlebt und ausgedrückt werden. Und am Sterbebett darf sowohl geweint als auch gelacht werden. Viele Trauernde schätzen es, wenn ihnen belastungsfähige Menschen zur Seite stehen, beispielsweise eine Freundin, die mehr emotionalen Abstand hat, oder ein Seelsorger.

Trauerfacette Sich anpassen: Die Farbe dieser Facette ist Grün und steht für die Umwelt des Trauernden. Kollegen, Freunde und Nachbarn drücken ihre Anteilnahme aus, und in der Familie können sich die Rollen und Aufgaben nach einem Tod verschieben. Manchmal bleibt kein Stein auf dem anderen, und der Trauernde muss zusätzlich noch »damit umgehen, dass die einen nicht mehr grüßen und die anderen mit ungebetenen Ratschlägen reagieren.«[122] Da die Erfahrung des Todes eines geliebten Menschen ungewohnt und überwältigend ist, gibt es für den Trauernden weder Routinen noch Rituale, auf die er zurückgreifen kann und die unterstützend wirken können. Die Gestaltungsspielräume (z. B. Aussegnung, Aufbahrung, Abschiedsrituale) werden zu Anfang meist nicht wahrgenommen. Daher braucht es die einfühlsame Information und Unterstützung durch Bestatter, Seelsorger, Hospizhelfer und das Krankenhauspersonal.

Trauerfacette Verbunden bleiben: Diese Facette hat die Farbe Gelb. Sie steht für das Leuchten der Sonne. Die innere Verbundenheit mit dem verstorbenen Menschen ist für viele Hinterbliebene wie ein Sonnenstrahl. Die Verbindung mit dem Gestorbenen verändert sich grundlegend, weil die körperliche Verbindung nach dem Tod nicht mehr besteht. Umso wichtiger werden all die Liebesdienste des Trauernden (z. B. Waschen und Ankleiden des Verstorbenen) sowie die Erinnerungen und die Träume des Verstorbenen. »Manchmal ist es, als sei der Verstorbene auf eine nicht zu erklärende Weise immer präsent im eigenen Leben, unterstützend und freundlich.«[123]

Trauerfacette Einordnen: Blau ist die Farbe dieser Facette, und sie steht für die Weite des Himmels. Der Himmel symbolisiert die Fülle der Gedanken, die wir denken, denn der trauernde Mensch fühlt nicht nur, sondern er versucht auch das Erlebte einzuordnen und zu bewerten. In einer solchen überwältigenden Situation werden Grundüberzeugungen und Glaubenssätze offenbar. Der eine mag denken: »Das ist alles sinnlos!«, der andere fragt sich: »Warum geschieht das ausgerechnet mir?« und eine weitere Person sagt: »Der Herr hat's gegeben, der Herr hat's genommen, gepriesen sei der Name des Herrn.« Es gibt keine richtigen oder falschen Gedanken, vielmehr besteht die Aufgabe darin, das eigene Denken neugierig zu erforschen, das eine oder andere neu zu bewerten sowie den Lebenssinn zu finden.

Die Zeit der Trauerarbeit ist individuell sehr unterschiedlich und kann eine lange Zeit beanspruchen. Währenddessen wechseln sich die sechs Facetten untereinander ab. Eine Unterstützung durch Trauerbegleiter, Seelsorger, Psychotherapeuten und Ärzte kann dabei eine wesentliche Hilfe sein, um einen Weg in ein selbstbestimmtes und erfülltes Leben zu finden.

Denkanstoß 21: Trauergruppen

Gemeinsam sind wir stark.

In einer Trauergruppe treffen sich Menschen, die einen Todesfall erlebt haben und am regelmäßigen Austausch mit Gleichgesinnten interessiert sind. In der Regel sind homogene und angeleitete Gruppen von Vorteil, weil die Themen und Angebote genau auf die Bedürfnisse der Teilnehmenden zugeschnitten werden können. Ein persönliches Vorgespräch hilft herauszufinden, ob eine angeleitete Gruppe die passende Umgebung für den trauernden Menschen ist oder ob eine Einzelbegleitung angemessener ist. In einer solchen Gruppe machen die Teilnehmenden eine Vielzahl von entlastenden und ermutigenden Erfahrungen: »Ich bin nicht allein in meiner Trauer und meinem Schmerz. Ich trauere, es geht mir schlecht, aber ich bin nicht ›verrückt‹! Es entlastet mich, mich mit anderen Trauernden auszutauschen, und es gibt viele Gemeinsamkeiten. Andere Trauernde können mir helfen, und ich kann anderen Trauernden helfen.«[124] Neben dem Austausch mit Betroffenen geht es um die Wahrnehmung und Akzeptanz der Vielfalt der Gefühle. In der Trauergruppenarbeit werden Informationen über Trauerprozesse und Trauermodelle vermittelt, um das eigene Erleben besser zu verstehen. Außerdem bekommen die Teilnehmenden Impulse für die Gestaltung des Trauererlebens sowie für die eigene Neuorientierung. Sehr unterstützend ist es, wenn bei den Gruppentreffen auch Entspannungs- oder Achtsamkeitsübungen[125] angeboten werden.

Beispielhafte Kommunikationshilfen für das Miteinander in Gruppen

- Vertrete dich selbst in deinen Aussagen; sprich per *ich* und nicht per *wir* oder per *man*.
- Wenn du eine Frage stellst, sage, warum du fragst und was deine Frage für dich bedeutet. Sage dich selbst aus und vermeide das Interview.
- Halte dich mit Interpretationen von anderen so lange wie möglich zurück. Sprich stattdessen deine persönlichen Reaktionen aus.
- Wenn mehr als einer gleichzeitig sprechen will, verständigt euch in Stichworten, über was ihr zu sprechen beabsichtigt.
- Sei authentisch und selektiv in deiner Kommunikation. Mache dir bewusst, was du denkst, fühlst und glaubst, und überdenke vorher, was du sagst und tust.
- Werde wach für deine Gefühle. Sie gehören zu deinem Wert und zu deiner Wichtigkeit. Sie sind gültig für dich und deinen jeweiligen Augenblick. Sie sind deine Energiespender.
- Beobachte die Signale aus deiner Körpersphäre, und beobachte diese auch bei anderen Teilnehmenden.
- Wenn du willst (nicht: wenn du gerade Laune dazu hast), durchbrich alle diese Regeln!

Alle diese Spielregeln sollen das Eigenpotential der Teilnehmenden zur Entfaltung bringen und die Kooperationsfähigkeit einer Gruppe verbessern; für alle Kommunikationshilfen gilt daher, dass sie als freundliche Aufforderung und Ermutigung angesehen werden sollen, nicht aber als ein Dogma.[126] Und auch Vereinbarungen sind wichtig für ein gelingendes Miteinander, wie pünktliches Erscheinen zum Gruppentreffen oder Verschwiegenheit über persönliche Mitteilungen in der Gruppe. Klarheit und Struktur brauchen Menschen, deren Lebenssituation durcheinandergewirbelt wurde: auf der einen Seite einen verlässlichen Raum sowie immer den gleichen Wochentag und dieselbe Uhrzeit für das Gruppentreffen; auf der anderen Seite schafft es Vertrauen, wenn der Ablauf eine klare Struktur und ein Thema hat. Wer einen Zugang zu Entspannung und Achtsamkeit hat, der beginnt ein solches Treffen mit fünf bis zehn Minuten des Innehaltens, damit jede und jeder in Kontakt mit sich selbst kommt. Diese Form der Selbstbegegnung ist die Voraussetzung dafür, um mehr Bewusstheit in die zwischenmenschliche Begegnung zu bringen.[127] Anschließend folgt dann eine »Ankommrunde«, in der die Teilnehmenden eingeladen werden, darüber zu erzählen, was in der Zwischenzeit geschehen ist und mit welchem Gefühl sie heute hier sind.

Es folgt jetzt ein thematischer Block, der von den Leitenden vorbereitet worden ist. In Einzel-, Partner-, Kleingruppenarbeit oder Plenum wird eine Fragestellung besprochen, und den Begleitern fällt die Aufgabe zu, das Gespräch zu moderieren. Das heißt, darauf zu achten, dass alle zu Wort kommen, die Teilnehmenden zu ermutigen, nicht *über* etwas zu sprechen, sondern die eigenen Gefühle zum Ausdruck zu bringen, sowie sich für ein wertschätzendes Miteinander einzusetzen, wenn die Meinungen auseinandergehen. Am Ende dieser Sequenz gibt es meist eine Pause, auch um die Gelegenheit für informelle Gespräche zu schaffen, bevor es dann am Schluss noch eine Abschlussrunde gibt, bei der die Teilnehmenden mitteilen können, was sie von diesem Treffen mitgenommen haben. Manche Leitenden machen den Gruppenmitgliedern das Angebot, dass sie auch zwischen den Treffen kontaktiert werden können. Aus all dem Gesagten wird deutlich, dass es eine anspruchsvolle Aufgabe ist, eine Trauergruppe zu leiten. Es braucht daher eine Qualifikation zum Gruppenleiten und zugleich umfangreiche Erfahrungen in der Bewältigung von Krisen und Trauer.

Tagebuch der Selbsterforschung
- Was hat Dir geholfen, einen Trauerfall zu bewältigen?
- Welche Erfahrungen hast Du mit der Teilnahme an einer Trauer- oder Selbsthilfegruppe gemacht?
- Welche Aspekte wären Dir wichtig, wenn Du eine Trauergruppe zu leiten hättest?

Neben Trauergruppen gibt es auch noch andere Angebote, um mit trauernden Menschen zusammenzukommen, und zwar Trauer-Cafés und Trauer-Reisen. Das *Trauercafé* ist ein offenes und unverbindliches Angebot, das meistens monatlich stattfindet. Trauernde bekommen einen Raum, in dem sie sich mit anderen Betroffenen über ihre eigenen Erfahrungen austauschen können. Eine *Trauerreise* richtet sich an Menschen, die jemanden verloren haben und die in den Ferien nicht alleine unterwegs sein wollen.[128] Sie schätzen es, dass eine ausgebildete Trauerbegleiterin während der Tour mit dabei ist. Sie bietet Gesprächsrunden an und steht auch für Einzelgespräche zur Verfügung.

Denkanstoß 22: **Trauer am Arbeitsplatz**

> *Trauer ist zwar keine Krankheit,*
> *aber nicht gelebte Trauer*
> *kann krank machen.*
> Franziska Offermann

Unsicherheit ist das stärkste Gefühl, das in Organisationen entsteht, wenn ein Mitarbeiter verstirbt oder es zu einem Todesfall bei einem Angehörigen eines Kollegen kommt. Wie soll man sich verhalten? Was ist zu tun oder zu unterlassen? Wie kann eine persönliche Anteilnahme durch Kollegen und Vorsetzte aussehen? Was brauchen Mitarbeiter und Führungskräfte, um Betroffene gut zu unterstützen? Erfahrungen und Umfragen zeigen, dass sich Trauernde vor allem authentisches Verhalten wünschen, Interesse, Anteilnahme und Mitgefühl.[129] Die eigene Unsicherheit braucht nicht überspielt zu werden, vielmehr ist es wichtig, einfühlsam miteinander zu sprechen, Verständnis zu zeigen, offene Fragen zu stellen und die Bedürfnisse und Wünsche des Betroffenen herauszufinden. Der Grundsatz in solchen Gesprächen lautet: *Im Zweifelsfalle ist nichts klar!* Trauernde erleben Telefonate oder Besuche, regelmäßiges Nachfragen nach dem Befinden sowie kleine Aufmerksamkeiten meist als hilfreich und tröstlich. Und auch ehrliche Hilfsangebote, Kondolenzschreiben und Geld für die Beerdigung schätzen Trauernde. Schmerzlich empfinden Betroffene fehlendes Einfühlungsvermögen und eine schlechte Vorbereitung des Wiedereinstieges in das Arbeitsleben. »Die intensivsten negativen Empfindungen wurden durch *Ignorieren, Totschweigen, Wortlosigkeit, Sprachlosigkeit, Lieblosigkeit* und *Isolation* ausgelöst.«[130]

Trauernde berichten, wie oft ein Gespräch über den Trauerfall vermieden wurde, manche Kollegen monatelang nicht nachfragten, der Vorgesetzte ihnen aus dem Weg ging und Trauernde zu einem viel zu schnellen Wiedereinstieg gedrängt wurden. Floskeln und Sprüche belasten die Hinterbliebenen, und daher gilt es, leere Worthülsen zu vermeiden. Sie sind keine Hilfe für einen Betroffenen, sondern nur ein Ausdruck der Unbeholfenheit. Nachfolgend ein paar Beispiele: »Die Zeit heilt alle Wunden!«, »Wer weiß, wozu es gut ist!«, »Ich habe es auch schon erlebt, man kommt drüber hinweg!«, »Glauben Sie mir, ich weiß genau, wie Sie sich jetzt fühlen!«, »Jeder bekommt nur das, was er tragen kann!« Viel angemessener sind ein mitfühlender Blick, ein Händedruck, eine liebevolle Umarmung oder eine paar Worte, die die eigene Betroffenheit zum Ausdruck bringen.

Vier verschiedene Zeiträume bei der Trauerunterstützung nach Franziska Offermann[131]

Eingangsphase

Kontakt zu dem Betroffenen, dessen Mitarbeitern und Führungskraft herstellen, Ansprechpartner sein, zuhören und vorsichtig Fragen stellen. Abklären, ob eine Teilnahme an der Beerdigung erwünscht ist und das Thema der Arbeits(un-)fähigkeit klären.

Vorbereitung des Wiedereinstiegs

Feste Bezugspersonen sind die größte Hilfe für den Wiedereinstieg. Kontakt halten, die Verbundenheit zum Ausdruck bringen und Wünsche in Erfahrung bringen.

Rückkehr an den Arbeitsplatz

Begleitung am ersten Tag. Abholung am Eingang und Willkommensgruß. Wertschätzung zum Ausdruck bringen, Raum für Gespräch und Austausch schaffen, Ängste und Tabuthemen respektieren, Normalität herstellen ohne dabei Themen zu vermeiden.

Ein Jahr danach

Den Namen des Verstorbenen weiterhin nennen, dauerhafte Erinnerung an den verstorbenen Mitarbeiter schaffen und nach dem Befinden fragen und auch, ob es vielleicht Belastungen oder Rückschläge gibt.

Wichtig ist für alle Beteiligten, im Blick zu behalten, dass ein Trauerprozess meist viel länger dauert als zunächst angenommen und immer wieder auch als eine emotionale Achterbahnfahrt erlebt wird. Wer eine ausgezeichnete Übersicht über die wichtigsten Aspekte zu unserem Thema sucht, findet diese in dem Buch *Trauer am Arbeitsplatz* von Petra Sutor.[132]

> **Tagebuch der Selbsterforschung**
> - Welche Trauerfälle am Arbeitsplatz hast Du schon erlebt?
> - Wie steht es bei Dir um die Balance von Empathie und Distanz?
> - Wer ist der passende und verlässliche Ansprechpartner für den Trauernden in Deiner Organisation?

Die Dichterin Mascha Kaléko sagt: *Bedenkt: Den eigenen Tod, den stirbt man nur, doch mit dem Tod der anderen muss man leben!* Für Trauer am Arbeitsplatz bedeutet dies, in einem Trauerfall zunächst einmal innezuhalten und zu fühlen, was es jetzt zu fühlen gibt. Dann gilt es, sich mit den wichtigsten Personen in einer Organisation zusammenzusetzen und zu überlegen, wer jetzt was und wie tut, damit das Vorgehen ruhig und abgestimmt ist. Festzulegen ist, wer der Ansprechpartner für den Trauernden ist und in einer verbindlichen und einfühlsamen Weise den Kontakt langfristig pflegt. Und auch das Team braucht Aufmerksamkeit und Unterstützung. Gespräche und Rituale können einen Rahmen schaffen, um Trauer und Verbundenheit auszudrücken. Auf diese Weise kann eine Kultur geschaffen werden, in der die Trauer nicht als Schwäche, sondern als eine normale menschliche Reaktion auf einen bedeutenden Verlust gesehen wird.

Denkanstoß 23: **Die Trauer als achtsamer Lebensbegleiter**
(Stephanie Gotthardt)

Wenn Sie diese Überschrift lesen, sind Sie vielleicht irritiert: Wie soll ein Gefühl, das uns oftmals aus unserer Komfortzone holt, etwas mit Achtsamkeit zu tun haben – und dann gleich ein Lebensbegleiter sein? In meinem von Verlust geprägten eigenen Leben sind mir viele Themen und Blickwinkel begegnet und vertraut. Es wurde beruflich und privat erkennbar, dass Trauerprozesse jeglicher Art zur Entwicklung des menschlichen Seins dazugehören und einen inneren Reifungsprozess ermöglichen. Diese Prozesse sind nicht nur an den Tod eines Menschen gebunden, sondern finden sich an vielen Stationen des Lebens wieder. Immer wieder gibt es Veränderungen, Umbrüche und Herausforderungen, die einmal positiv spannend sein können und ein anderes Mal mit tiefem Schmerz und Trauer verbunden sind. Dies ist bei allen Arten von Abschied und Verlust der Fall.

Trauer hat viele Facetten. Emotionale Trauer beinhaltet nicht nur Traurigkeit, sondern auch Wut, Verzweiflung, Liebe, Hoffnung, Leere, Einsamkeit, Schuld, Angst, Lachen, Freude und vieles mehr. Genauso wie man ein Klavier auf der gesamten Klaviatur spielt, spielt das Leben nicht nur auf den weißen Tasten, damit es klangvoll erscheint. Ausgehend von diesen Gedanken möchte ich Ihnen einen erweiterten Blickwinkel zum Thema Trauer und Trauerprozesse anbieten.

Ich möchte Sie ermutigen, Trauerprozesse sinnvoll für Ihr Leben zu nutzen. Es gibt Wege, diese bewusst und effizient zu nutzen, so dass Trauer der Katalysator für ein bewusstes und resilientes Leben wird. Insbesondere in westlichen Kulturen haben Menschen immer noch die Tendenz, in erster Linie die Phasen der »Lebens-Begrüßung« zu feiern, wie zum Beispiel die Geburt eines Kindes, Geburtstage in jedem Lebensalter, Taufe, einen beruflichen Einstand und vieles mehr. Wie aber wäre es, wenn Sie das ganze Leben in all seinen Facetten herzlich willkommen heißen würden? Wie wäre es, wenn Sie den »Lebens-Abschieden« genauso viel Aufmerksamkeit und Vorbereitung schenken würden? Schließlich sind sie genauso Teil unseres Lebens, Teil von uns und möchten ebenso geachtet werden. Sicherlich können Sie, wenn Sie Besuch bekommen, alles vorbereiten, das Haus auf Vordermann bringen, Leckereien einkaufen und zubereiten. Vielleicht können Sie sich aber auch bewusst machen, wie beglückend es ist, wenn sich jemand dafür interessiert, wie Sie das alles gezaubert haben, wenn jemand es wertschätzt, was und wie Sie alles vorbereitet haben – wie Sie und all ihre letztlichen Vorbereitungen gesehen und wahrgenommen werden.

Vielleicht sind Sie beim Lesen noch einmal irritiert. Wo ist denn hier der Zusammenhang zu »Trauer als achtsamer Lebensbegleiter«? Nun, es geht besonders um den Aspekt der Wahrnehmung. Menschen wollen wahrgenommen werden, und auch Trauer möchte gefühlt und durchlebt werden.

Trauer möchte ebenso gesehen werden und verstanden werden wie es die Grundlage von Wahrnehmung ist. Wenn Ihnen der Besuch sagt: »Das Essen schmeckt hervorragend! Wie haben Sie es zubereitet?«, genießen Sie es, individuell wahrgenommen zu werden. Genauso werden Sie es schätzen, wenn Sie in Zeiten von Trauer und Abschied wahrgenommen werden. In solchen Zeiten können tröstliche Sätze und eine individuelle Wahrnehmung sehr hilfreich sein. »Ich sehe, dass Sie traurig sind« oder: »Wie organisieren Sie sich im Alltag, seit ihr Mann verstorben ist?«.

Wie Sie Trauer- und Abschiedsprozesse in ihrem Leben achtsam willkommen heißen und integrieren können, möchte ich Ihnen auf den folgenden Seiten näherbringen: Zunächst schildere ich jeweils eine **Situation oder Lebensphase,** in der Sie sich vielleicht schon einmal befunden haben, aktuell befinden oder in der Sie sich in Zukunft befinden könnten. Diese kann für jeden Menschen individuell verschieden sein, und daher können Sie die Beschreibungen mit ihren eigenen Gedanken jederzeit vervollständigen. Dann gebe ich Ihnen einen **Kraftimpuls.** Dieser soll dazu zu dienen, dass Sie ins Handeln kommen, dass Sie aktiv werden – denn bei Trauer und Abschiedsprozessen sind Ohnmacht, Stillstand und das Gefühl, »nichts tun zu können«, ziemlich präsent im emotionalen Erleben. Ich biete Ihnen Impulse an, die wieder zu Kräften und Ressourcen führen können. Auch hier sind Sie gefragt, eigene Ideen direkt zu ergänzen. In den Kästen finden Sie einige Fragen für das **Tagebuch der Selbsterforschung.**

Es gibt Fragen, die sich in jeder Lebenssituation wiederholen – so können

Sie sich selbst noch besser kennenlernen, indem Sie in jeder dieser Situationen ihren Umgang damit und Ihr inneres Erleben reflektieren. Sie sind eingeladen, Ihre bewussten und unbewussten Strategien besser einzuordnen, um in der Zukunft aus Erfahrung kraftvoller reagieren zu können. Von Trauerprozess zu Trauerprozess können Sie auch beobachten, wie sich ein resilientes Gefühl, eine psychische Widerstandsfähigkeit entwickelt. Denn Krisen sind oftmals Chancen, aus denen wir gestärkt hervorgehen. Und wir können in zukünftigen Krisen davon profitieren. Andere Fragen sind individuell auf die jeweilige Lebenssituation abgestimmt. Sie ermöglichen Ihnen, im Hier und Jetzt innezuhalten, um Erkenntnisprozesse und auch das Mitgefühl für sich selbst weiterzuentwickeln. Ich wünsche Ihnen viel Freude, wenn Sie nun die einzelnen Lebenssituationen betrachten.

Ihr Leben beginnt – durch den Verlust des Mutterleibes
Am Tag Ihrer Geburt kämpfen Sie sich wortwörtlich ins Leben. Der erste Schrei der Neugeborenen wird im Allgemeinen als »Atemfunktion« interpretiert – aber vielleicht schreien Sie auch, weil Sie realisieren, dass Sie sich nun vom wärmenden Zuhause, dem »Mutterleib« verabschieden müssen. Sie spüren, dass es sich in dieser neuen Umgebung völlig anders anfühlt und dass diese gravierende Veränderung erst einmal zum Schreien ist.

Kraftimpuls: Im besten Fall werden Sie als Neugeborener von Ihrer liebenden Mutter in einer warmen Decke in den Arm genommen. Vielleicht werden Sie auf ihre Brust gelegt und können in einer etwas anderen Tonart wieder den Herzschlag Ihrer Mutter hören. Es klingt anders als zuvor, aber

Sie werden sich genau an diesen Rhythmus erinnern und somit beruhigen können. Bedürfnisse von Hunger und Durst werden ebenfalls durch Weinen kommuniziert, und im besten Fall bekommen Sie jetzt das, was Sie brauchen, weil Ihre Eltern und andere Menschen für Sie da sind und Ihnen liebevoll helfen, in der neuen Situation zurechtzukommen.

Ihre ersten Schritte – durch den Verlust getragen werden

Die ersten Schritte, die Sie als Kleinkind gehen, sind auch mit Fallen verbunden, mit Schmerzen, Frust und Traurigkeit. Es funktioniert nicht alles gleich so, wie Sie es sich als kleines Kind wünschen. Aber Sie geben auch nicht auf und probieren es immer wieder: Sie fallen und stehen wieder auf, fallen und stehen wieder auf …, bis Sie eine Balance gefunden haben, um stabil und unabhängig zu laufen. Dies bedeutet, dass Sie weniger getragen werden müssen – ein Übergang von Unselbstständigkeit hin zu körperlicher Autonomie und Freiheit.

Kraftimpuls: Helfen können Menschen, die Ihnen eine Hand reichen. Auch Ihr eigener Wille ist hilfreich: »Ich schaffe das! Ich versuche es immer wieder, bis ich es kann«. Und Ihnen hilft der Trost von Menschen, die Sie als kleines Kind lieben, auch wenn Sie fallen.

Ihr erster Kindergartenbesuch – durch den zeitweisen Abschied der Eltern

In dieser Phase müssen Sie sich als Kind vielleicht zum ersten Mal in Ihrem Leben durch den Besuch der Tagesmutter oder der Kita für ein paar Stunden von Ihren Eltern trennen. Dieser Abschied ist für viele Kinder mit tiefer Traurigkeit und mit Schmerz verbunden. Sie spüren Gefühle von Angst, Traurigkeit und Verlust auch auf körperlicher Ebene und können zu Beginn die Situation oftmals nur schwer verstehen – wie so vieles, was neu ist in unserem Leben.

Kraftimpuls: Erschaffen Sie sich Geborgenheit und vor allem innere Sicherheit. Dies kann durch die Begleitung eines vertrauten Kuscheltiers unterstützt werden. Hilfreich können Erzieherinnen und Erzieher sein, die Sie trösten, Spiele mit Ihnen spielen und ein Stück weit für Ablenkung sorgen. Ebenso brauchen Sie verlässliche Eltern, die Sie pünktlich abholen. Wichtig sind letztlich feste Zeiten und Rituale, welche Ihnen helfen, in der veränderten Situation Orientierung zu finden.

Vorbereitung auf die Einschulung – durch den Abschied aus dem Kindergarten

Mit dem Basteln der Schultüte neigt sich die Kita-Zeit dem Ende zu. Bei der Abschlussfeier bemerken Sie vielleicht, dass sogar Erwachsene ein bisschen weinen. Sie spüren, dass wieder das Gefühl hochkommt, das Sie schon zu Beginn der Kita-Zeit kennengelernt haben. Vielleicht ist es einfach in Ordnung, jetzt auch traurig zu sein, weil Sie sich von einer oft schönen Zeit verabschieden müssen und noch nicht wissen, was Sie als nächstes in der Schule erwartet. Vielleicht ist Ihnen dieses Gefühl noch fremd, und Sie haben noch nicht gelernt, mit diesem Gefühl umzugehen. Sie nehmen vielleicht wahr, dass dieses Gefühl immer dann auftritt, wenn Sie fallen oder wenn etwas zu Ende geht.

Kraftimpuls: Abschiedsrituale in der Kita können vielseitig gestaltet werden, hier kann Ihnen ein Abschlussfest eine kraftvolle Hilfestellung sein. Zur inneren Sicherheit gilt es auch zum Beispiel zu klären: »Welche Kinder aus der Kita kommen mit mir in eine Klasse?«. Abschiedsgeschenke basteln für Erzieherinnen und Betreuer, Freundinnen und Freunde schafft einen bewussten Umgang, dass sich etwas verändern wird und wir uns mit diesen Aktionen darauf vorbereiten.

Tagebuch der Selbsterforschung

- Was fühle ich? Was spüre ich? Was denke ich?
- Was werde ich vielleicht vermissen, wenn ich nicht mehr in die Kita gehe?
- Worauf freue ich mich in der Schule?
- Auf einer Skala von 0–10 (0 = gar nicht/10 = sehr stark) ist Trauer für mich spürbar …

Ihre Einschulung – durch den Verlust der Kita-Besuche

Die Schule ist eine spannende Sache, besonders am ersten Tag, wenn Sie feierlich eingeschult werden und im Anschluss den Inhalt der Schultüte erkunden können. Nach einiger Zeit bemerken Sie allerdings, dass hier einiges anders ist als im Kindergarten und diese neuen Regeln nicht immer Ihren Bedürfnissen entsprechen. In diesen Momenten spüren Sie vielleicht, was Sie mit dem Abschied aus der Kita »verloren« haben und sehnen sich an manchen Tagen wieder dorthin zurück. Sie stellen fest, dass dies nun nicht mehr möglich ist. Wut und Traurigkeit können in dieser Phase genauso auftauchen wie die Freude, täglich Neues zu erkunden.

Kraftimpuls: Hilfreich kann es sein, wenn Sie mit ihren Eltern oder Freunden Spiele spielen, die Sie auch in der Kita gerne gespielt haben, die Kita können Sie auch als Besucher noch einmal erleben – z. B. in den Schulferien wäre es möglich, sich nochmal mit Freundinnen aus der Kita zu verabreden o. ä.

Tagebuch der Selbsterforschung

- Was fühle ich? Was spüre ich? Was denke ich?
- Was habe ich in der Schule schon gelernt, was ich vorher noch nicht konnte?
- Was möchte ich unbedingt noch bis zum Ende der Grundschulzeit lernen?
- Auf einer Skala von 0–10 (0 = gar nicht/10 = sehr stark) ist Trauer für mich spürbar ...

Ihre erste Klassenfahrt – durch den längeren Abschied von der Familie
Oft erleben Sie in der Grundschulzeit die erste »Reise ohne Eltern« und dies mit ganz gemischten Gefühlen. Vielleicht freuen Sie sich wirklich sehr

auf diese Zeit und wollen mit Ihren Freundinnen und Freunden ein richtiges Abenteuer erleben. Vielleicht ist Ihnen aber auch mulmig bei dem Gedanken daran, und Sie bekommen einen »Kloß im Hals« und Heimweh. Sie fragen sich vielleicht, ob Sie sich da »outen« sollen, dass Sie Ihre Eltern vermissen. Vielleicht sind Ihnen Ihre Bedenken auch peinlich und unangenehm.

Kraftimpuls: Sie können ihre Bedenken im Freundeskreis oder in der Familie ansprechen. Vielleicht schauen Sie sich auch schon vor der Fahrt gemeinsam mit ihren Eltern die Jugendherberge an. Oder Sie gestalten eine Art »Adventskalender«, an dem Sie täglich einen Zettel abreißen können, wenn Sie wieder einen Tag geschafft haben. Sie können sich unterstützend ein Buch zur Ablenkung mitnehmen, wenn es Ihnen abends schwerfällt einzuschlafen.

Tagebuch der Selbsterforschung
- Was fühle ich? Was spüre ich? Was denke ich?
- Kann ich wahrnehmen, dass der Abschied und das Trauergefühl zeitliche Begrenzungen haben? Wie viele Stunden oder Tage sind schon vergangen?
- Mit wem möchte ich zusammen im Zimmer sein? Welcher Klassenkameradin kann mich unterstützen, wenn ich Sorgen oder Heimweh habe?
- Auf einer Skala von 0–10 (0 = gar nicht/10 = sehr stark) ist Trauer für mich spürbar ...

Vorbereitung auf die weiterführende Schule – durch den Verlust der Grundschulzeit

Nach vier Jahren haben Sie die Grundschulzeit gemeistert, und Ihre Lehrerinnen und Lehrer sprechen eine Empfehlung für die weiterführende Schule aus. Diese Art der Bewertung ist für Sie vielleicht hilfreich, und Sie sind stolz darauf, was Sie erreicht haben. Vielleicht sind Sie aber auch traurig darüber, dass diese Bewertung dazu führen wird, dass Sie nicht mit ihren besten Freundinnen und Freunden auf dieselbe Schule gehen können. Sie wissen, dass Sie sich als Schüler oder Schülerin von ihren Lehrerinnen und Lehrern verabschieden werden. Dies kann Glück bedeuten, vielleicht tritt aber auch erneut ein Gefühl von Verlust und Traurigkeit auf. Das Abschlussfest wird vorbereitet, und Sie erinnern sich wieder an die Zeit im Kindergarten, wo Sie schon einmal Ähnliches erleben konnten. Diesmal sind Sie jedoch innerlich schon deutlich besser vorbereitet, denn Sie kennen die damit verbundenen Gefühle und einen Umgang damit bereits aus den zuvor erlebten Situationen.

Kraftimpuls: Es wird Ihnen vielleicht bewusst, dass Sie das alles schon einmal erlebt haben und vielleicht sogar denken: »Das kenne ich schon und weiß was kommt.« Es kann an dieser Stelle helfen, wieder einmal ein gemeinsames Abschlussfest zu gestalten, oder Sie können ein Ritual gestalten, zum Beispiel Steine bemalen und in das Blumenbeet der Schule legen. Sie können auch zur Erinnerung mit Hilfe Ihrer Eltern ein Fotobuch erstellen, T-Shirts drucken o. ä.

> **Tagebuch der Selbsterforschung**
> - Was fühle ich? Was spüre ich? Was denke ich?
> - Wovon verabschiede ich mich genau?
> - Worauf freue ich mich in der neuen Schule?
> - Auf einer Skala von 0–10 (0 = gar nicht/10 = sehr stark) ist Trauer für mich spürbar …

Beginn der Berufsausbildung oder Studium – durch den Verlust der Schulzeit

Mit dem Abschluss der Hauptschule, Realschule, Gymnasium und/oder dem Abitur ist die Schulzeit erst einmal zu Ende. Mit unterschiedlichen Abschlussritualen und Feiern wird eine intensive Zeit verabschiedet: eine Zeit von Disziplin, vielen Diskussionen über das Lernen, Hausaufgaben, Verbundenheit mit Mitschülern, Freude und Ärger über Lehrerinnen oder Lehrer, Frustration und Stolz über die erzielten Noten und Zeugnisse. Mit diesem Abschluss können Sie wahrscheinlich ganz anders umgehen als in der Kita und in der Grundschule, denn Sie bekommen mehr und mehr ein Gefühl dafür, dass die einzelnen Lebenssituationen oder Lebensphasen immer begrenzte Zeitspannen sind.

Kraftimpuls: Sie fühlen sich gestärkt aus den bereits vorausgegangenen Abschieden, wo Sie aus einem innerlich sichereren Gefühl agieren können und schon wissen »wie man diese Momente gestalten kann«. Sie könnten zum Beispiel ein T-Shirt gestalten, eine Abschlussfeier mit den Eltern vorbereiten, eine Abi-Zeitschrift anlegen, jetzt schon planen, was Sie nach dem Abschluss tun möchten, Kontaktdaten speichern, um auch über den Abschied hinaus Kontakt halten zu können.

> **Tagebuch der Selbsterforschung**
> - Was fühle ich? Was spüre ich? Was denke ich?
> - Welche Möglichkeiten stehen mir mit dem Abschluss der Schule nun offen?
> - Worauf schaue ich besonders stolz zurück in dieser Zeit?
> - Auf einer Skala von 0–10 (0 = gar nicht/10 = sehr stark) ist Trauer für mich spürbar …

Schritt in das Berufsleben – durch den Abschied der Ausbildungszeit oder Studium

Mit dem Abschluss der Berufsausbildung oder des Studiums kann in Ihnen ein ganz besonderes Freiheitsgefühl spürbar werden. Der Druck, Leistung mit dem Blick auf Noten zu erzielen, ist für viele an dieser Stelle zu Ende – nicht selten wird dieser Abschluss mit besonderer Erleichterung erfahren. Nun sind Sie – was den Bereich der Ausbildungen angeht – erst einmal »fertig«. Dies bedeutet, dass Sie auch mehr und mehr auf eigenen Füßen stehen können, oft auch müssen und unabhängig von Ihren Eltern oder sonstigen Unterstützungen sind.

Kraftimpuls: Reflektieren Sie bewusst ihren Lebensweg bis zum heutigen Tag. Was haben Sie genau erreicht bis hierhin – Sie können dies anhand einer Lebenslinie aufmalen und beschriften. Es könnte Ihnen ebenso helfen, eine eigene Abschlussfeier zu gestalten; denn immer seltener wird diese Form von Abschluss an der Uni oder in der Berufsschule gefeiert. Sie könnten sich überlegen, ob Sie mit Ihrer Familie oder Freunden, und in welchem Rahmen Sie diesen Lebensschritt gerne feiern möchten.

Tagebuch der Selbsterforschung
- Was fühle ich? Was spüre ich? Was denke ich?
- Ist die Basis der Berufstätigkeit, die ich hiermit erzielt habe, die, die mich heute glücklich macht und erfüllt?
- Was ist von nun an anders für mich in meinem Leben?
- Auf einer Skala von 0–10 (0 = gar nicht/10 = sehr stark) ist Trauer für mich spürbar ...

Erwerb und Gewinn von Zusatzqualifikationen – durch Abschiede aus Ausbildungs- und Weiterbildungsgruppen

Sie nehmen zum Beispiel an einer längeren Fort- oder Weiterbildung oder einem Yogakurs teil. Wenn Sie eine intensive Fortbildung besuchen, so verbinden Sie sich auch mit den anderen Teilnehmenden. Je näher das Ende der Fortbildung naht, desto unruhiger werden Sie vielleicht. Vielleicht entstehen Gefühle von Abschied, Verlust oder sogar Trauer darüber, dass diese intensive Zeit nun zu Ende geht und dass Sie die meisten Menschen wohl nicht wiedersehen werden. Vielleicht freuen Sie sich auch auf ein schönes Abschlussfest. Vielleicht weichen Sie aber dem Abschied auch aus, indem Sie am letzten Tag unter Vorwänden nicht mehr teilnehmen, oder Sie verschwinden mit einem kurzen »Tschüss zusammen« aus der Runde. Oder Sie können sich nicht so schnell lösen und verabschieden sich von jeder Person einzeln. Egal, wie Sie sich verabschieden, Sie erfahren intensiv noch während der Abschiedsprozesse, zum Beispiel bei Umarmungen, dass Sie nichts gegen den Abschied tun können in diesem Moment – diese Zeit ist jetzt vorbei. Die damit einhergehenden Gefühle erinnern Sie an Vergänglichkeit, und Sie erleben sie individuell sehr unterschiedlich.

Kraftimpuls: Überlegen Sie sich schon ca. drei Treffen vorher, was genau Sie in dieser Gruppe schätzen. Was werden Sie vermissen? Sie könnten überlegen, wie der letzte Tag in der Gruppe für Sie hilfreich gestaltet werden kann. Vielleicht organisieren Sie mit der Gruppe ein Geschenk für die Seminarleitung oder ähnliches. Sie könnten vorschlagen, direkt im Anschluss an den letzten Tag der Gruppe ein gemeinsames Treffen zu organisieren.

Tagebuch der Selbsterforschung

- Was fühle ich? Was spüre ich? Was denke ich?
- Wie gehe ich mit der Situation um?
- Was oder wen werde ich vermissen, warum?
- Auf einer Skala von 0–10 ist Trauer für mich spürbar …

Ihre Paarbeziehung – durch den Verlust der Singlezeit
Irgendwann treffen Sie in ihrem Leben den Partner oder die Partnerin für längere Zukunftsaussichten. Dann möchten Sie vielleicht zusammenziehen und auch eine Lebensgemeinschaft eingehen. Mit dieser Zeit verabschieden Sie das Gefühl, nur für sich allein sorgen zu müssen, und einen Teil Ihrer Freiheit gilt es aufzugeben. Zeitgleich erfahren Sie Zugehörigkeit, Geborgenheit und viele andere Gefühle mit ihrer Partnerin oder ihrem Partner. Sie erleben eine Gemeinschaft, die Sie in Betrachtung der eigenen Eltern im besten Fall schon einmal in einer anderen Rolle positiv kennenlernen konnten.

Kraftimpuls: Sie können auf eine gesunde Balance von Geben und Nehmen achten. Sie können offen Ihre Bedürfnisse teilen und sich vielleicht auch von einem systemischen Therapeuten ein so genanntes »Genogramm« erstellen lassen. Ein Genogramm ist ein psychologischer Familienstammbaum, in dem signifikante Lebensereignisse erfasst werden und Dynamiken aus der Herkunftsfamilie Aufschluss darüber geben können, welche Herausforderungen in einem gemeinsamen Leben zu beachten sind. Hier wird sehr schnell sichtbar, welche Ressourcen sie als Paar zur Verfügung haben und welche unbewussten Familiendynamiken auf ihre gemeinsame Beziehung einwirken können. Ich habe mich auf die Erstellung von Genogrammen spezialisiert und bin davon überzeugt, dass somit viele Scheidungen vermieden werden könnten, wenn beide Partner daran interessiert sind.

> **Tagebuch der Selbsterforschung**
> - Was fühle ich? Was spüre ich? Was denke ich?
> - Was kann ich in einer Partnerschaft erleben, was mir als Single gefehlt hat?
> - Welche Dinge, Situationen, Gefühle, Hobbys und Menschen sind mir wichtig, die ich nie für eine Beziehung aufgeben möchte?
> - Welches Ritual möchten wir als Paar in einer Krise nutzen, um wieder aufeinander zugehen zu können?
> - Auf einer Skala von 0–10 (0 = gar nicht/10 = sehr stark) ist Trauer für mich spürbar ...

Ihr erstes Kind wird geboren – Abschied aus der Zweisamkeit

Die freudige Nachricht, zum ersten Mal Mutter oder Vater werden, erzeugt bei den meisten Eltern ein unbeschreibliches Glücksgefühl. Sie bereiten sich oft intensiv auf diese kommende Zeit vor – mit Geburtsvorbereitungskursen und vielem mehr. Mit der Geburt fängt der Kreislauf des Lebens für einen weiteren Menschen von vorne an, wie Sie ihn selbst in diesem Beitrag schon kennengelernt haben. Eine neue Generation tritt ein in den Lebenskreislauf der Veränderungen. Sie haben plötzlich sehr kurze Nächte und sind sieben Tage die Woche nicht nur für sich und die Paarbeziehung verantwortlich, sondern 24/7 – wie man heute sagt – für ein Kind, welches ihre hundertprozentige Unterstützung braucht.

Kraftimpuls: Sie können darauf achten, ob, wann und wie Sie individuelle Zeiten einplanen können, an denen Sie auch mal allein sein können, wenn Sie das Bedürfnis danach haben. Dazu sprechen Sie sich mit ihrem Partner oder ihrer Partnerin regelmäßig ab. Ebenso kann es sehr unterstützend sein, sich regelmäßig Freiräume für die Paarbeziehung zu schaffen, um die Verbindung zum Partner nicht durch den Alltagsstress zu verlieren. Dies ist leider in vielen Beziehungen ein schleichender Prozess und Bedarf besonderer Beachtung.

Tagebuch der Selbsterforschung
- Was fühle ich? Was spüre ich? Was denke ich?
- Was hat sich verändert, seit mein erstes Kind geboren ist?
- Welche Momente genieße ich ganz besonders, die ich früher nicht kannte?
- Auf einer Skala von 0–10 (0 = gar nicht/10 = sehr stark) ist Trauer für mich spürbar …

Älter werden – durch Abschied von Gesundheit
Sie haben schon so einiges in Ihrem Leben erlebt. Oftmals und dann plötzlich und unverhofft kann die Situation eintreten, dass Sie bei einer Routineuntersuchung oder bei diversen Symptomen eine belastende Diagnose, wie zum Beispiel Krebs, erhalten. Diese Nachricht ist für viele Menschen ein Schock, verbunden mit Sprachlosigkeit und Angst sowie vielen weiteren Gefühlen, die ähnlich stark sein können, wie wenn wir die Botschaft erhal-

ten, dass ein nahestehender Mensch verstorben ist. Normalerweise verhalten sich Menschen in belastenden Situationen mit den drei Grundreaktionen, die auch aus der Traumatherapie bekannt sind, nämlich mit dem Gefühl »flüchten zu wollen« oder »zu erstarren und innerlich einzufrieren« oder aber »kämpfen zu wollen«. Alle drei Reaktionen sind von Ihrem Urinstinkt geprägt. Stellen Sie sich beispielsweise vor, Sie lebten vor vielen tausend Jahren, und ein Säbelzahntiger würde Sie in der Wildnis angreifen. Gemäß unserem Urinstinkt würden Sie mit einer der drei Möglichkeiten reagieren, und eine dieser Möglichkeiten würde auch helfen. Anders ist es jedoch, wenn der Tiger »in Ihnen ist« und Sie nicht in der Lage sind, auf den Angriff mit einer der drei natürlichen Reaktionen reagieren zu können. In diesem Moment werden Sie sehr direkt auf die Endlichkeit des Lebens zurückgeworfen, und Ängste und Orientierungslosigkeit treten auf.

Kraftimpuls: Es kann hilfreich sein, dass Sie sich erst einmal Zeit mit sich alleine nehmen, um die gehörte Nachricht zu verarbeiten – nächste beziehungsweise erste Schritte im Kopf haben, die Sie nun angehen möchten. Ebenso können Sie zunächst nur einem sehr vertrauten Kreis, zum Beispiel ihre Freunde oder die Familie, informieren und versuchen, sehr achtsam mit der Situation umzugehen. Die Zusammenarbeit mit Ersthelfern für menschliche Trauerbegleitung und emotionale Krisen, Selbsthilfegruppen, Ärztinnen, Heilpraktikern und Therapeutinnen kann sehr hilfreich sein. Denn manche Menschen, denen Sie davon erzählen, werden Sie auch wieder darauf ansprechen, unabhängig davon, ob es dann gerade für Sie stimmig ist oder nicht.

> **Tagebuch der Selbsterforschung**
> - Was fühle ich? Was spüre ich? Was denke ich?
> - Was habe ich zum jetzigen Zeitpunkt des Lebens absolut richtig gemacht?
> - Worüber bin ich froh, dass ich es erlebt habe?
> - Wer wird Sie in dieser Phase des Lebens vertrauensvoll begleiten?
> - Auf einer Skala von 0–10 (0 = gar nicht/10 = sehr stark) ist Trauer für mich spürbar ...

Ihr erster Todesfall – begleitet durch den physischen und psychischen Verlust der Stabilität

Im günstigsten Fall erleben Sie erst im Erwachsenenalter, dass irgendwann ein nahestehender Mensch, vielleicht Oma oder Opa oder aber auch jemand anderes, verstirbt. Plötzlich merken Sie, dass Sie hierauf nicht vorbereitet sind, dass Sie hierzu keinen »Vorbereitungskurs« gebucht haben. Aber trotzdem kennen Sie dieses Abschiedsgefühl der Endlichkeit und Endgültigkeit schon aus den vielen anderen Lebensstationen, die Sie in diesem Denkanstoß bereits erkundet haben. Nun endet mit dem Tod eines geliebten Menschen auch die gemeinsame Geschichte mit Ihnen auf dieser Erde. Ähnlich endgültig, wie Sie sich von den einzelnen Lebenssituationen und -phasen verabschieden mussten: von der Zeit im Bauch unserer Mutter, oder als Sie später nicht mehr zurück in den Kindergarten, die Grundschule oder die weiterführende Schule gehen konnten. Den verstorbenen Menschen werden Sie auf die vertraute Art und Weise nie wieder sehen können. Aber er wird in Ihrer Erinnerung und in Ihrem Herzen bleiben. In Ihrem Herzen, das gefüllt ist von individuellen Erfahrungen, von Abschiedserfahrungen, so wie Sie sie auch in den Phasen Ihrer Entwicklung bereits gespürt haben – nämlich immer dann, wenn Sie sich von Menschen, Situationen, Institutionen verabschiedet haben. Mit einem Todesfall tritt vielleicht das Gefühl der Traurigkeit besonders stark in den Vordergrund. Oftmals ist die Art des Todesfalls auch noch einmal sehr bewegend. Unfälle, plötzliche Todesfälle sind nicht nur komplexer in der Verarbeitung, sondern fordern Sie zusätzlich. Von heute auf morgen können Sie mit Polizei und Staatsanwaltschaft in Kontakt kommen, damit zum Beispiel geklärt werden kann, ob Sie in Verbindung mit dem Todesfall stehen oder nicht. Dies kann neben der Trauer zusätzlich emotional sehr herausfordernd sein. Sie spüren, wie stark diese Emotion der Trauer körperlich und seelisch Ausdruck bekommt; wie sehr es Sie vielleicht sogar körperlich »zerreißt und schmerzt«.

Kraftimpuls: Sie können sich Menschen suchen – im besten Fall Freunde und Familie –, mit denen Sie vertrauensvoll über den Verlust sprechen können und bei denen Sie sich verstanden fühlen. Gibt es diese Menschen zurzeit für Sie nicht, so können Sie eines der vielen Angebote im Bereich von Trauerbegleitung, Coaching oder Telefonseelsorge wahrnehmen. Außerdem können Sie darauf achten, sich in dieser besonderen Situation im Rahmen der Möglichkeiten gesund zu ernähren. Sie können auch versuchen, sich eine für diese Zeit entlastende Alltagsstruktur zu schaffen.

> **Tagebuch der Selbsterforschung**
> - Was fühle ich? Was spüre ich? Was denke ich?
> - Was haben ich von dem verstorbenen Menschen gelernt?
> - Was werde ich weiter »leben« von ihm?
> - Warum war ich ihm sehr verbunden?
> - Auf einer Skala von 0–10 (0 = gar nicht/10 = sehr stark) ist Trauer für mich spürbar ...

Wieder alleine leben durch Trennung und Scheidung – Abschied vom Paar- oder Familienleben

Manchmal merken Sie nach einigen Jahren, dass es in Ihrer Partnerschaft nicht mehr so richtig harmoniert. Sie streiten sich öfter oder – ganz im Gegenteil – die Stille wird immer lauter, weil Sie sich nichts mehr zu sagen haben. Als Team funktionieren Sie im Alltag, die Familie können Sie gut organisieren. Aber Sie als Paar sind schon lange »auf der Strecke« geblieben. Vielleicht versuchen Sie alles, um die Beziehung und die Familie zu retten. Sie versuchen, sich gemeinsame Zeiten zu schaffen, besuchen vielleicht eine Paartherapie oder sind ein anderes Mal so verzweifelt, dass Sie sogar Ihren Partner oder Ihre Partnerin belügen müssen – aus welcher Motivation auch immer. Irgendwann ist es kaum noch erträglich. Im besten Fall finden sie beide eine stimmige Lösung zur einvernehmlichen Trennung. Im ungünstigsten Fall werden Sie von ihrem Partner oder ihrer Partnerin manipuliert oder hintergangen, und von heute auf morgen ist ihr Leben begleitet von Jugendamt, Familiengericht und Rechtsanwaltschaft. Schlimmstenfalls werden Ihnen Ihre Kinder vom Jugendamt entzogen, Sie verlieren Ihr Zuhause und vieles mehr. Kommunizieren Sie am besten weitestgehend mit Anwälten. Anwälte helfen sachlich, können jedoch auch eine signifikante Unterstützung sein, weil die Betroffenen emotional sehr beeinflusst sind. Sie müssen jedoch vieles ertragen, was das Leben Ihnen »beschert«, und vor allem »annehmen«, dass Sie auf vieles keinen Einfluss haben und Geduld haben müssen. Dies ist vor allem, wenn Ihnen »Unrecht« widerfährt, sehr herausfordernd.

Kraftimpuls: Sie werden es als sehr hilfreich empfinden, wenn Sie sich an gute Freunde oder an die Kernfamilie wenden. Menschen, die Ihnen bedingungslos und wertfrei zur Seite stehen und Ihnen helfen. Ähnlich wie in anderen schwierigen Lebensphasen kann auch hier die Zusammenarbeit mit Ärzten, Heilpraktikerinnen und Therapeuten sehr hilfreich sein. Denn der Schmerz, den Sie jetzt empfinden, ist vergleichbar mit dem Tod eines Menschen. Nutzen Sie Ihre Spiritualität, Ihren Glauben und alles, was Ihnen für einen Moment Hoffnung und Sicherheit gibt. Erkundigen Sie sich, welche finanziellen Unterstützungen es geben kann, denn nicht selten stehen gerade Frauen auch heute noch oft mittellos in solchen Situationen da.

> **Tagebuch der Selbsterforschung**
> - Was fühle ich? Was spüre ich? Was denke ich?
> - Was ist mir geblieben?
> - Was möchte ich an den Platz des Verlustes für mich in Selbstliebe setzen?
> - Auf einer Skala von 0–10 (0 = gar nicht/10 = sehr stark) ist Trauer für mich spürbar …

Ihr eigener Tod – Abschied von ihrem Leben

Sie sind vielleicht um die 80 Jahre alt geworden und haben die Stürme des Lebens gut gemeistert. Sie schauen zurück auf ein lebendiges Leben – denn Sie haben das Leben in allen Facetten gelebt. Oder aber Sie schauen bedauernd auf das zurück, was Sie alles nicht gemacht haben und machen sich Vorwürfe, »falsche« Entscheidungen getroffen zu haben. Vielleicht sterben Sie auch einfach in der Nacht, während Sie gemütlich schlafen. Vielleicht plötzlich in einem Park. Vielleicht haben Sie Schmerzen und sind lange krank vor ihrem Tod und beschäftigen sich spätestens jetzt mit dem Sinn des Lebens und ziehen Lebensbilanz.

Kraftimpuls: Sie können jemandem von Ihrem Leben erzählen und ganz bewusst Details Ihrer Biografie mit ihm oder ihr teilen. Vielleicht möchte es jemand aus Ihrer Familie sogar aufschreiben oder Ihre Stimme dabei aufnehmen. Es gibt viele Möglichkeiten, diese Erinnerungen für andere festzuhalten. Zeitgleich gibt es Ihnen noch einmal aktiv die Möglichkeit, Dinge, Situationen, Menschen im Gespräch mit jemandem noch einmal aus einer anderen Perspektive friedlich zu integrieren. Dies kann aus meiner Erfahrung den Sterbeprozess oftmals erleichtern, indem man »seelisch frei« wird.

> **Tagebuch der Selbsterforschung**
> - Was fühle ich? Was spüre ich? Was denke ich?
> - Wer soll jetzt am liebsten ganz oft bei mir sein?
> - Was möchte ich noch klären?
> - Habe ich schon alles für meinen Tod vorbereitet? Wer kennt diese Wünsche?
> - Worauf bin ich stolz im Leben?
> - Wie schließe ich Frieden mit mir und meinem Leben?
> - Auf einer Skala von 0–10 (0 = gar nicht/10 = sehr stark) ist Trauer für mich spürbar …

Dies waren ein paar Ausschnitte aus dem Leben, wie es Ihnen begegnen könnte. Sicher ist Ihnen aufgefallen, dass Sie immer wieder durch Abschiedsprozesse gehen müssen und dass das Gefühl von Trauer auch immer wieder darin vorkommt. »Trauer ist Liebe« und somit der endgültige Ausdruck dafür, dass Ihnen die Menschen und Situationen, die Sie verabschiedet haben, etwas bedeutet haben, dass sie Ihr Herz berührt haben. Egal, welchen Verlust und welche Veränderung Sie vielleicht gerade in Ihrem Leben durchlaufen oder schon durchlaufen haben – aus meiner Erfahrung ist das Hilfreichste, immer wieder zu versuchen, sich im »Hier und Jetzt« zu orientieren. Das heißt, wenn Sie zu weit in die Vergangenheit gehen, werden Sie anfangen, die Traurigkeit des Verlustes stärker zu spüren, und wissen: »Das kommt nie wieder!« – Gehen Sie mit den Gedanken »zu weit nach vorne«, kommt häufig die Angst: »Wie soll ich das alles schaffen?« Aber im »Hier und Jetzt« zu sein, das Heute zu fühlen, zu spüren und zu durchdenken, kann ein kleiner Schritt sein, sich wieder für einen Moment »sicher« zu fühlen. Es gibt viele Übungen wie z. B. Meditationen und Achtsamkeitsübungen,[133] die Ihnen helfen können, im »Hier und Jetzt« noch fokussierter zu sein. Je achtsamer Sie Trauer- und Verlusterlebnisse durchleben, desto vertrauter wird das Gefühl, das bei Veränderungen entsteht – und somit auch Ihr ganz persönlicher Umgang mit diesem Gefühl, weil Sie es schon kennen. Sie sind vorbereitet für Lebenskrisen, wenn Sie sich bewusst und achtsam mit jedem Verlust beschäftigen.

Ich wünsche Ihnen viele Erfahrungen, die Ihnen helfen, das Leben mit allen Facetten willkommen zu heißen. Ich wünsche Ihnen, dass Sie Ihren achtsamen Weg finden, auch das Gefühl der Trauer zu fühlen, zu reflektieren und in Ihr Leben zu integrieren.

Denkanstoß 24: Das Leben neu entdecken

> *Ein Leben ohne Feste*
> *ist wie eine lange Wanderung*
> *ohne Einkehr.*
> Demokrit

Am Ende des Trauerprozesses geht es um die Rückkehr ins Leben. Nachdem die verschiedenen Facetten der Trauer alleine und zusammen mit anderen Menschen durchlebt wurden, wird der Trauernde das Leben auf eine neue Weise entdecken. Es darf wieder Farbe ins Leben kommen! Der Liedermacher Konstantin Wecker sagt: *Vielleicht ist die wichtigste Botschaft eines Verstorbenen: Werde wesentlich!* Wie sieht aber der Weg zum Wesentlichen aus?

Der Mensch, der sich auf den Prozess des Trauerns eingelassen hat, weiß um die Endlichkeit und Vergänglichkeit des Lebens. Er ist sich bewusst, dass das kostbare Leben jeden Tag enden kann und es daher keinen Sinn macht, etwas Wichtiges auf später zu verschieben. Daher lautet die Frage immer wieder neu: *Bin ich abflugbereit?* Der Trauernde wird die eigenen Prioritäten überprüfen und herausfinden, ob im eigenen Leben die Liebe oder die Arbeit an erster Stelle stehen soll. Auch darf überlegt werden, wie viel freie Zeit ich mir schon heute schenken möchte. Viele Menschen, die einen tiefgreifenden Trauerprozess zu bewältigen hatten, wissen, wie wichtig und schön es ist, in *allen* Lebenslagen mit anderen Menschen unterwegs zu sein, und pflegen manchmal auf eine noch nie zuvor dagewesene Weise

Beziehungen und Freundschaften. Trauernde entwickeln ein Bewusstsein für die vielen kleinen Wunder des Alltags. Sie entdecken die Magie der Dankbarkeit, nehmen die Schönheit des Lebens neu wahr und genießen die Kostbarkeit des gegenwärtigen Moments ganz im Sinne von Noel Davis: *Lebe! Gestern ist schon vorbei, morgen kommt erst noch. Heute ist der Tag, jetzt der Augenblick.*[134]

Wer mit dankbarem und wachem Geist sein Leben lebt und einen Zugang zur Stille und Einfachheit des Lebens gefunden hat, der verspürt meist auch die Sehnsucht, das Leben zu feiern. Und die Anlässe sind so bunt und verschieden, wie sie nur sein können. Da gibt es die klassischen Anlässe, wie Geburtstage, Ostern, Weihnachten und Silvester, oder besondere Anlässe, wie eine Hochzeit oder einen runden Geburtstag. Ein Aufbruch oder ein Abschied bzw. auch Gedenk- und Jahrestage können aber ebenfalls feierlich begangen werden. Ich selber habe es viele Jahre geschätzt, zusammen mit Freunden den Beginn jeder neuen Jahreszeit zu feiern, und im Rheinland wird zusätzlich noch der Beginn der fünften Jahreszeit am 11.11. um 11.11 Uhr gefeiert.

Tagebuch der Selbsterforschung

- Welche Rituale in Deinem Alltag bringen Dich mit dem Wunderbaren des Lebens in Berührung?
- Was sind Deine persönlichen Tage zum Feiern und Bedenken?
- Wie feierst Du Deine Ruhepausen?

Aus der Feier der Jahreszeiten ist etwas ganz Neues entstanden: *Die Feier des Lebens*. Eine Tagesveranstaltung, in deren Mittelpunkt ein berührendes Lebensritual in einem Bestattungswald steht. Da die meisten Menschen sehr viel Zeit mit ihrer Arbeit verbringen und dabei leicht das Wesentliche des Lebens aus den Augen verlieren, nehmen sich die Teilnehmenden einmal im Quartal eine Auszeit und üben sich in die Lebenskunst der Achtsamkeit ein. Lebenskunst besteht darin, *im Alltäglichen das Wunderbare zu entdecken*. Doch viel zu oft engagieren sich die Menschen viel zu wenig für das, was wesentlich ist. Daher braucht es bewusst gewählte Zeiten des achtsamen Innehaltens, in denen sie zur Ruhe kommen, wo sie sich Zeit nehmen zur Selbstreflexion und das Geschenk des Lebens feiern. An einem solchen Festtag genießen die Teilnehmenden alles, was sie stärkt und glücklich macht: Yoga, Meditation, Impulse, um zur Besinnung zu kommen, die Begegnung mit anderen und ein köstliches Menü.[135]

Zum Abschluss dieses Kapitels über die Trauer das inspirierende Lied von Udo Jürgens mit dem Text von Michael Kunze[136]:

Heute beginnt der Rest deines Lebens

Von jetzt an Freiheit wagen
Heuchelei nicht ertragen
Das Glück erfassen
Statt nur suchen nach mehr

Fünf einmal grad sein lassen
Nicht in Tabellen passen
Und um die Wahrheit kämpfen

Tun, was man will
Und wollen, was man tut
Ob jung oder alt
Gilt unsre Devise

Heute beginnt der Rest deines Lebens
Jetzt oder nie und nicht irgendwann!
Schau' auf dein Ziel, kein Traum ist vergebens
Heut' fängt die Zukunft an!

Von jetzt an Sein statt Haben
Nicht das Gefühl vergraben
Einander finden anstatt Worte verlieren

Über die Trägheit siegen
Und nicht das Rückgrat biegen
Nicht seinen Traum verraten

Sehen mit dem Herz
Und nie resignieren
Mit dir Hand in Hand
Alles erfühlen

Heute beginnt der Rest deines Lebens
Jetzt oder nie und nicht irgendwann!
Schau' auf dein Ziel, kein Traum ist vergebens
Heut' fängt die Zukunft an!

Heute beginnt der Rest deines Lebens
Heute fängt an was du daraus machst!
Geh' durch die Nacht dem Morgen entgegen
Als ob du neu erwachst.

Einladung zur Praxis der Achtsamkeit

Achtsames Mitgefühl

Nehmen Sie sich jetzt Zeit für *achtsames Mitgefühl*. Hören Sie die Übung Achtsames Mitgefühl. Nehmen Sie eine aufrechte Haltung im Sitzen ein und fühlen Sie sich eingeladen, mit sich selbst, anderen Menschen und allen Lebewesen in einer liebevollen, wohlwollenden Haltung zu sein, so wie es Ihnen heute möglich ist. Lassen Sie sich Zeit, die Übung in Ruhe zu beenden.

https://forumachtsamkeit.de/achtsamkeit-organisationen/tao-audio-dateien/

Schlusswort

Es gibt zwei Arten, sein Leben zu leben:
entweder so, als wäre nichts ein Wunder,
oder so, als wäre alles ein Wunder.
Ich glaube an Letzteres.
Albert Einstein

Am Ende des Buches geht es um die *Transzendenz*, den Glauben sowie um alles, »was die Welt im Innersten zusammenhält«. Wer die Religions- und Kirchengeschichte studiert, erkennt, in welch unterschiedlicher Weise Menschen diesen Fragen nachgegangen sind und wie verschieden die Definitionen der Transzendenz und die Antworten nach der Wahrheit ausgefallen sind. Anstatt die Menschen auf dem Weg zu einer eigenen Erfahrung zu unterstützen, gibt es immer noch viel zu viele religiöse Vertreter, die anderen Menschen vorschreiben wollen, was sie zu glauben haben. Die Folgen waren oft Distanzierung und Ablehnung. Viel Unfrieden wurde außerdem dadurch gesät, dass Menschen – in besonderer Weise auch das Christentum – den Anspruch verkündeten, die einzig wahre Religion zu sein.[137] Meine Erkenntnis ist, dass es nicht die *eine* Wahrheit gibt, sondern *viele* Aspekte der Wahrheit.

Die von dem griechischen Schriftsteller Niko Kazantzakis 1948 veröffentlichte Parabel *Die Blinden* beschreibt in einfacher Weise das menschliche Grundproblem: In einem Wüstendorf erscheint ein König, der auf einem Elefanten sitzt. Die blinden Dorfbewohner sind neugierig und wollen herausfinden, wie der Elefant aussieht. Jeder erkundet ein anderes Körperteil des Elefanten, und da sie sich nicht austauschen, kommt es dazu, dass sie den anderen Dorfbewohnern nur jeweils den selber wahrgenommenen Teilaspekt des Elefanten beschreiben. Die Parabel zeigt deutlich auf, wie begrenzt die eigene Wahrnehmung ist und wie wichtig der Dialog mit den anderen ist, um allmählich mehr von dem Ganzen zu erfassen. Außerdem lässt die Parabel uns auch erkennen, dass es nicht hilfreich ist, einfach zu glauben, was andere Menschen einem erzählen. In meinem Leben haben mich Dogmen, Glaubenssätze und Behauptungen nicht weitergeführt. Viel wesentlicher für mein Erkennen waren *Begegnungen*, *Erfahrungen* und *Resonanz*.

Begegnungen: Verschiedene Menschen haben mich zutiefst inspiriert. Ich denke besonders an meinen ersten Meditationslehrer, den evangelischen Pfarrer Wenzel Graf von Stosch, den Zen-Meister Pater Lassalle, den Zen- und Yogalehrer Michael von Brück und den Achtsamkeitspionier Jon Kabat-Zinn. Alle vier verkörpern für mich Präsenz, Lebendigkeit und Stille, und durch das gemeinsame Praktizieren der Stille und ihre Ausführungen habe ich etwas mehr vom Geheimnis des Lebens verstanden und erfahren. Und eine Vielzahl von anderen Menschen haben mich durch ihre Wegbegleitung geformt, beispielsweise Renate Moog, die mich seit über 25 Jahren coacht, der evangelische Theologe und TZI-Lehrende Dietrich Stollberg und den Athos-Mönch Panteleimon – sie alle haben mein Verständnis von Transzendenz geprägt.

Im Frühjahr 2003 besuchte ich zum zweiten Male den heiligen Berg Athos in Nordgriechenland, auf dem ca. 2000 orthodoxe Mönche lebten. Während der Gottesdienstbesuche wurde ich immer wieder gefragt, ob ich ein Orthodoxer sei, denn dann hätte ich in den Hauptkirchenraum gedurft. Ich war »nur« ein Protestant, also musste ich im Vorraum bleiben. Als ich nach mehreren Klosterbesuchen bei meinem Freund Pater Panteleimon (ebenfalls ein Athos-Mönch, der allein in einem Haus am Meer lebte) ankam und ihm von meinen Erlebnissen berichtete, erzählte er mir den nachfolgenden Witz, der wohl die angemessenste Antwort auf diese Form von »engem Christentum« ist: Ein Orthodoxer stirbt, kommt in den Himmel, wird von Petrus herzlich begrüßt, willkommen geheißen und bekommt den 1. Stock im Himmel zugewiesen. Kurze Zeit später stirbt ein Katholik, kommt in den Himmel, wird von Petrus herzlich begrüßt, willkommen geheißen, bekommt den 2. Stock im Himmel zugewiesen und den Hinweis »Bitte leise sein!«. Bald darauf stirbt ein Protestant, kommt in den Himmel, wird von Petrus herzlich begrüßt, willkommen geheißen, bekommt den 3. Stock im Himmel zugewiesen und den Hinweis »Bitte leise sein!«. Wenig später stirbt ein Moslem, kommt in den Himmel, wird von Petrus herzlich begrüßt, willkommen geheißen, bekommt den 4. Stock im Himmel zugewiesen und den Hinweis »Bitte leise sein!«. Da reagiert der Moslem verärgert und sagt: »Mohammed hat uns immer gesagt, wir sollen fröhlich sein, singen und lachen und die Frauen lieben – warum sollen wir jetzt im Himmel leise sein?« Darauf Petrus zum Moslem: »Im ersten Stock wohnt ein Orthodoxer, und der denkt, er wäre alleine im Himmel!«

> **Tagebuch der Selbsterforschung**
> - Welche Menschen waren für Dein Verständnis von Religion prägend?
> - Welche Einsichten hast Du durch sie gewonnen?
> - Welche Menschen waren auf Deinem Weg des Glaubens nicht hilfreich?

Erfahrungen: Meine eigenen Erfahrungen in vielen Schweigekursen und in der täglichen Praxis der Achtsamkeit sind grundlegend für mein eigenes Verständnis von Transzendenz. Es sind Erfahrungen einer tiefen Stille, eines unbeschreiblichen inneren Friedens sowie ein Gefühl großer Verbundenheit mit dem Leben. Dazu kommen noch die magischen Momente, die ich nicht »machen« kann, die mir aber zufallen. Momente, in denen es plötzlich und unerwartet eine innere Klarheit gibt über das, was es jetzt in meinem Leben zu tun oder zu lassen gibt. Für mich sind diese Erfahrungen magische Lebensgeschenke – sie wurden mir geschenkt, waren nicht mein Werk und geschahen manchmal auch zu Zeitpunkten, die mir zunächst nicht passend erschienen. Diese tiefen Einsichten haben für mich etwas Heiliges und sind nicht nur in dem Moment der Erfahrung klar, sondern sie sind auch noch nach vielen Jahren ganz präsent.

Vor vielen Jahren schrieb ich einen Text über *Fragmente meines Glaubens*, und in der Vorbemerkung heißt es: »Glaube nicht blind, was andere sagen – weder Jesus noch Buddha noch Deinen Eltern, Lehrern, Freunden oder Wegbegleitern und auch nicht, was dieser Autor schreibt! Finde selbst heraus, was in Dir eine Resonanz erzeugt und Dir inneren Frieden bringt. Dies ist dann Dein *eigener* Weg, den darfst Du mutig gehen. Lass Dich nicht verunsichern, auch wenn Deine Erkenntnisse und Einsichten nicht mehrheitsfähig sind oder von den religiösen Institutionen verdächtigt werden. Denn: *Der Geist Gottes wehrt, wo er will.*[138] Dazu passt, was mir der evangelische Theologe Michael von Brück bereits im Dezember 1987 in einem handschriftlichen Brief schrieb: »Der Teufel ging mit seinem Freund spazieren. Vor ihnen hob ein anderer Wanderer etwas vom Wegrand auf. »Was hebt er auf?«, fragt der Freund den Teufel. »Er hat ein Stück Wahrheit gefunden«, antwortet der Teufel. »Ja, ärgert dich das denn nicht?« – »Nein, keineswegs. Ich sorge dafür, dass sie eine Religion daraus machen«, antwortet der Teufel.«

Tagebuch der Selbsterforschung

- Welche spirituellen Erfahrungen hast Du in meinem Leben gemacht?
- Wie stehst Du zur Amtskirche – welche religiösen Gruppen sind Dir wichtig?
- Wie würdest Du Deinen persönlichen Glauben in einigen Sätzen beschreiben?

Resonanz: Wenn ich mir meiner begrenzten Sicht der Wirklichkeit bewusst bin, wenn es mir nicht mehr um das Rechthaben geht, wenn es nicht mehr darum geht, andere Menschen überzeugen zu müssen, dann stellt sich für mich nur noch die Frage, worauf ich eine Resonanz in mir verspüre. Da geht es zum einen um andere Menschen, die mich inspirieren und zum anderen um Texte, die etwas von dieser erweiterten Dimension des Menschseins zum Ausdruck bringen. Und so teile ich mit Ihnen verschiedene meditative Texte, die mir in den letzten Jahrzehnten wichtig geworden sind. Und Sie sind eingeladen, die Texte offen und neugierig zu lesen. Vielleicht spüren Sie eine innere Resonanz, vielleicht auch keine Resonanz – am Ende ist viel entscheidender, dass Sie Ihre Texte finden oder selber schreiben.

In allen Religionen geht es mehr oder weniger um die Liebe, und in der Bibel wurde ein Doppelgebot formuliert: *Liebe Deinen Nächsten wie Dich selbst*. Außerdem werden in diesem Text die Menschen daran erinnert, sich so zu verhalten, wie sie es sich selber auch wünschen. Der alte Kirchenvater Augustinus hat es kurz und knapp auf den Punkt gebracht, wenn er sagt: *Liebe, und tue, was Du willst*.

Das Lied *Gott ist gegenwärtig* von dem Dichter und Mystiker Gerhard Tersteegen habe ich erstmals im Sommer 1979 während meines ersten Meditationswochenendes mit Wenzel Graf von Stosch gesungen, und besonders zwei Liedverse haben mich zutiefst angesprochen: »Luft, die alles füllet, drin wir immer schweben, aller Dinge Grund und Leben, Meer ohn Grund

und Ende, Wunder aller Wunder: Ich senk mich in dich hinunter. Ich in dir, du in mir, lass mich ganz verschwinden, dich nur sehn und finden.« Und nach dem Vers 5 jetzt der Vers 6: »Du durchdringest alles; lass dein schönstes Lichte, Herr, berühren mein Gesichte. Wie die zarten Blumen willig sich entfalten und der Sonne stille halten, lass mich so still und froh deine Strahlen fassen und dich wirken lassen.«[139]

Als Protestant war mir schon früh bewusst, dass der Wert einer Person nicht vom eigenen Tun und Machen abhängt, sondern allein von der bedingungslosen Liebe Gottes. Ein Bibelvers hat dies für mich sehr gut zum Ausdruck gebracht: *Allein aus Gnade seid ihr gerettet und das nicht aus Euch, Gottes Gabe ist es, auf das sich nicht jemand rühme.*[140] Ich glaube, dass die Gnade Gottes *allen* Menschen gilt, egal, ob wir kleinen Menschlein und »Staubkörner« im Universum dies nun erkennen oder nicht. Alle werden in den »Himmel« kommen; die sogenannten guten Menschen und die sogenannten schlechten Menschen, die Christen, die Hindus, die Buddhisten, die Moslems, die Atheisten und alle anderen auch. Das geheimnisvolle Geschenk der Liebe Gottes kann nur erahnt und in Worten angedeutet werden, denn es übersteigt all unser Denken, Wollen und Fühlen. Ein Kreuz begleitet mich schon seit vielen Jahrzehnten und symbolisiert dieses Geschenk der bedingungslosen Liebe Gottes. Das Kreuz zeigt eine Person, die eine kleinere Person umarmt – ein ganzheitliches Geschehen voller liebender Berührung. Gott umarmt den Menschen! Und ich glaube, dass Gott ein heiterer »Geselle« ist und sich einen kleinen Spaß ausgedacht hat: Er setzt in Tischgruppen immer diejenigen zusammen, die sich im Leben in besonderer Weise voneinander abgegrenzt haben, die glaubten, besser, heiliger oder einfach anders als andere zu sein.

Die deutsch-amerikanische Schriftstellerin Toni Packer lehrte einen Meditationsstil, der frei war von einer religiösen oder kulturellen Bindung. Sie schreibt: »Das Erwachen und Erblühen von Verständnis, Liebe und Intelligenz hat nichts mit einer Haltung oder Tradition zu tun, wie alt und eindrucksvoll sie auch sein mag. Es hat nichts mit Zeit zu tun. Es geschieht von allein, wenn ein Mensch fragt, staunt, forscht, zuhört und still schaut, ohne in Angst, Vergnügen oder Schmerz steckenzubleiben. Wenn die Ich-Bezogenheit schweigt, sind Himmel und Erde offen. Das Geheimnis, die Essenz allen Lebens ist nichts anderes als das stille Offensein einfachen Hörens.[141]

Das emotionale Buch von Ken Wilber *Mut und Gnade* erzählt nicht nur die berührende Geschichte seiner großen Liebe, sondern es gibt auch wichtige Einsichten der Meditationspraxis von Treya Wilbers wieder: »Auf Messers Schneide balancieren: Das rechte Maß an Bemühung, Konzentration, Disziplin, aber zugleich offenbleiben, zulassen, gelassen sein, einfach nur sein. Hin und her, hin und her. Wenn mir ein Bemühen bewusst wird oder wenn ich in Trägheit abgleite, dann weiß ich, dass ich aus dem Gleichgewicht bin – das ist leider meistens der Fall.«[142]

Albert Einstein fragte Mahatma Gandhi in einem Brief nach der tieferen Bedeutung des Sanskrit-Wortes »Namaste« und Gandhi antwortete: »Wie alle Wesen ist der Mensch Teil des Ganzen, das wir »Universum« nennen, und rein äußerlich betrachtet von Raum und Zeit begrenzt. Er erfährt sich, seine Gedanken und Gefühle als etwas, das ihn von den anderen trennt, aber dies ist eine Art optischer Täuschung des gewöhnlichen Bewusstseins. Diese Täuschung ist wie ein Gefängnis, das unsere persönlichen Wünsche und unsere Zuneigung auf einige wenige Menschen beschränkt, mit denen wir näher zu tun haben. Unsere wirkliche Aufgabe besteht darin, uns aus diesem Gefängnis zu befreien, indem wir unser Mitgefühl und unsere Fürsorge auf alle Wesen und die Natur in ihrer ganzen Schönheit gleichermaßen ausdehnen. Auch wenn uns dies nicht vollständig gelingt, so ist doch bereits das Streben nach diesem Ziel Teil der Befreiung und die Grundlage für das Erlangen inneren Gleichgewichts.«[143]

Wir leben im Nicht-Wissen und glauben doch viel zu oft, dass wir etwas wissen oder im Griff haben. Doch unser Wissen ist meist sehr begrenzt und wir können auch das Leben nicht mit Begriffen, Vorstellungen und Ideen erfassen. Offenheit, Fragen und Staunen sind daher in vielen Situationen viel angebrachter als vorschnelle Festlegungen. Vom Nicht-Wissen handelt die nachfolgende Geschichte: In einem chinesischen Dorf lebte ein alter Mann, der ein wunderschönes weißes Pferd besaß. Darum beneideten ihn selbst die Fürsten. Der Greis lebte in ärmlichen Verhältnissen, doch sein Pferd verkaufte er nicht, weil er es als Freund betrachtete.

Als das Pferd eines Morgens verschwunden war, erzählte man sich im ganzen Dorf: »Schon immer haben wir gewusst, dass dieses Pferd eines Tages gestohlen würde. Welch ein Unglück für diesen alten Mann!« »Soweit dürft ihr nicht gehen«, erwiderte der alte Mann. »Richtig ist, dass das Pferd nicht mehr in seinem Stall ist, alles andere ist ein Urteil. Niemand weiß, ob dies ein Unglück ist oder ein Segen.«

Nach zwei Wochen kehrte der Schimmel, der nur in die Wildnis ausgebrochen war, mit einer Schar wilder Pferde zurück. »Du hast recht gehabt, alter Mann«, sprach das ganze Dorf, »es war ein Segen, kein Unglück!« Darauf erwiderte der Greis. »Ihr geht wieder zu weit. Tatsache ist nur, dass das Pferd zurückgekehrt ist.«

Der alte Mann hatte einen Sohn, der nun mit diesen Pferden zu arbeiten begann. Doch bereits nach einigen Tagen stützte er von einem Pferd und brach sich beide Beine. Im Dorf sprach man nun: »Alter Mann, du hattest recht, es war ein Unglück, denn dein einziger Sohn, der dich im Alter versorgen könnte, kann nun seine Beine nicht mehr gebrauchen.« Darauf antwortete der Mann: »Ihr geht wieder zu weit. Sagt doch einfach, dass sich mein Sohn die Beine gebrochen hat. Wer kann den wissen, ob dies ein Unheil ist oder ein Segen?«

Bald darauf brach ein Krieg im Lande aus. Alle jungen Männer wurden in die Armee eingezogen. Einzig der Sohn des alten Mannes blieb daheim, weil er ein Krüppel war. Die Bewohner des Dorfes meinten: »Der Unfall war ein Segen, du hattest recht.« Darauf entgegnete der alte Mann: »Warum seid ihr vom Urteilen so besessen? Richtig ist nur, dass eure Söhne ins Heer eingezogen wurden, mein Sohn jedoch nicht. Ob dies ein Segen oder ein Unglück ist, wer weiß?«[144]

»Wer bist du? Wenn du deinen Namen vergisst, wenn dein Alter nicht mehr wichtig ist, wenn du deine antrainieren Rollen fallen lässt, selbst die Idee einer Frau oder eines Mannes, wenn du auch nicht mehr dein Körper bist, sondern einen Körper hast. Wer bist du dann? Hast du dir diese Frage je gestellt? Wie mutig bist du ihr in den Kaninchenbau der Wahrheit gefolgt? Wer bist du? Deine Antwort auf diese Frage entscheidet alles. Wie du Erfolg definierst, wie du Leid und Glück definierst, wie du auf Schmerz und Lust reagierst und mit wem du deine kostbare Lebenszeit verbringst.«[145]

Die Autorin und spirituelle Wegbegleiterin Anke Evertz schreibt auf dem Hintergrund ihrer Nahtoderfahrung: »Du bist FREI! Frei zu tun, was immer dir Freude bereitet und dein Herz zum Jubeln bringt. Entscheide dich für dich, und sage JA zu dir! Du bist FREI! Frei, von allem loszulassen, was dich einengt, denn niemand hat dir etwas aufgebürdet. Außer du selbst. Entscheide dich dazu, frei zu sein! Du bist es längst. Frei, deine eigene Wahrheit zu finden, eigene Entscheidungen zu treffen und nach ihnen zu handeln. Entscheide dich dazu, ab sofort die Verantwortung für dein Leben zu übernehmen, und wähle, wie du es gestalten möchtest. Du bist FREI! Du bist frei, deine Aufmerksamkeit ab sofort auf die Leichtigkeit zu richten, die dein Körper und deine Gefühle dir erzählen. Entscheide dich dazu, ab jetzt deine eigene Wahrheit zu leben und auszudrücken. Du bist es WERT! Du bist FREI! Frei, ab sofort dein Leben mit dir gemeinsam zu leben, statt gegen dich. Lege die Waffen nieder, die du gegen dich selbst gerichtet hast, und schließe Frieden. Alles andere kommt ganz von allein!«[146]

Tod und Transzendenz sind für viele Menschen eine ernste Angelegenheit, doch das muss nicht so sein, denn Humor, Lachen und Witze sind wichtige Schlüssel zur inneren Freiheit. Und so gibt es unterschiedliche Kabarett-Programme, beispielsweise das Nahtod-Kabarett[147] oder das Kabarett-Programm »Tod im Rheinland«[148]. Die Botschaft heißt: *Lacht euch kaputt, aber, bitte schön, immer den eigenen Tod im Auge behalten.* Und auch an guten Witzen mangelt es nicht. Einer meiner Lieblingswitze geht so: Ein sehr altes Ehepaar stirbt und kommt in den Himmel. Petrus begrüßt die beiden herzlich und führt sie zu ihrer neuen Bleibe. Eine wunderschöne Villa mit großem Garten und Pool, mit einem Luxuswagen. Und Petrus mein: Natürlich bekommt Ihr auch einen Fahrer, einen Koch und eine Haushaltshilfe. Und wenn es sonst noch was braucht, dann meldet Euch bei mir. Da stößt der Mann seinen Ellenbogen in die Seite der Frau und sagt: »Du mit Deinen Scheiß-Knoblauch-Pillen«. Das hätten wir schon zwanzig Jahre früher haben können.

Osho, der spirituelle Lehrer aus Indien, vertrat die Ansicht, dass wir allen Ernst fallen lassen sollten, weil er nicht unserem natürlichen Wesen entspricht: »Lachen entspannt. Und Entspannung ist spirituell. Lachen bringt dich auf die Erde zurück, bringt dich weg von deinen Hirngespinsten, heiliger zu sein als andere. Lachen bringt dich zur Realität zurück, so wie sie ist. Die Welt ist ein Spiel Gottes, ein kosmischer Witz. Und solange du nicht verstehst, dass sie ein kosmischer Witz ist, wirst du das höchste Geheimnis nie verstehen können. Ich bin ganz und gar für Witze, ich bin ganz und gar für Lachen.«[149]

> **Tagebuch der Selbsterforschung**
> - Welcher Impuls hat Dich besonders angesprochen?
> - Welche Texte sind Dir in Deinem Leben wichtig geworden?
> - Welche Bedeutung haben Humor, Lachen und Witze in Deinem Leben?

Nicht nur Sex und Tod sind Tabuthemen, sondern auch Transzendenz. Es ist in unserer Kultur nicht üblich über das zu sprechen, was mich in meinem Leben trägt und was für mich bedeutsam ist, und daher stellt sich die Frage, wie die verbreitete Sprachlosigkeit über Transzendenzerfahrungen überwunden werden kann. Ich selbst habe beispielsweise in Seminaren immer wieder zu einem Austausch über das eigene Verständnis und die persönlichen Erfahrungen mit Glauben, Spiritualität und Transzendenz eingeladen und jede und jeder, die/der wollte, war eingeladen, ein paar Minuten über das eigene Erleben zu sprechen. Es wurde nicht über die Beiträge diskutiert, sondern nach jedem Beitrag gab es einen Moment der Stille, bevor die nächste Person berichtete. Dieses Vorgehen führte zu einer großen Offenheit und die Teilnehmenden schätzen es sehr, dass mit den sehr persönlichen Statements so wertschätzend umgegangen wurde.

Kurz vor dem Schlusspunkt gibt es eine sehr konkrete Einladung für einen lebendigen, neugierigen und offenen Umgang mit Sterben, Tod und Abschied.

1. Lebendig sein: Lebendige und offene *Gespräche in der Partnerschaft, der Familie und im Freundeskreis* über die in diesem Buch angesprochenen Themen Stille, Leben, Sterben, Tod, Trauer und Transzendenz. Dabei geht es auch um die Frage, wie wir Sterben wollen und wie wir *nicht* sterben wollen und welche Konsequenzen sich daraus für uns ergeben. Ein weiterer wichtiger Aspekt ist die Frage, wie aktiv wir in der Zeit zwischen Tod und Beerdigung sein wollen und welche Liebesdienste wir selber ausführen wollen. Und was es hier und jetzt für Sie noch braucht, um viel lebendiger zu sein, um mehr zu staunen, zu fragen und zu lieben!

2. Selbstbestimmt sein: Menschen im letzten Lebensdrittel, auf jeden Fall ab 60 Jahren, gründen lokale *Selbstbestimmungsgruppen,* die sich regelmäßig treffen. um sich über alle Fragen rund um Sterben, Tod und Trauer austauschen, um die Vorbereitungen der individuellen Vorsorge aktiv anzugehen und sich im Todesfall gegenseitig zu unterstützen. Und damit die Freude dabei nicht zu kurz kommt, wird das Geschenk des Lebens kräftig gefeiert!

3. Neugierig sein: Das von mir entwickelte neunmonatige *Online-Achtsamkeitstraining* »*Den Tod ins Leben einladen, um wirklich zu leben*« (www.

lebensterbentod.de) bietet die Gelegenheit, zusammen mit anderen Menschen die Praxis der Achtsamkeit zu erlernen oder zu vertiefen, einen Bewusstwerdungsprozess über die Lebenskunst und die Kunst des Sterbens zu durchlaufen und das persönliche Vorsorgehandbuch professionell zu erstellen. Warum der ganze Aufwand? Um die Leichtigkeit des Seins zu erleben!

Mit meinem persönlichen Motto habe ich das Buch begonnen und beende es auch: Mutig, lebendig und humorvoll leben und zugleich stets »abflugbereit« sein!

Und wie lautet Ihr Motto?

Einladung zur Praxis der Achtsamkeit

Achtsames Teetrinken

Nehmen Sie sich jetzt Zeit für *achtsames Teetrinken*. Hören Sie die Übung *Achtsames Teetrinken*. Nehmen Sie eine aufrechte Haltung im Sitzen ein und fühlen Sie sich eingeladen, den Tee in Ruhe zu erkunden und zu trinken. Erlauben Sie sich, immer wieder Pausen zu machen, Ihren Atem zu spüren und all das wahrzunehmen, was gerade in Ihrem Körper geschieht. Lassen Sie sich Zeit, die Übung in Ruhe zu beenden.

https://forumachtsamkeit.de/achtsamkeit-organisationen/tao-audio-dateien/

Anhang

Anmerkungen

1. Ein herzliches Dankeschön an Patric Stromberg vom Trauerzentrum Mittelhessen in Gießen für diese eindrückliche Erfahrung.
2. Ein herzliches Dankeschön an Helga Klaiber aus Rammingen, die mich bei der Erstellung meiner Urne begleitet hat. Siehe mein Kurzartikel In drei Schritten zur eigenen Urne (Standhardt, 2021).
3. Ein herzliches Dankeschön an Sabine Mehne, David Roth, Stephanie Gotthardt, Dirk Matzik, Evangelia Tsiafouli, Patric Stromberg, Nikolette Scheidler, Sabine Kistner, Sabine Eller, Susanne Jung, Kirsten Witte, Anne Kriesel, Bettina Skottke, Bernhard Laux, Achim Weimer und Tanja Unger.
4. Ein herzliches Dankeschön an Michaela Augustin Bill und Birgit Kurz vom ambulanten Hospizdienst des Caritasverbandes Gießen e.V. für die Weiterbildung im Jahr 2020/2021 und dem Ökumenischen Hospizdienst Königswinter e.V.
5. Sabine Bode, in: Bode & Roth, 1998
6. Bei einer Reerdigung wird der Körper innerhalb von 40 Tagen in natürliche Erde verwandelt und so in den Kreislauf des Lebens zurückgeführt. Nähere Informationen: www.meine-erde.de
7. Vgl. den Beitrag Bestattung: Von der Pyramide zum Waldgrab (NDR, 22.11.2019 www.ndr.de/ratgeber/verbraucher/Die-Geschichte-der-Bestattung,bestattung188.html
8. Zu nennen sind hier Susanne Jung, Sabine M. Kistner, Nikolette Scheidler, Sabine Eller und andere. Siehe auch BestatterInnen Netzwerk: www.bestatternetz.net
9. Bode & Roth, 2018, S. 31 ff.

10 Bode & Roth, 2018, S. 95
11 Siehe www.letztehilfe.info
12 Siehe www.kor-academy.com
13 Siehe www.bohana.de
14 Vgl. https://bohana.de/angebote/abschied-gestalten-was-soll-bleiben-wenn-du-gehst
15 Siehe www.leben-und-tod.de
16 Siehe www.sepulkralmuseum.de
17 Vgl. die Literaturübersicht im Anhang
18 Vgl. Ott 2010; Sedlmeier, 2016
19 Ich empfehle die CDs in meinem Buch TAO – Training Achtsamkeit in Organisationen (Standhardt, 2022).
20 Terzani, 2007, S. 671
21 Vgl. Fromm, 1976
22 Domian, 2014, S. 83
23 Zit. n. Hohensee & Georgy, 2017
24 Bode & Roth, 2006, S. 25
25 Bode & Roth, 2018, S. 45
26 Kabat-Zinn, 2006, S. 64, 180
27 Vgl. www.lebensterbentod.de
28 Vgl. Fromm, 1979
29 In Anlehnung an: Schoenaker, 1991, S. 75
30 Vgl. Betz, 2016; Lindau, 2015.
31 Fromm, 1979, S. 21
32 Vgl. Fromm, 1979, S. 15
33 Siehe Richardson, 2011 sowie ihr erstes Buch: Richardson, 2004. Zur Vertiefung eignen sich: Richardson, 2010; Richardson & Richardson, 2011.

34 Ausführliche Informationen zu ihrer Arbeit und ihren Intensivworkshops »Making Love Retreat« finden sich auf www.love4couples.com.
35 Zum Einstieg empfehle ich die sehr gelungene DVD von D. Richardson mit dem Titel Slow Sex. Wie Sex glücklich macht. Der neue Stil des Liebens (2012).
36 Richardson, 2006
37 Vgl. das Fünf-Phasen-Modell zur beruflichen Veränderung in: Löhmer & Standhardt, 2012, S. 129 ff.
38 Glaubenssätze sind unsere eigenen Vorstellungen über uns und die Welt. Sie sind ein Wahrnehmungsfilter, wodurch unsere Verhaltensmöglichkeiten oft eingeschränkt werden. Beispiele für Glaubenssätze über die Arbeit sind: »Arbeit ist etwas Schlechtes.« – »Ich muss mein Geld hart verdienen.« – »Ich muss einen festen Job haben.«, aber auch: »Ich mache meine Arbeit mit Leichtigkeit und Freude.«
39 Gibran, 2002, S. 37
40 von Brück, 2020a, S. 15
41 von Brück, 2020a, S. 123 f.
42 Vgl. Göpel, 2020
43 Vgl. Fromm, 1985
44 Vgl. Göpel, 2020, S. 96
45 Fragen zu den persönlichen Vorstellungen finden sich bei Borasio, 2011, S. 147
46 Verbraucherzentrale NRW, 2020
47 Vgl. Löhmer & Standhardt, 2014
48 Vgl. Löhmer & Standhardt, 2012, S. 47 ff.
49 Vgl. Standhardt, 2022, S. 96 ff; Löhmer & Standhardt, 2012, S. 55 ff.
50 Dittmar, 2021, S. 49, 56
51 Vgl. ausführlich Löhmer & Standhardt, 2014, S. 201 ff.
52 Vgl. Stollberg, 1992. In Löhmer & Standhardt, 1992, S. 207 ff.

53 Alexis Sorbas: Kazantzakis, 2008 (Erstausgabe: Athen 1946) sowie der gleichnamige Kinofilm von 1965 mit Anthony Quinn in der Titelrolle.
54 Vgl. Kazantzakis, 2008, S. 309
55 Vgl. Kazantzakis, 2008, S. 17
56 Vgl. Kazantzakis, 2008, S. 299
57 Kabat-Zinn, 2013, S. 21
58 Löhmer & Standhardt, 2014 (mit zwei Übung-CDs)
59 Standhardt, 2022
60 Eurich, 2014, S. 64
61 Covey, 1998, S. 39
62 Izzo, 2008, S. 229–231
63 Vgl. Löhmer & Standhardt, 2012, S. 153 ff.
64 Vgl. Standhardt, 2022
65 Vgl. Ware, 2013, S. 327
66 Vgl. Richardson & Richardson, 2006
67 Izzo, 2008, S. 88 f.
68 Deida, 2006, S. 24
69 Vgl. Chochinov, 2017
70 Vgl. Löhmer & Standhardt, 2012, S. 67 ff.
71 Vgl. Sriram, 2012
72 Vgl. Meyer, 2016, S. 338 ff.
73 Freund, 2012
74 www.dhpv.de
75 www.elysium.digital/schwerpunkt/2016-oktober-pioniere-der-hospizbewegung/die-radikale-veraenderung-leben-im-augenblick
76 zur Nieden, 2016/2019; Chabot & Walther, 2010/2021; Mehne, 2021; zwei Veröffentlichungen enthalten viele interessante Fallbeispiele: zur Nieden & zur Nieden, 2019; Kaufmann, Trachsel & Walther, 2020.

Viele Informationen, auch zu einem Weiterbildungsseminar, finden sich auf: www.sterbefasten.com; sehr zu empfehlen ist der Film *Sterbefasten – Freiheit zum Tod. Eine Dokumentation über den freiwilligen Verzicht auf Nahrung und Flüssigkeit* von Marion M. (2013) https://vimeo.com/ondemand/sterbefasten/216653926

77 Zit. nach Borasio, 2014, S. 133
78 www.dignitas.de
79 www.sterbehilfe.de
80 Borasio, 2020, S. 136
81 Gockel, 2020, S. 55
82 Vgl. Borasio, 2012, S. 65 f.
83 Vgl. Borasio, 2012, S. 122 f.
84 Nolte, 2020
85 www.basale-stimulation-lernen.de und www.basale-stimulation.de
86 Fölsing, 2015; Ewald, 2006
87 Lommel van et al., 2001
88 Lommel van et al., 2001
89 Lommel van, 2009
90 Mehne, 2016
91 Mehne, 2019
92 Peng-Keller, 2016
93 Peng-Keller, 2016; 2017
94 Ende, 1973
95 Wiesenhütter, 1977
96 Ewald, 1999
97 Mehne, 2016; Nahm, 2012
98 Mehne, 2013
99 Roth, F. in: Bode & Roth, 1998/2008, S. 37

100 Sabine Mehne: Der große Abflug. Ostfildern: Patmos: 2016, S. 232
101 Vgl. www.keramik-urnen-klaiber.de
102 Vgl. die Bilder zu diesem Bericht: https://forumachtsamkeit.de/wp-content/uploads/2021/10/In-drei-Schritten-zu-meiner-eigenen-Urne-1.pdf
103 Die Bestattungsgesetze der einzelnen Bundesländer verbieten es Privatpersonen, einen toten Menschen zu transportieren. Die Überführung eines Verstorbenen darf daher ausschließlich von Bestattungs- oder Überführungsunternehmen vorgenommen werden. Der Transport eines Verstorbenen muss in einem Leichenwagen erfolgen. Dies gilt sowohl für die Abholung am Sterbeort als auch bei Sargüberführungen innerhalb Deutschlands oder international.
104 Vgl. https://bohana.de/urnengrab-im-griechischen-olivenhain
105 Roth, 2021, S. 186
106 Vgl. auch den Film von Eben Alexander und Raymond A. Moody: Im Gespräch über den Bestseller Blick in die Ewigkeit zwischen Diesseits und Jenseits – Nahtoderfahrungen. Ein Film von David Hinshaw (Scorpio 2013/2014, ca. 120 min.)
107 Mehne, 2006, S. 271 f.
108 Ein herzliches Dankeschön an Jürgen Domian für die Abdruckgenehmigung.
109 vgl. Löhmer & Standhardt, 2006b
110 vgl. Cohn & Farau, 1993
111 Cohn, 1975, S. 120
112 Kübler-Ross & Kessler, 2009
113 vgl. Brönnimann, 2008
114 Roth & Bode, 2006
115 Vgl. Roth & Bode, 2011
116 Mecchia & Zobel-Kowalski, 2021
117 Bode, 2004
118 Bode, 2009

119 Vgl. Standhardt, 2022, S. 59 ff.
120 Vgl. Standhardt, 1994, S. 226–246
121 Paul, 2019, S. 38
122 Paul, 2019, S. 26
123 Paul, 2019, S. 27
124 Vgl. www.trauer-und-leben.de/trauergruppen
125 Standhardt, 2022 (mit zwei Übungs-CDs); Löhmer & Standhardt, 2012 (mit Übungs-CD); Löhmer & Standhardt, 2014 (mit zwei Übungs-CDs)
126 Vgl. Löhmer & Standhardt, 2006b, S. 60 ff.
127 Vgl. Löhmer & Standhardt, 2006b, S. 15
128 Verschiedene Anbieter finden Sie z. B. auf www.trauerreise.de.
129 Vgl. Offermann, 2016, S. 56, 83, 90
130 Offermann, 2016, S. 55
131 Offermann, 2016, S. 105 ff.
132 Sutor, 2020, S. 148 ff.
133 Standhardt, 2022
134 Vgl. dazu ausführlich: Tolle, 2006
135 Vgl. https://forumachtsamkeit.de/lebensterbentod/die-feier-des-lebens
136 Ein herzliches Dankeschön an Michael Kunze für die Abdruckgenehmigung. Heute beginnt der Rest deines Lebens, veröffentlicht auf der CD von Udo Jürgens: Zärtlicher Chaot, Ariola/Sony Music Entertainment 1995.
137 Vgl. Löhmer & Standhardt, 2014, S. 249 ff.
138 Die Bibel, Johannes 3,8
139 Evangelisches Gesangbuch, EG 165
140 Die Bibel, Epheser 2,8–9
141 Packer, 1991, Klappentext
142 Wilber, T. In: Wilber, 1996, S. 91
143 Albert Einstein, zit. nach Kabat-Zinn, 2006, S. 151 f.

144 von Brück, 2002, S. 20 f.
145 Lindau, 2021, S. 46
146 Evertz, 2019, S. 253
147 Mehne, 2016
148 Bode & Roth, 2018, S. 177 ff.
149 Osho, 2001, S. 94

Literatur

Alexander, E. (2012). *Blick in die Ewigkeit. Die faszinierende Nahtoderfahrung eines Neurochirurgen.* München: Ansata.

Altmann, A. (2017). *Gebrauchsanweisung für das Leben.* München: Piper.

Arnold, R. (2017). *Es ist später, als Du denkst.* Bern: hep Verlag.

Arnold, U.-C. (2014). *Letzte Hilfe.* Reinbek bei Hamburg: Rowohlt.

Bausewein, C. & Simader, R. (2020). *99 Fragen an den Tod. Leitfaden für ein gutes Lebensende.* München: Droemer.

Betz, R. (2016). *Dein Weg der Selbstliebe. Mit Mut zur Veränderung deine Wahrheit leben.* München: Gräfe und Unzer.

Bieri, P. (2013). *Wie wollen wir leben?* München: dtv.

Bleuel, N., Esser, C. & Schröder, A. (2017). *HERZENSSACHE Organspende: Wenn der Tod Leben rettet.* München: Bertelsmann.

Bode, S. & Roth, D. (2006). *Trauer ist Liebe.* Gütersloh: gtvh.

Bode, S. & Roth, D. (2018). *Das letzte Hemd hat viele Farben. Für einen lebendigen Umgang mit dem Sterben.* Köln: Lübbe.

Bode, S. & Roth, F. (1998/2008). *Der Trauer eine Heimat geben. Für einen lebendigen Umgang mit dem Tod.* Bergisch Gladbach: Lübbe.

Bode, S. (2004). *Die vergessene Generation – Die Kriegskinder brechen ihr Schweigen.* Stuttgart: Klett-Cotta.

Bode, S. (2009). *Kriegsenkel. Die Erben der vergessenen Generation.* Stuttgart: Klett-Cotta.

Borasio, G. D. (2011/2012). *Über das Sterben. Was wir wissen. Was wir tun können. Wie wir uns darauf einstellen.* München: Beck.

Borasio, G. D. (2014/2020). *selbst bestimmt sterben: Was es bedeutet. Was uns daran hindert. Wie wir es erreichen können.* München: Beck.

Brönnimann, S. (2008). *Plötzlich und unerwartet. Praxis gelebter Frauenkultur im Umgang mit Abschied, Tod und Trauer.* Vortrag, Gießen.

Canacakis, J. (2006). *Ich sehe deine Tränen. Lebendigkeit in der Trauer.* Stuttgart: Kreuz.

Canacakis, J. (2013). *Ich begleite dich durch deine Trauer. Förderliche Wege aus dem Trauerlabyrinth.* Stuttgart: Kreuz.

Chabot, B. & Walther, C. (2010). *Ausweg am Lebensende. Sterbefasten – Selbstbestimmtes Sterben durch Verzicht auf Essen und Trinken.* München: Ernst Reinhard, 6. Auflage 2021.

Chochinov, H. M. (2017). *Würdezentrierte Therapie. Was bleibt – Erinnerungen am Ende des Lebens.* Göttingen: Vandenhoeck & Ruprecht.

Cohn, R. C. & Farau, A. (1993). *Gelebte Geschichte der Psychotherapie.* Zwei Perspektiven. Stuttgart: Klett-Cotta.

Cohn, R. C. (1975). *Von der Psychoanalyse zur themenzentrierten Interaktion.* Stuttgart: Klett-Cotta.

Cohn, R. C. (1989). *Es geht ums Anteilnehmen.* Freiburg i. Br.: Herder.

Covey, S. R. (1998). *Der Weg zum Wesentlichen. Zeitmanagement der vierten Generation.* Frankfurt a. M.: Campus.

Dahlke, R. (2011). *Von der großen Verwandlung.* Amerang: Crotona.

de Ridder, M. (2011). *Wie wollen wir sterben? Ein ärztliches Plädoyer für eine neue Sterbekultur in Zeiten der Hochleistungsmedizin.* München: Pantheon.

de Ridder, M. (2017). *Abschied vom Leben. Von der Patientenverfügung bis zur Palliativmedizin. Ein Leitfaden.* München: Pantheon.

de Ridder, M. (2021). *Wer sterben will, muss sterben dürfen. Warum ich schwer kranken Menschen helfe, ihr Leben selbstbestimmt zu beenden.* München: DVA.

Deida, D. (2006). *Der Weg des wahren Mannes. Ein Leitfaden für Meisterschaft in Beziehungen, Beruf und Sexualität.* Bielefeld: Kamphausen.

Dittmar V. (2021). *Echter Wohlstand.* München: Kailash.

Domian, J. (2014). *Interview mit dem Tod.* München: Goldmann.

Dunphy, J. (2014). *Kommunikation mit Sterbenden. Praxishandbuch zur Palliative-Care-Kommunikation.* Bern: Hogrefe.

Elsaesser, E. & Ring, K. (2020). *Was wir aus Nahtoderfahrungen für das Leben gewinnen.* Amerang: Crotona.

Ende, M. (1973/2021). *Momo.* Esslingen: Thienemann.

Eurich, C. (2014). *Die heilende Kraft des Scheiterns. Ein Weg zu Wachstum, Aufbruch und Erneuerung.* Fulda: Via Nova.

Evertz, A. (2019). *Neun Tage Unendlichkeit. Was mir im Jenseits über das Bewusstsein, die körperliche Existenz und den Sinn des Lebens gezeigt wurde.* München: Ansata.

Ewald, G. (1999). *Ich war tot. Ein Naturwissenschaftler untersucht Nahtod-Erfahrungen.* Augsburg: Pattloch.

Ewald, G. (2006). *Gehirn, Seele und Computer – Der Mensch im Quantenzeitalter.* Darmstadt: WBG.

Feddersen, B. & Seitz, D. & Stäcker, B. (2015). *Der Reisebegleiter für den letzten Weg. Das Handbuch zur Vorbereitung auf das Sterben.* München: Irisiana.

Fischedick, H. (2017). *Auch das Sterben gehört zum Leben.* Petersberg: Via Nova.

Fischer, T. (1992). *Wu wie. Die Lebenskunst des Tao.* Reinbek bei Hamburg: Rowohlt.

Fölsing, A. (2015). *Einstein. Eine Biographie.* (6. Aufl.). Frankfurt a. M.: Suhrkamp.

Freund, L. (2012). *Geborgen im Grenzenlosen. Neue Wege zum Umgang mit dem Sterben.* München: O. W. Barth.

Fromm, E. (1976). *Haben oder Sein. Die seelischen Grundlagen einer neuen Gesellschaft.* Stuttgart: DVA.

Fromm, E. (1979). *Die Kunst des Liebens.* Berlin: Ullstein.

Fromm, E. (1985). *Über den Ungehorsam.* München: dtv.

Gibran, K. (2002). *Der Prophet.* München: dtv.

Gockel, M. (2020). *Sterbehilfe: 33 Fragen – 33 Antworten.* München: Piper.

Göpel, M. (2020). *Unsere Welt neu denken. Eine Einladung.* Berlin: Ullstein.

Gottschling. S. & Welsch, K. (2019). *Übers Sterben reden. Wie Kommunikation in schwierigen Situationen gelingt.* Frankfurt a. M.: Fischer.

Heidenreich, W. (2006). *In Achtsamkeit zueinander finden. Die buddhistische Sprache der Liebe.* Kreuzlingen/München: Hugendubel.

Hohensee, T. & Georgy, R. (2017). *Der Tod ist besser als sein Ruf. Von einem gelassenen Umgang mit der eigenen Endlichkeit.* Wals bei Salzburg: Benevento Publishing.

Izzo, J. (2008). *Die fünf Geheimnisse, die Sie entdecken sollten, bevor Sie sterben.* München: Riemann.

Jung, S. (2013). *Besser leben mit dem Tod.* Stuttgart: Klett-Cotta.

Kabat-Zinn, J. (2006). *Zur Besinnung kommen. Die Weisheit der Sinne und der Sinn der Achtsamkeit in einer aus den Fugen geratenen Welt.* Freiamt: Arbor.

Kabat-Zinn, J. (2013). *Gesund durch Meditation. Das vollständige Grundlagenwerk zu MBSR zu MBSR.* München: O. W. Barth (vollst. überarb. Neuausgabe der ersten Ausgabe von 1990).

Kaufmann, P., Trachsel, M. & Walther, C. (2020). *Sterbefasten. Fallbeispiele zur Diskussion über den freiwilligen Verzicht auf Nahrung und Flüssigkeit.* Stuttgart: Kohlhammer.

Kazantzakis, N. (2008). *Alexis Sorbas.* Köln: Anaconda.

Krishnamurti, J. (1989). *Einbruch in die Freiheit.* Frankfurt a. M.: Ullstein.

Krishnamurti, J. (1998). *Über Leben und Sterben. Reflexionen über die letzten Dinge.* Frankfurt a. M.: Fischer.

Krones, T. & Obrist, M. (Hrsg.). (2020). *Wie ich behandelt werden will: Advance Care Planning.* Zürich: Rüffer & Rub.

Kübler-Ross, E. & Kessler, D. (2009). *Dem Leben neu vertrauen.* Freiburg i. Br.: Kreuz.

Küstenmacher, M., Haberer, T. & Küstenmacher, W. T. (2010). *Gott 9.0.* Gütersloh: gtvh.

Laux, B. & Laux, I. (2015). *Abschiednahme. Bestattung. Trauer. Die Zeit des Abschieds würdevoll gestalten. Mehr Mut zur individuellen Trauerfeier.* Regensburg: Walhalla.

Lindau, V. (2015). *Heirate Dich selbst. Wie radikale Selbstliebe unser Leben revolutioniert.* München: Kailash.

Lindau, V. (2021). *Genesis. Die Befreiung der Geschlechter.* München: Gräfe und Unzer.

Löhmer, C. & Standhardt, R. (1992). TZI. *Pädagogisch-therapeutische Gruppenarbeit nach Ruth C. Cohn.* Stuttgart: Klett-Cotta.

Löhmer, C. & Standhardt, R. (2006a). *Die Kunst, im Alltag zu entspannen. Einübung in die Progressive Muskelentspannung.* Stuttgart: Klett-Cotta (mit Übungs-CD).

Löhmer, C. & Standhardt, R. (2006b). *TZI – Die Kunst, sich selbst und eine Gruppe zu leiten. Einführung in die Themenzentrierte Interaktion.* Stuttgart: Klett-Cotta.

Löhmer, C. & Standhardt, R. (2012). *Timeout statt Burnout. Einübung in die Lebenskunst der Achtsamkeit.* Stuttgart: Klett-Cotta (mit Übungs-CD).

Löhmer, C. & Standhardt, R. (2014). *MBSR – Die Kunst, das ganze Leben zu umarmen. Einübung in Stressbewältigung durch Achtsamkeit.* Stuttgart: Klett-Cotta (mit zwei Übungs-CDs).

Lommel, P. van (2009). *Endloses Bewusstsein.* Ostfildern: Patmos.

Lommel, P. van, Wees, R. van, Meyers, V. & Elfferich, I. (2001). Near-death experience in survivors of cardiac arrest: a protective study in the Netherlands. *The Lancet 358,* 2039–2045.

Long, B. (2001). *Den Tod durchschauen. Den Tatsachen ohne Furcht begegnen.* Saarbrücken: MB-Verlag. (4. Aufl. 2017)

Mecchia, S. & Zobel-Kowalski, E. (2021). *Bestattung regeln, Verträge kündigen, Erbe antreten oder ausschlagen, Hinterbliebenenrente beantragen* (2., aktual. Aufl.). Stiftung Warentest.

Mehne, S. (2013). *Licht ohne Schatten – Leben mit einer Nahtoderfahrung.* Ostfildern: Patmos.

Mehne, S. (2016). *Der große Abflug. Wie ich durch meine Nahtoderfahrung die Angst vor dem Tod verlor.* Ostfildern: Patmos.

Mehne, S. (2019/2021). *Ich sterbe, wie ich will. Meine Entscheidung zum Sterbefasten.* München: Ernst Reinhardt.

Meyer, C. (2016). *Ein Kurs in wahrem Loslassen. Durch das Tor des Fühlens zu innerer Freiheit.* München: Arkana.

Mihm, D. & Bopp, A. (2015). *Anleitung zum guten Sterben. Für Angehörige, Pflegende und Hospizbegleiter.* München: Goldmann. (inkl. DVD mit Anleitung zur Basalen Stimulation in der Sterbebegleitung)

Moorjani, A. (2020). *Heilung im Licht. Wie ich durch eine Nahtoderfahrung den Krebs besiegte und neu geboren wurde.* München: Arkana. (Erstauflage 2012).

Nahm, M. (2012). *Wenn die Dunkelheit ein Ende findet – Terminal Geistesklarheit und andere Phänomene in Todesnähe.* Amerang: Crotona.

Nolte, A. (2020). *Einfühlsame Gespräche am Lebensende. Eine Hilfe für sprachlose Momente.* Berlin: Dudenverlag.

Offermann, F. (2016). *Wenn Kollegen trauern: wahrnehmen, verstehen, helfen.* München: Kösel.

Osho (2019). *Das Buch vom Leben und Sterben.* Köln: Innenwelt-Verlag.

Osho (2001). *Vom Stress zur Entspannung.* Zürich: Osho Verlag.

Ott, U. (2010). *Meditation für Skeptiker. Ein Neurowissenschaftler erklärt den Weg zum Selbst.* München: O. W. Barth.

Packer, T. (1991). *Mit ganz neuen Augen sehen.* Braunschweig: Aurum.

Paul, C. (2010). *Schuld – Macht – Sinn. Arbeitsbuch für die Begleitung von Schuldfragen im Trauerprozess.* Gütersloh: gtvh.

Paul, C. (2017). *Ich lebe mit meiner Trauer. Das Kaleidoskop des Trauerns für Trauernde.* Gütersloh: gtvh.

Paul, C. (2019). *Wir leben mit deiner Trauer. Für Angehörige und Freunde.* Gütersloh: gtvh.

Peng-Keller, S. (2016). *»Palliative Imagination« und Spiritual Care am Lebensende.* Zeitschrift der Schweizerischen Gesellschaft für Palliative Medizin, Pflege und Begleitung, palliative ch, 1-2017, 12–15.

Peng-Keller, S. (2017). *Sinnereignisse in Todesnähe. Traum- und Wachvisionen Sterbender und Nahtoderfahrungen im Horizont von Spiritual Care.* Berlin: De Gruyter.

Putz, W., Steldinger, B. & Unger, T. (2021). *Patientenrechte am Ende des Lebens. Vorsorgevollmacht. Patientenverfügung. Selbstbestimmtes Sterben.* München: dtv.

Richardson, D. & Richardson, M. (2011). *Zeit für Männlichkeit. Mehr Kompetenz in Sachen Sex und Liebe zwischen Mann und Frau.* Köln: Innenwelt.

Richardson, D. (2004). *Zeit für Liebe. Sex, Intimität & Ekstase in Beziehungen.* Köln: Innenwelt.

Richardson, D. (2006). *Zeit für Gefühle. Die Krux mit den Emotionen in der Partnerschaft.* Köln: Innenwelt.

Richardson, D. (2010). *Zeit für Weiblichkeit. Der tantrische Orgasmus der Frau.* Köln: Innenwelt.

Richardson, D. (2011). *Slow Sex. Zeit finden für die Liebe.* München: Integral.

Richardson, D. (2012). *DVD: Slow Sex. Wie Sex glücklich macht. Der neue Stil des Liebens.* Köln: Innenwelt.

Rinder, N. & Rauch, F. (2021). *Das letzte Fest. Neue Wege und heilsame Rituale in der Zeit der Trauer.* Gütersloh: gtvh.

Rinpoche, S. (1996). *Das tibetische Buch vom Leben und vom Sterben. Ein Schlüssel zum tieferen Verständnis von Leben und Tod.* München: O. W. Barth. (18. Auflage)

Rohr, R. (2012). *Reifes Leben. Eine spirituelle Reise.* Freiburg i. Br.: Herder.

Roth, D. (2021). *Let's Talk about Tod. 50 Fragen zu Sterben, Tod und Bestattung.* Gütersloh: gtvh.

Roth, F. & Bode, S. (2011). *Trauer hat viele Farben.* Köln: Ehrenwirth.

Roth, F. & Schwikart, G. (2009). *Nimm den Tod persönlich. Praktische Anregungen für einen individuellen Abschied.* München: gtvh.

Roth, F. (2011). *Das letzte Hemd ist bunt. Die neue Freiheit in der Sterbekultur.* Frankfurt a. M.: Campus.

Schoenaker, T. (1991). *Mut tut gut. »Ich weiß, ich bin okay«. Das Encouraging-Training.* Sinntal: RDI.

Schulz von Thun, F. (2010). Nachruf auf Ruth Cohn. In: *Themenzentrierte Interaktion 2/2010*, 18–21.

Sedlmeier, P. (2016). *Die Kraft der Meditation. Was die Wissenschaft darüber weiß.* Reinbek bei Hamburg: Rowohlt.

Sriram, R. (2012). *Wünsche Dir alles, erwarte nichts und werde reich beschenkt. Indische Philosophie für ein erfülltes Leben.* München: Gräfe und Unzer.

Standhardt, R. & Löhmer, C. (Hrsg.). (1994). *Zur Tat befreien. Gesellschaftspolitische Perspektiven zur TZI-Gruppenarbeit.* Mainz: Grünewald.

Standhardt, R. (1994). Die Erde weint. In: R. Standhardt & C. Löhmer (Hrsg.). *Zur Tat befreien. Gesellschaftspolitische Perspektiven zur TZI-Gruppenarbeit.* Mainz: Grünewald.

Standhardt, R. (2021). *In drei Schritten zur eigenen Urne.* Verfügbar unter: www.forumachtsamkeit.de/wp-content/uploads/2021/10/In-drei-Schritten-zu-meiner-eigenen-Urne-1.pdf

Standhardt, R. (2022). *TAO – Training Achtsamkeit in Organisationen. Die Kunst, sich selbst und eine Organisation achtsam zu führen.* Stuttgart: Klett-Cotta.

Stollberg, D. (1992). *Wo viel Licht ist, ist viel Schatten.* In Löhmer & Standhardt, 1992, S. 207–217.

Strelecky, J. (2009). *The Big Five for Life. Was wirklich zählt im Leben.* München: dtv.

Sutor, P. (2020). *Trauer am Arbeitsplatz. Sprachlosigkeit überwinden, Fürsorgepflicht wahrnehmen, Trauerkultur entwickeln.* Ostfildern: Patmos.

Terzani, T. (2007). *Noch eine Runde auf dem Karussell. Vom Leben und Sterben.* München: Knaur.

Terzani, T. (2008). *Das Ende ist mein Anfang. Ein Vater, ein Sohn und die große Reise des Lebens.* München: Goldmann (auch als DVD erhältlich).

Tolle, E. (2005). *Eine neue Erde. Bewusstseinssprung anstelle von Selbstzerstörung.* München: Goldmann.

Tolle, E. (2006). *Jetzt! Die Kraft der Gegenwart.* Bielefeld: Kamphausen (14. Auflage).

Verbraucherzentrale NRW (Hrsg.), Bittler, J., Frey, C., Nordmann, H. & Schuldzinski, W. (2020). *Das Vorsorge-Handbuch. Patientenverfügung. Vorsorgevollmacht. Digitaler Nachlass. Betreuungsverfügung. Testament.*

von Brück, M. (2002). *Wie können wir leben? Religion und Spiritualität in einer Welt ohne Maß.* München: Beck.

von Brück, M. (2020a). *Interkulturelles Ökologisches Manifest.* Freiburg i. Br.: Karl Alber.

von Brück, M. (2020b). *Vom Sterben. Zehn Meditationen zur spirituell-palliativen Praxis.* München: Beck.

Walsch, N. D. (2009). *Gespräche mit Gott.* Vollständige Ausgabe. München: Arkana.

Ware, B. (2013) *5 DINGE, die Sterbende am meisten bereuen. Einsichten, die Ihr Leben ändern werden.* München: Arkana.

Watts, A. (2009) *Weisheit des ungesicherten Lebens.* Frankfurt a. M.: Fischer (Erstausgabe 1951).

Weiher, E. (1999). *Die Religion, die Trauer und der Trost.* Mainz: Matthias-Grünewald-Verlag.

Weinrich, W. M. (2009). *Das integrale Totenbuch. Ein Leitfaden für Meditation und Sterbebegleitung.* Norderstedt bei Hamburg: Books on Demand.

Wiesenhütter, E. (1977). *Blick nach drüben – Selbsterfahrung im Sterben.* (4. Aufl.). Gütersloh: gtvh.

Wilber, K. (1996). *Mut und Gnade. In einer Krankheit zum Tode bewährt sich eine große Liebe.* München: Goldmann.

Zeim, A. & van Hülsen, M. (2016). *Vergiss mein nie. Mit Erinnerungen die Trauer gestalten*. Ostfildern: Patmos.

zur Nieden, C. & zur Nieden, H.-C. (2019). *Umgang mit Sterbefasten. Fälle aus der Praxis*. Frankfurt a. M.: Mabuse.

zur Nieden, C. (2016). *Sterbefasten. Freiwilliger Verzicht auf Nahrung und Flüssigkeit. Eine Fallbeschreibung*. Frankfurt a. M.: Mabuse (3. Aufl. 2019).

Achtsamkeitsübungen

Neun Achtsamkeitsübungen finden Sie als mp3-Audiodatei unter https://forumachtsamkeit.de/achtsamkeit-organisationen/tao-audio-dateien.

Sprecher: Rüdiger Standhardt

1: Achtsames Innehalten (3 min.)
2: Achtsame Körperentspannung (15 min.)
3: Achtsame Körperwahrnehmung (15 min.)
4: Achtsame Körperbewegungen (15 min.)
5: Achtsames Sitzen (15 min.)
6: Achtsames Gehen (15 min.)
7: Achtsames Mitgefühl (15 min.)
8: Achtsames Teetrinken (15 min.)
9: Achtsames Gewahrsein (15 min.)

Internetadressen

Basale Stimulation – nonverbale Kommunikation lernen:
www.basale-stimulation-lernen.de
Bohana-Netzwerk: www.bohana.de
Bundesnotarkammer: www.vorsorgeregister.de
Bundesverband Trauerbegleitung e. V.: www.bv-trauerbegleitung.de
Deutsche Gesellschaft für Humanes Sterben (DGHS): www.dghs.de
Deutsche Gesellschaft für Palliativmedizin: www.dgpalliativmedizin.de
Deutsche Stiftung Patientenschutz: www.stiftung-patientenschutz.de
Deutscher Hospiz- und Palliativ-Verband: www.dhpv.de
Dignitas Deutschland: www.dignitas.de
FriedWald: www.friedwald.de
Letzte Hilfe Deutschland: www.letztehilfe.info
Memento-Tag: www.mementotag.de
Messe Bremen »Leben und Tod«: www.leben-und-tod.de
Museum für Sepulkralkultur Kassel: www.sepulkralmuseum.de
Netzwerk Nahtoderfahrung: www.netzwerk-nahtoderfahrung.org
Pütz-Roth Bestattungen und Trauerbegleitung: www.puetz-roth.de
RuheForst: www.ruheforst-deutschland.de
Sterbeammen-Akademie: www.sterbeamme.de
Sterbefasten: www.sterbefasten.com
Verein Sterbehilfe: www.sterbehilfe.de
Vereinigung Behandlung im Voraus planen: www.div-bvp.de

Zu den Personen

© Rolf Wegst

Rüdiger Standhardt, geboren 1962 in Bonn, Dipl.-Pädagoge, Ausbildung und Berufstätigkeit im Finanzamt; Studium der evangelischen Theologie. Seit 1980 selbstständig tätig in der Erwachsenenbildung und seit 2017 Institutsleiter des *Forum Achtsamkeit – Institut für Ausbildung, Training und Coaching*. Ausbilder für achtsamkeitsbasierte Verfahren (u. a. TAO), Trainer und Coach für Persönlichkeitsentwicklung und Autor verschiedener Buchveröffentlichungen bei Klett-Cotta.

1979 Einführung in Meditation durch Wenzel Graf von Stosch. Langjährige Zen- und Yoga-Praxis bei Pater Lassalle, Dr. Michael von Brück und R. Sriram. TZI-Gruppenleiter (RCI int), Yogalehrer (BDY/EYU), MBSR-Ausbildung bei Dr. Jon Kabat-Zinn, MBCT-Weiterbildung bei Dr. Mark Williams, Insight-Dialog-Weiterbildung bei Gregory Kramer sowie Weiterbildung in The Work bei Byron Katie.

Er lebt in Königswinter, ist Vater der beiden erwachsenen Söhne Thilo und Henning und ehrenamtlicher Sterbebegleiter.

www.forumachtsamkeit.de

Sabine Mehne, geb. 1957, Autorin und erfahrene Rednerin, lebte in Darmstadt. Vor ihrer Krebserkrankung 1995 war sie als Physiotherapeutin und Systemische Familientherapeutin in eigener Praxis tätig. Sie war 25 Jahre lang als Botschafterin für Nahtoderfahrungen aktiv und hat zahlreiche Vorträge und Lesungen, u. a. mit dem Kardiologen und Nahtodforscher Dr. Pim van Lommel, im deutschsprachigen Raum gehalten. Sie schrieb die Bücher *Licht ohne Schatten – Leben mit einer Nahtoderfahrung, Der große Abflug und Ich sterbe, wie ich will – Meine Entscheidung zum Sterbefasten.*

2019 begann sie, sich intensiv für ein selbstbestimmtes Sterben einzusetzen und warb von da an für eine neue Form der »Ars moriendi«, einem angstfreien Umgang mit Tod und Sterben im 21. Jahrhundert. Ihre Vision war eine gesellschaftlich relevante Auseinandersetzung mit dem Thema, wozu sie in vielen Beiträgen in Fernsehen, Funk, Radio, Filmen und ihrem Podcast maßgeblich beitrug.

Auch nach Ihrem »Abflug« bleibt Sabine Mehne Mitglied im Bohana-Netzwerk, das sich für eine neue und bedürfnisorientierte Form der Abschiedskultur einsetzt.

Sabine Mehne starb am 30.11.2022.

www.sabine-mehne.de
www.instagram.com/sabine_mehne/
https://bohana.de/partner/sabine-mehne/

Sabine M. Kistner wurde 1958 in Frankfurt am Main geboren. Sie ist Sozial- und Religionspädagogin. In ihrem ersten Berufsleben hat sie bei der Evangelischen Blindenarbeit in Frankfurt eine Frühförderstelle für Kinder mit Sehschädigung und/oder Mehrfachbehinderung eingerichtet.

Sabine Kistner ist Mutter von drei Kindern und inzwischen auch Großmutter. Zudem ist sie Prädikantin in der evangelischen Kirche und Elternberaterin für Waldorf-Pädagogik.

Nach der Familienphase wechselte Sabine Kistner in die Klinikseelsorge in Wiesbaden. Sie erlangte das TZI-Diplom und ist seit 2006 selbständig als Bestatterin in Frankfurt am Main tätig.

www.kistner-scheidler.de

Stephanie Gotthardt wurde 1979 in Remagen geboren und hat drei wundervolle Kinder. Seit 22 Jahren ist sie auf Trauer- und Verlusterlebnisse spezialisiert. Sie unterstützt Unternehmen im Rahmen von Visionsentwicklung, Transformation und Veränderungsprozessen ebenso wie Trauernde nach dem Verlust eines Menschen durch Trennung, Tod, Wohnortwechsel und vielem mehr. Kernerfolg ihrer Arbeit ist ihre außergewöhnliche Intuition sowie mit Menschen in Resonanz zu gehen. »Symptome« unabhängig von der biografischen Geschichte als Kernelement zu behandeln, ist in ihrem eigenen KOR *Keys of Resonance* Ansatz verankert. Seit 2019 bietet sie diverse Weiterbildungen in den oben genannten Schwerpunkten an.

www.kor-academy.com
www.praxis-lichtung.de
www.selbstwert-pferdecoaching.de

Online-Achtsamkeitstraining

Den Tod ins Leben einladen, um wirklich zu leben
Achtsamkeit einüben, Forschergeist entwickeln und Vorsorge gestalten – das sind die drei grundlegenden Aspekte dieses neunmonatigen Online-Trainings. Sie finden heraus, was im Leben wirklich zählt und wie es möglich ist, mitten im geschäftigen Alltag immer wieder einen Schritt zurückzutreten, um uns innerlich auf das Wesentliche auszurichten. Obwohl es nur zwei Gewissheiten im Leben gibt – wir werden alle sterben und wir wissen nicht wann – vermeiden viele Menschen zeitlebens das immer noch tabuisierte Thema Sterben und Tod und empfinden eine Scheu, sich mit der eigenen Endlichkeit zu beschäftigen. Und so ist es nicht verwunderlich, dass nur wenige Menschen die Fragen, was nach ihrem Tod geschehen soll, in umfassender Weise geklärt haben. Diejenigen jedoch, die sich mit Mut und Entschlossenheit dieser Aufgabe zugewandt haben, berichten davon, dass sie intensiver und entspannter leben, weil die letzten Dinge geregelt sind.

Während es für viele Menschen selbstverständlich ist, eine Hochzeit bereits ein Jahr im Voraus zu planen, ist für die Abschlussfeier eines Lebens eine solche Planung meistens nicht üblich. Nur 30 Prozent der Deutschen haben eine Verfügung für den Todesfall getroffen. Wenn das bei Ihnen anders werden soll und Sie Lust haben auf eine spannende Entdeckungsreise rum um die Themen Leben, Sterben und Tod, dann ist das neunmonatige Achtsamkeitstraining genau das Richtige für Sie. In Gemeinschaft mit anderen Menschen, die das gleiche Ziel verfolgen, und mit achtsamer Wegbegleitung entwickeln Sie Schritt für Schritt Ihr persönliches Vorsorge-Handbuch und erhalten viele berührende Impulse für das elementarste Erlebnis unseres Lebens, das Sterben und den Tod.

Um die nachfolgenden Schwerpunktthemen geht es in diesem Online-Training:

- Einübung in die Praxis der Achtsamkeit
- Ausrichtung auf das Wesentliche im Leben
- Auf meinen Spuren: Erfahrungen mit Sterben und Tod im Leben
- Das persönliche Vorsorge-Handbuch in drei Schritten erstellen
- Lebensrückschau: Die wichtigsten Stationen erkennen
- Wünsche für die Sterbephase festlegen
- Kommunikation über das Sterben und den Tod einüben
- Unsere große Chance: Lieben lernen im Hier und Jetzt
- Der krönende Abschluss: Die magische Liste vor der Kiste

Wenn Sie an diesem Training teilnehmen, verpflichten Sie sich, täglich mindestens 15 Minuten Achtsamkeit zu praktizieren, Sie haben die Bereitschaft zum regelmäßigen Literaturstudium, zu Reflexionen und zum regelmäßigen Austausch mit einem Menschen des Online-Trainings. Sie nehmen an neun Zoom-Meetings à zwei Stunden teil und erhalten insgesamt zehn Studienbriefe zwischen den Meetings. In diesen neun Monaten erarbeiten Sie Ihr persönliches Vorsorgehandbuch, in dem alles hinterlegt ist, was bei einer schweren Erkrankung, dem Sterben und dem Tod wichtig ist.

Regelmäßig startet ein neues Online-Achtsamkeitstraining. Ausführliche Informationen finden Sie auf der Homepage des Forum Achtsamkeit oder unter: www.lebensterbentod.de

Forum Achtsamkeit
Institut für Ausbildung, Training und Coaching
Rüdiger Standhardt
Zum Kleinen Ölberg 20
53639 Königswinter-Thomasberg
Telefon: 0160–8461353
E-Mail: info@forumachtsamkeit.de
Internet: www.forumachtsamkeit.de